21世纪全国普通高校城市管理系列规划教材

U0813997

城市功能与组织

Urban Function and Organization

李超 主 编
韩凤 副主编

大连理工大学出版社

图书在版编目(CIP)数据

城市功能与组织 / 李超主编. 一 大连 ：大连理工大学出版社，2012.11

21 世纪全国普通高校城市管理系列规划教材

ISBN 978-7-5611-7404-3

Ⅰ.①城… Ⅱ.①李… Ⅲ.①城市一功能一高等学校一教材 Ⅳ.①F290

中国版本图书馆 CIP 数据核字(2012)第 257572 号

大连理工大学出版社出版

地址：大连市软件园路 80 号　邮政编码：116023

发行：0411-84708842　邮购：0411-84703636　传真：0411-84701466

E-mail：dutp@dutp.cn　URL：http://www.dutp.cn

大连理工印刷有限公司印刷　大连理工大学出版社发行

幅面尺寸：180mm×255mm　印张：15　字数：347 千字

2012 年 11 月第 1 版　2012 年 11 月第 1 次印刷

责任编辑：邵　婉　责任校对：李　雪

封面设计：波　朗

ISBN 978-7-5611-7404-3　定　价：28.00 元

21世纪全国普通高校城市管理系列规划教材
编 委 会

主任委员：刘　军　沈阳建筑大学　教授

副主任委员：石铁矛　沈阳建筑大学　教授

刘志虹　辽宁省住房和城乡建设厅　副厅长，教授级高级工程师

刘亚臣（常务）　沈阳建筑大学　教授

成　员：齐宝库　沈阳建筑大学　教授

孔凡文　沈阳建筑大学　教授

姚宏韬　沈阳建筑大学　教授

王立国　东北财经大学　教授

陈起俊　山东建筑大学　教授

吴访非　沈阳建筑大学　教授

李亚峰　沈阳建筑大学　教授

包红霏　沈阳建筑大学　副教授

项英辉　沈阳建筑大学　副教授

张　嵩　沈阳建筑大学　副教授

常春光　沈阳建筑大学　副教授

李闫岩　沈阳建筑大学　副教授

鲁　博　沈阳市城乡建设委员会　副主任，教授级高级工程师

李华一　大连建工集团　副董事长，教授级高级工程师

丛书序

“十二五”开局之年，凝结着出版社、编委会和各位作者心血和努力的“21 世纪全国普通高校城市管理系列规划教材”开始出版了。站在时代发展的重要节点，思索背景，展望发展，我们认识到，社会越发展，城市管理越重要。高等教育城市管理专业，是伴随着我国城镇化和城镇建设的快速发展，伴随着我国社会经济发展和人民物质文化生活水平的不断提高而产生的一个新兴专业，是我国高等教育大家庭的新生事物。城市，一个人类历史发展中文明和繁荣的代名词，管理城市，标志文明的进步与发展的可控和可持续。从历史到现在，人类赖以生存的城市的发展，需要消耗大量的人力、物力资源和一定的建造时间，更需要专业、优化的管理。人们有理由对城市的丰富功能和提供服务的质量要求越来越高，这必然基于更高水平的对城市的专业建设、专业监督和专业管理。2010 年末，我国百万城镇人口以上的特大城市超过 120 个，与之相配套的市政基础设施、公用事业、交通管理、市容景观管理、生态环境管理等众多专业领域亟需大量具备综合素质的高质量人才，人才需求量主要集中在城市建设与管理部门、城市公用事业单位、城市社区组织、城市企事业单位等城市建设与管理部门。

提高高等教育人才培养质量，教材建设是一个绝对基础又十分关键的因素。经教育部批准，沈阳建筑大学管理学院于 2010 年开设城市管理本科专业，出版一套适合的专业教材成为了我们义不容辞的责任！本套专业教材的策划与编写，由沈阳建筑大学副校长、国家级教学名师、国务院特殊津贴获得者、辽宁省土木建筑学会副理事长刘军教授任编委会主任委员。本套教材的编写队伍以沈阳建筑大学为主，并组织了国内相关高校中具备多年教学与工程实践经验的专业教师和工程师参与研讨和写作。这套系列教材以城市建设、基础设施建设和城市更新改造等城市建设与管理内容为主线展开，以既有的、成熟的知识体系为框架，结合了国内外最新的研究成果；这套教材以建筑、规划、土木、工程管理学科为基础，源于教师多年的点滴积累和心得。我们期许一套好教材的诞生和应用！

沈阳建筑大学对于城市管理领域的关注最早可追溯至 1983 年开设的城镇建设专业，2007 年，学校被全国市长培训中心设为首个京外教学基地，2009 年，经辽宁省教育厅批准，开设了工商管理（城市建设管理方向）专业；2010 年，开设了城市管理本科专业。为了进一步推进城市管理领域理论知识与专业实践的进一步完善成熟，适应人才培养规模和层次的不断扩大，在大连理工大学出版社的倡导下，启动了面向一线教学的基础化、系列化、现代化的城市管理系列教材。城市管理系列教材涵盖和设计的理论体系和知识结构不仅面向城市经济和社会发展，面向政府机关、城市规划与建设部门、城市市容环境和园林绿化管理部门、城市公用事业单位、城市社区和城市企事业单位，更主张"立足工程、拓宽基础、面向实践、创新发展"的编写目标，也涵盖了比较宽广的城市建设技术和全面的管理知识。在本套教材编写的指导思想中，我们力求最大限度地汲取本学科领域的最新科研成果，强化现代城市建设管理基本理论知识的科学性、系统性和操作技术的针对性、实用性，使其成为我国高等学校城市管理专业人才培养的基础型、普及型的系列教材，为城市管理学科和专业发展培养高级管理人才做出贡献。

本套系列教材包括：《城市经济学》、《城市社会学》、《城市功能与组织》、《城市土地利用管理》、《城市规划与管理》、《城市管理信息系统》、《社区建设与管理》、《城市基础设施建设工程管理》、《城市建设史》、《城市交通与组织》、《社会调查方法》、《城市管理法学》、《旧城区改造与更新》、《城市景观设计》和《城市管理概论》等。

本系列教材的编写得到了大连理工大学出版社和沈阳建筑大学、辽宁省住房和城乡建设厅、辽宁省教育厅等主管部门及相关企业领导、专家们的大力支持，在此深表谢意。

城市管理专业在我国仍是一个崭新的学科领域，其学科内涵和理论与实践知识体系尚在不断发展之中，加之时间有限，尽管作者们做出了极大努力，但新系列教材不妥之处仍在所难免，恳请各位同行和读者提出宝贵意见。

21世纪全国普通高校城市管理系列规划教材编委会

2011年4月于沈阳建筑大学

前言

自五千多年前产生城市开始，人们逐渐迁入城市生活；工业革命以后，城市人口数量快速增加，城市给人们带来了生产与生活方面的种种舒适、便利。城市已成为复杂巨系统，包括各种关系、活动行为，各类要素、部门，既有物质层面上的城市各类实体，如商铺、旅馆、住宅等，又有精神层面上的文脉，如城市特色文化、城市精神品质、城市个性等。这些功能随着社会的不断发展而逐渐增加，城市功能更加多元化。城市物质文明与精神文明在通过城市功能改变着人们生产生活方方面面的同时，也使城市功能面临着越来越多的问题。如何通过城市功能的创新与组织模式的改进来解决这些问题，其未来的发展趋势又是什么？城市功能的开发与组织程度已经成为决定一个城市能否在当前日益激烈的复杂国际竞争中占据优势地位的关键。因而，本书致力于对现代城市功能与组织的体系化进行详尽地介绍。

本书共分为10章。在第1章概述的基础上，分别从城市空间结构与形态、城市土地与利用、城市功能空间组织理论、城市居住功能与组织、城市工业生产与物流组织、城市商业服务功能与组织、城市公共管理和公共服务功能与组织、城市交通运输功能与组织和现代城市游憩功能与组织等九方面详细论述了现代城市功能与组织的体系。第1章概述，在介绍城市及其相关概念、城市设置标准、城市类型、城市系统构成的基础上，详细介绍城市功能的定义、演变、特征、分类以及城市功能与组织的界定和前沿理念。第2章城市空间结构与形态，主要从城市空间结构的组成要素、影响因素、演变规律和城市形态、模式等方面揭示城市功能的内涵，明确城市功能、结构与形态的关系。第3章城市土地与利用，主要在介绍各种城市功能土地利用相关理论的基础上，研究如何更加科学地利用土地、空间布局。第4章城市功能空间组织理论，介绍了系统论、协同论、控制论与混沌理论等理论基础对城市的各种影响，并提出了城市功能与空间组织的基本理论。第5章城市居住功能与组织，介绍了城市居住功能的分类等。第6章城市工业生产与物流组织，介绍了城市工业生产组织的概念、组织方式、布局影响因素、各种地域类型的组织，以及与之密切相关的物流系统的概念、组织原则、空间布局和城市的仓储功能与组织。第7章城市商业服务功能与组织，介绍了现代商业服务功能的设施分类、组织理论、体系构成与空间组织。第8章城市公共管理和公共服务功能与组织，介绍了公共管理与公共服务功能的设施分类、配置要求、系统组织、公共中心的组织和基础设施服务功能与组织。第9章城市交通运输功能与组织，介绍了城市交通运输的系统构成、对外交通组织、对内交通组织、货运组织和客运组织等基本内容。第10章现代城市游憩功能与组织，介绍了城市游憩功能与组织的基础理论，在分析城市游憩空间构成与成因的基础上，分析城市游憩空间组织的理想结构模式。

本书由李超主编，韩凤副主编。具体分工如下：第1、4、7章由李超编写；第2章由张海青编写；第3、6章由韩凤编写；第5、10章由宋岩编写；第8、9章由高雁鹏编写。全书由李超统稿。

本书在编写过程中，除所列参考文献外，还借鉴了其他专家学者的许多研究成果，在此谨向相关专家学者表示深深的谢意。由于作者水平有限，书中难免存在不足之处，敬请广大读者和同行批评指正。

编 者

2012年9月

目录

第1章 概 述

1.1 城 市

1.1.1 城市及相关概念

1. 城市

城市是人类社会经济主要的空间载体，城市的发展也是人类文明最主要的标志、集聚地。从中文字源学解释，"城市"在中国古代包括"城"和"市"两个概念。"城"是指四周围有城墙(city wall)、扼守交通要冲、具有防卫意义的军事据点(military fortified point)，是人类战争的产物。《管子·度地》："内之为城，城外之为郭"。《古今注》："筑城以卫君，造郭以守民"。《谷梁传》："城为保民为之也"。《墨子·七患》："城者，在以自守也"。"市"是指市场，用于商品交换，即是生产力发展到一定阶段，因货物交易的需要而产生的贸易场所，现代"市"作为国家行政建制单元。"城"与"市"开始并不全都聚于一体，以后随着社会的发展，"城"里人口增多，"市"便移到"城"内或"城"郊，"城"与"市"便逐渐结合为一个统一的聚合体——城市。与中文"城市"对应的英文有两个词，分别是"urban"和"city"，"urban"的意思是指城市的生活，"city"意为城市、市镇，含义为市民可以享受公民权利，过着一种公共生活的地方。

对城市本质的探究吸引了众多研究学者，各个国家、各个学科背景研究学者根据各个国家社会经济发展特点，对城市有其独特的认识。法国学者菲利普·潘什梅尔曾经说过："城市现象是一个很难定义的现实：城市既是一种景观、一片经济空间、一种人口密度，也是一个生活中心和劳动中心；更具体地说，也可能是一种特征或一个灵魂。"美国文化学者芒福德认为"城市既是多种建筑形式的组合，又是占据这一组合的结构，并不断与之相互作用的各种社会联系、各种社团、企业、机构等在时间上的有机结合"。英国经济学者巴顿则认为"城市是一个在有限空间地区内的多种经济市场——住房、劳动、土地、运输等相互交织在一起的网状系统"。城市设计学家凯文·林奇从6个方面对城市下定义：①城市是历史发展的必由之路；②城市是各种社会人群的共生体；③城市是物质资料生产和分配的地方；④城市是一种社会力的场；⑤城市是各种社会力量决策的产物；⑥城市是社会矛盾冲突的地方。日本学者山因浩志认为，城市必须同时具有密集性、经济性和社会性三种性质。《不列颠百科全书》把"city"解释为"一个相对永久性的、高度组织起来的人口集中的地方，比城镇和村庄规模大，也更为重要"。

中国关于城市具有代表性的认识，如下所列：①"城市聚集了一定数量的人口；城市以非农业活动为主，是区别于农村的社会组织形式；城市是一定地域中政治、经济、文化等方面具有不同范围中心的职能；城市要求相对聚集，以满足居民生产和生活方面的需要，发挥城市特有功能；城市必须提供必要的物质设施和力求保持良好的生态环境；城市是根据共同的社会目标和各方面的需要而进行协调运转的社会实体；城市有继承传统文化，并加以绵延发展的使命"(吴良镛)。②"城市的本质，乃是人类本身本质的一个延伸和物化。城市是人类自身内在品格外化而成的物质环境构造体系"(宋峻岭)。③"一种特殊的地理环境，一种不完全的、脆弱的环境系统，是人类受自然环境的反馈作用最敏感的地方"(周一星)。④"城市是人类聚集的形式之一；城市是一定区域的中心；城市是人类文明的摇篮和藏库；城市是一种社会活动方式"(谭纵波)。⑤"城市是非农业人口集中，以从事工商业等非农业生产活动为主的居民点，是一定地域范围内社会、经济、文化活动的中心，是城市内外各部门、各要素有机结合的大系统"(全国城市规划职业制度管理委员会)。⑥"各国对现代城镇的定义都包含三个本质特征：产业构成、人口数量和职能结构"，并进一步解释为"城镇是以从事非农业活动人口为主体的居民点，在产业构成上不同于村庄；相对于村庄，城镇一般聚集更多的人口；城镇一般是工业、商业、交通和文教的集中地，是一种地域的政治、经济和文化中心。"(吴志强等)。

当前我国在进行城市规划、建设、管理所使用的城市定义是：指"以非农产业和非农业人口聚集为主要特征的居民点。包括按国家行政建制设立的市和镇"(《城市规划基本术语》)。

对于城市本质的把握比较困难，很难有个统一的城市定义。综合以上学者和各方面的理解，现代城市是满足城乡居民各种非农功能需求的有机聚合体。

基本内涵包括如下几个层面：

(1)城乡居民理想之地

城市为人类居住、生产的汇聚之地，既聚集了满足市民基本生活需求，如水、卫生设施和住房，也汇聚了更多使人类有了在精神方面的充实和愉悦，在城市居民心中形成一种地方情结、归属感和共同的思维。人们因成为城市的主人，并为其取得的成果而感到由衷自豪，城市的繁荣兴盛是每个人的期望，城市是一个社会和谐、全民参与、经济发展、环境理想的场所。

(2)以非农功能为主导

城市区别于农村的本质在于其地域功能上的差异，无论是从居住、生产、交通、景观、建设等，都有着质的差别。乡村地域以大面积的农业种植为主，城市以非农产业为主。非农功能包含高密度的居住，工业化大生产，高速交通，快捷通信沟通，城市间、城市内部之间畅通物流，城市娱乐，博物等功能，这些功能是城市的主要功能，与乡村的经济、社会、文化功能相区别。

(3)有机聚集

城市在一定的空间范围内，以环境利用为基础，以人类为主体的生态系统，形成大量人口、各类设施、物资、活动、文化高度集中并和谐运转的开放载体。各种物质因素与精神因素错综复杂地交织，复杂的社会形态，以人类社会进步为目的的一个集约人口、集约经济、集约科学文化而组合成的综合体。

2. 城镇

“镇”与“市”历史上有着明显的区别，“有商贾贸易者谓之市，设官防者谓之镇”。在我国，到宋代时，镇才摆脱军事色彩，以贸易镇市出现于经济领域，成为县治和农村集市之间的一级商业中心。我国现代的城市与镇在社会经济活动中有着本质的区别，城市的社会经济活动是以“城”为中心，具有更强的聚集作用，其所辖的城镇和乡村的从属地位比较明显，镇的社会经济活动是以“乡村”为服务对象，其聚集功能的产生是经济发展的结果，其所辖乡村和集镇体现了相对更多的自主性。

在许多场合下，城市和城镇这两个概念有严格的区分。只有那些经国家批准设有市建制的城镇才称为城市，不够设市条件的建制镇才称为镇，市和镇的总称才叫城镇或市镇。从空间范围上看，广义的城市是指其行政辖区，既包括城区，还包括城区之外的城镇和农村地区（郊区），规划上一般称市域。镇有其镇区，同时，镇也含有其所辖的其他集镇和农村区域，同样具有“城带乡”的二重性，规划上一般称镇域。

城镇包括城区和镇区。城区是指在市辖区和不设区的市（包括不设区的地级市和县级市）中，街道办事处所辖的居民委员会地域，以及城市公共设施、居住设施等连接到的其他居民委员会地域和村民委员会地域。镇区是指在城区以外的镇和其他区域中，镇所辖的居民委员会地域，镇的公共设施、居住设施等连接到的村民委员会地域，常住人口在3 000人以上独立的工矿区、开发区、科研单位、大专院校、农场、林场等特殊区域。

当前，虽然市、城市、城镇、市镇等多个名词混用，但意义比较明确，规划、建设、管理等方面都有明确的空间对象。从居住形态上，我国形成了乡村、镇、城市有序的体系。本书除作专门说明外，把城市作狭义的理解，即城区，不包括镇。

3. 市区

市区有狭义、广义之分。狭义的市区即城区。广义的市区即市法定边界内直接管辖的地域，不包括市所辖的县、自治县、旗等。现在通常所说的市区，系指广义的市区，在中国一般由城区和郊区组成。在行政管理体制方面，市区与市管辖的县、自治县、旗等有明显的区别，如城市规划和建设、财政税收以及公检法机构设置等。在进行各类统计时，直辖市和辖县的地级市的市区指不包含辖县、自治县、旗在内的行政区域，其中设区的市相当于市辖区区域之和，不设区的市相当于整个市的行政区域扣除所辖县、自治县、旗等以后的区域。

例如，2011 年，沈阳市市区包括和平区、沈河区、皇姑区、大东区、铁西区、东陵区、苏家屯区、沈北新区、于洪区 9 个市辖区，不包括辽中、法库、康平、新民 4 个县市；杭州市市区包括拱墅、上城、下城、江干、西湖、滨江、余杭、萧山 8 个市辖区，不包括富阳、临安、建德、桐庐、淳安 5 个市县；湖州市市区指全市行政区域扣除长兴、德清、安吉 3 个县以后的区域。不辖县的地级市和县级市的市区即指市的行政区域，如海南省海口市、三亚市和五指山市。

在西方，普遍实行城乡分治体制，采用统一型设市模式，多数市区与城区范围基本相同，或市区略大于城区。由于市的法定边界比较稳定，随着城市的不断扩张，有不少市的市区范围已经小于城区，出现了跨界城市，甚至一个城区包含若干个市的市区，形成窄域型设市模式。但在我国不同，市区面积即为市辖区行政辖区面积，包括郊区和所辖区乡村区域，面积远大于城区。例如，沈阳辖和平区、沈河区、皇姑区、大东区、铁西区、东陵区、苏家屯区、沈北新区、于洪区9区的市区面积3 495平方公里，城区面积只有450平方公里(2010年)。

郊区指城市辖区内除城区以外的地域，是城市周围在政治、经济、文化和国防事业上与城区有密切联系的区域，是城市不可分割的重要组成部分。与城区相比，郊区人口密度和建筑密度低，建筑物分散，大部分地区为田园和绿化带。根据郊区的职能可划分为两类：①现代大城市和特大城市的人口迁居郊区，形成居住郊区。②城市一些迁至郊区的产业，同郊区原有产业占用的土地，形成雇用郊区，或称生产郊区。20世纪60年代以来，特大城市的人口和各项职能活动向郊区迁移，使郊区变成具有多项城区功能的地域综合体，这一过程称为郊区化，即郊区的城市化。按郊区与城区的距离远近和生产任务的不同，可以分为以下两种基本类型：①近郊区，即人们通常所说的郊区。其位置紧邻城区，包括楔入城区的某些部分，与城区具有十分密切的关系，是城市蔬菜、副食品的生产基地，同时配置有城市一些工厂企业、对外交通设施、仓库、绿地等用地。②远郊区，即近郊区以外的郊区。以粮食、经济作物生产为主，有的还分布有工业点、小城镇。广义的郊区包括郊县，即在经济发展上与市有相互联系，在行政上受市领导，具有某些郊区职能的县。

4. 建成区

城市建成区指城市行政区内实际已成片开发建设、市政公用设施和公共设施基本具备的地区。城市建成区在单核心城市和一城多镇有不同的反映。在单核心城市，建成区是一个实际开发建设起来的集中连片的、市政公用设施和公共设施基本具备的地区，以及分散的若干个已经成片开发建设起来，市政公用设施和公共设施基本具备的地区。对一城多镇来说，建成区由几个连片开发建设起来的、市政公用设施和公共设施基本具备的地区所组成。划分城市建成区可以反映一定时间阶段城市建设用地规模、形态和实际使用情况，为分析研究用地现状，合理利用建成区的土地和规划城市建设发展用地提供基础。

城市建成区并不是指建成房屋的城市区域，而是指实际已成片开发建设、市政公用设施和公共设施基本完备、具备城市居住条件的区域。划定城市建成区是为了反映一定阶段城市建设用地的规模、形态和实际使用情况，为分析研究用地现状，合理利用建成区用地和筹划城市建设发展用地提供基础。有的城市辖区范围比城市建成区范围大(图1-1(a))，有的城市建成区范围超过了城市辖区范围(图1-1(b))。

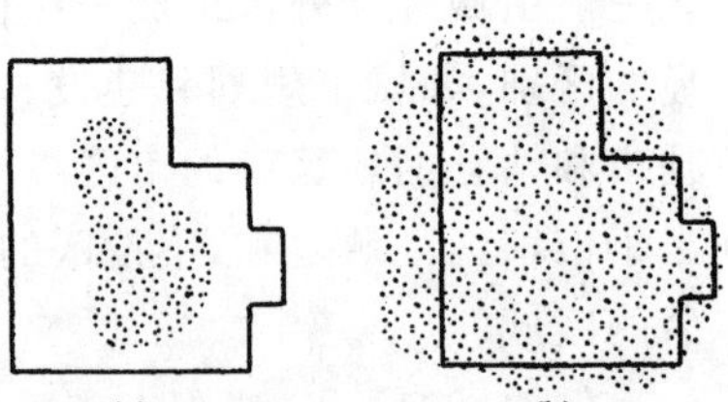

图1-1　城市辖区与城市建成区的关系

城市建成区范围的划定，要考虑自然地形、地貌、基层行政单位的管理界线等因素，以及城市各项用地的完整性，并尽可能与人口统计的地域单元范围相一致。城市近郊的一些建成地段，尽管未同市区连成一片，但同市区的联系十分密切，已成为城市不可分割的一部分，也可视作城市建成区。

5. 规划区

《中华人民共和国城乡规划》所称规划区是指城市、镇和村庄的建成区以及因城乡建设和发展需要，必须实行规划控制的区域。规划区是规划主管部门实施规划管理的空间界限，规划主管部门不能在规划区外实施规划的行政许可。规划区是城乡规划、建设、管理与有关部门职能分工的重要依据之一。建设单位在规划区内的建设活动受到城乡规划的约束。规划区的具体范围由有关人民政府在组织编制的城市总体规划、镇总体规划、乡规划和村庄规划中，根据城乡经济社会发展水平和统筹城乡发展的需要划定。

6. 大都市区

(1)国外大都市区

大都市区指以中心城市为核心以及和这个核心具有紧密社会经济联系的邻接社区组合地区。一般是人口众多且稠密的地区，是国外最常用的城市功能地域概念。美国早在1910 年就提出大都市地区的概念，1949 年正式建立具体的统计标准用于国情普查，命名为标准大都市区，1959 年改称标准大都市统计区，一直沿用到 1980 年，以后又改称大都市统计区。

大都市区包括一个或几个城市化地区。人口在 100 万以上的包括有两个或两个以上城市化地区的大都市统计区复合体。例如，洛杉矶大都市区由 5 个县、200 个市组成，面积 10 567 平方公里，总人口 1 400 万人。

法国地理学家戈特曼(Jean Gottmann)1957 年首先提出大都市带的概念。大都市带由连成一体的许多都市区组成，它们在经济、社会、文化等各方面活动上存在着密切的交互作用的巨大的城市地域复合体。戈特曼 1989 年著书认为世界上存在着六个大都市连绵带，分别是美国的波士顿—华盛顿、芝加哥—匹兹堡大都市连绵带，日本的东京—名古屋—大阪，英国的伦敦—伯明翰，欧洲的巴黎西部大都市连绵带，另外中国的长江三角洲成为潜在的大都市连绵带发展地区。

大都市带一般拥有多核心、交通走廊、密集的交互作用、规模特别庞大、国家的核心区域等特点。20 世纪 80 年代后期，加拿大地理学家麦吉提出世界一些新的都市代，诸如中国东部沿海、中国台湾西海岸、印度尼西亚爪哇等大都市带的城市地域。欧洲的世界性大都市带的主要节点将在西北欧、意大利北部和白俄罗斯—乌克兰地区。

(2)国内大都市区

中国都市区是由中心市和外围非农化水平较高且与中心存在密切经济联系的邻接地区组成(周一星)。中心市是指城市实体地域内非农人口在 20 万以上的城市。建成区面积占市区面积 10%以上的郊区小城市，将包围中心市的县级行政单元作为中心县，可视为都市区的自然组成部分。如果某县(市)能同时划入两个都市区，确定其归属的主要依据是行政原则，在行政原则存在明显不合理现象时，则采用联系强度原则，即依据各中心市客流量的大小而定。

在近 10 年，中国很多城市进行了都市区规划，对于都市区划分积累了较多经验，也为城市的发展确定未来的发展战略和城市边界增长指明了方向。

1.1.2 城市设置标准

1. 国外城市设置标准

世界各国人口分布差异比较大，各国各地区根据各自社会经济发展的特点，制定了不同的城市定义标准。

(1)单项指标法

单项指标法通常指采用一项指标,比较明确地区别城市类型的划分方法。世界各国采取的单项指标法有行政、特征、人口规模等。行政标准单纯以某级行政中心所在地为标准,如埃及规定省的首府和地区首府为城镇,蒙古规定首都和地区中心为城镇。使用这类标准的有30多个国家,其中以拉丁美洲国家居多。特征标准单纯以城镇特征为标准,如智利规定有一定公共和市政服务设施的、具有明显城镇特征的人口中心为城镇,马耳他这个小岛国情况特殊,没有农业用地的建成区即为城镇。规模标准是单纯以居民点人口数量划分城镇,采用这种标准最为普遍,如伊朗5 000人以上的市、镇、村,肯尼亚2 000人以上居民的镇;墨西哥至少2 500人的居民点,爱尔兰包括郊区在内的1 500人以上的市和镇,均为城镇。按此标准划分的不少于50个国家(表1-1)。

表1-1　部分国家(地区)城镇人口下限标准　(单位:人)

下限标准	国家和地区
100	乌干达
200	丹麦、瑞典、挪威、冰岛、格陵兰、法罗群岛
400	阿尔巴尼亚
500	南非、巴布亚-新几内亚、新喀里多尼亚
1 000	加拿大、委内瑞拉、格林纳达、澳大利亚、新西兰
1 400	汤加
1 500	巴拿马、哥伦比亚、爱尔兰
2 000	肯尼亚、利比里亚、埃塞俄比亚、加蓬、扎伊尔、安哥拉、塞拉利昂、留尼汪、阿根廷、古巴、玻利维亚、洪都拉斯、瓜德罗普、马提尼克、以色列、阿富汗、捷克和斯洛伐克、卢森堡、法国、德国、希腊、南斯拉夫、所罗门群岛、芬兰
2 500	美国、墨西哥、波多黎各、泰国、关岛
3 000	英国
5 000	印度、巴基斯坦、伊朗、孟加拉国、韩国、土耳其、尼泊尔、沙特阿拉伯、约旦、黎巴嫩、加纳、马里、马达加斯加、赞比亚、索马里、苏丹、喀麦隆、奥地利、比利时
10 000	塞内加尔、马来西亚、科威特、西班牙、葡萄牙、意大利、瑞士
20 000	尼日利亚、毛里求斯
50 000	日本

(2)双项指标法

双项指标法指同时满足两项指标的要求的设置标准。瑞典、加拿大将居民点的人口数量和密度指标相结合规定城市。瑞典标准是200人以上、房屋间距不大于200米的建成区为城镇;加拿大标准是1 000人以上的建制市、镇、村,1 000人以上、人口密度390人/平方公里的未设建制的居民点为城镇。巴拿马、南非用人口规模和城镇特征两个指标相结合设置城市标准。巴拿马规定1 500人以上,且具有街道、上下水系统和电力系统等城镇特征的居民点为城镇;南非规定所有以非农业为优势的、有500人以上居民的地方和邻接的郊区为城镇,同时又规定即使居民在500人以下,只要有接近100个白人居住具有专门城镇特点的镇也属城镇。荷兰、南斯拉夫用人口规模和就业结构两个指标相结合设置城市标准。荷兰规定2 000人以上的市,或人口不到2 000人但男子从业人口中从事农业不超过20%的市为城镇；南斯拉夫规定15 000人以上的居民点以及人口在5 000～14 999人，但至少30%不从事农业的居民点，人口在3 000～4 999人，但至少70%不从事农业的居民点和人口在2 000～2 999人，但至少80%不从事农业的居民点为城镇。

2. 我国城市设置标准

1911年江苏临时省议会通过《江苏暂行市乡制》，为我国最早的城市设置标准，在民国时期也陆续出台了数次城市设置标准。1949年后，随着城市发展实际情况的变动而不断调整，分别于1955、1963、1984、1986、1993年做了5次大的变动。

我国现行设置标准为1993年5月17日国务院批准的《关于调整设市标准的报告》。该标准采用复合指标，主要指标类别包括人口、经济发展水平和基础设施建设水平（表1-2）。

表1-2　我国现行的设市标准

指标		县级市			地级市
		原来县的人口密度			
		＞400	100～400	＜100	
人口	县城镇人口中 非农产业人口 非农户口人口	 ≥12万 ≥8万	 ≥10万 ≥7万	 ≥8万 ≥6万	 市政府驻地 非农户口人口＞20万
人口	县总人口中 非农产业人口	≥15万 ≥30%	≥12万 ≥25%	≥10万 20%	市区人口中 非农产业人口＞25万
经济	全县乡镇以上 工业产值 占工农业总产值	 ≥15亿 ≥80%	 ≥12亿 ≥70%	 8亿 ≥60%	市区 工农业总产值＞25亿 工业产值占＞80%
经济	全县GDP	≥10亿	≥8亿	≥6亿	市区GDP＞25亿
经济	全县第三产业占GDP	＞20%	＞20%	＞20%	第三产业占GDP＞35%
经济	地方预算内财政收入	≥100元/人 ≥6 000万元	≥80元/人 ≥5 000万元	≥60元/人 ≥4 000万元	地方预算内财政收入＞2亿
基础设施	自来水普及率 道路铺装率 排水系统	≥60% ≥65% 较好	≥60% ≥55% 较好	≥55% ≥50% 较好	

1.1.3　城市类型

分类是认知和研究客观事物的重要方法和手段，通过对城市分类可以更深入具体地了解、分析城市各系统的特征、变化规律，以达到解决城市的发展问题的目标。城市分类是根据一定的分类原则划分城市的，以示城市之间的区别。当前对中国城市采用的主要分类方式如下：

1. 按城市主导功能分类

(1)综合性城市

综合性城市集当前中国城市主要功能，既是区域乃至全国意义的生产中心，又是服务中心，对全国或区域的社会经济发展有着较大的影响和作用。

(2)工业城市

工业城市的功能以工业生产为主,城市就业人口主要集中在工业生产上,且占整个城市人口的比例很高,工业产值在城市总产值中的比例较高,通常城市发展处于工业化中前期阶段。按照主导产业还可以划分为钢铁工业城市、机械制造工业城市、汽车城市等。

(3)交通枢纽城市

一些城市依托良好的交通区域优势发展起来,特别是当前交通发展多元化、快速化条件下,使这些城市具备了更加突出的优势。根据交通运输条件的不同,可以划分为铁路枢纽城市、港口城市等。

(4)商业金融城市

商业金融城市一般依托优越的交通运输条件和其他有利条件,成为商品的集散地和资金流通中心。

(5)资源型城市

资源型城市是以资源开发为主发展起来的城市。中国的资源型城市约占中国城市数量的六分之一,主要有煤炭城市、石油城市、森林城市等。

(6)风景旅游城市

风景旅游城市以优美奇特的自然风光、宜人的气候、罕见的名胜古迹闻名于世,旅游业是城市的主导产业,带动城市其他产业的发展。我国风景旅游城市众多,像国家级的历史文化城有113座。

(7)其他城市

由于地域的差异,中国城市发展的功能类型也多种多样,像科学文化城市、政治城市、军事城市、体育城市等类型。

2. 按城市人口规模分类

(1)超大城市

超大城市指市区非农业人口超过200万以上的城市。

(2)特大城市

特大城市指市区非农业人口在100万~200万的城市。

(3)大城市

大城市指市区非农业人口在50万~100万的城市。

(4)中等城市

中等城市指市区非农业人口在20万~500万的城市。

(5)小城市

小城市指市区非农业人口在10万~20万的城市。

3. 按城市行政级别分类

按照城市的行政级别,我国的城市共分四级,依次是直辖市、副省级城市、地级城市、县级城市。

(1)直辖市

直辖市是与省同级别的行政管理单位,受中央政府的直接领导和管理。目前中国的直辖市有北京市、上海市、天津市、重庆市4个。

(2)副省级城市

副省级城市相当于准直辖市，在不改变现有行政隶属关系的前提下，具有省级计划决策和经济管理权。目前，中国的副级城市有哈尔滨、长春、沈阳、大连、成都、西安、武汉、济南、青岛、南京、杭州、宁波、厦门、深圳、广州。

(3)地级城市

地级城市受省、自治区政府的直接领导和管辖，一般均为设区的市。

(4)县级城市

县级城市具有与县平行的行政单位。

4. 按城市地理位置分类

(1)沿海城市

沿海城市是指沿海岸线建立并发展起来的城市，一般以港口为依托，如大连、烟台、连云港等。

(2)内陆城市

内陆城市是指既不靠海也不靠近边境线的城市，如郑州、石家庄、西宁等。

(3)边境城市

边境城市是靠近边境线的城市，如满洲里、二连浩特、丹东等。

5. 按城市特殊属性分类

(1)资源型城市

资源型城市是指城市的生产和发展与资源开发有密切关系。根据资源开采与城市形成的先后顺序，资源型城市的形成有两种模式，一种为“先矿后城式”，即城市完全是因为资源开采而出现的，如大庆、金昌、攀枝花、克拉玛依等。另一种为“先城后矿式”，即在资源开发之前已有城市存在，资源的开发加快了城市的发展，如大同、邯郸等。

(2)历史文化名城

历史文化名城是指“保存文物特别丰富，具有重大历史文化价值和革命意义的城市”。我国于 1982、1986、1994 年先后分三批公布国家历史文化城 100 座，2004、2005 和 2007 年增补了 9 座，同时各省、直辖市、自治区公布的省级历史文化名城 100 多座。目前国家级历史文化名城按特点分为古都型、传统风貌型、地方及民族特色型、近现代史迹型、特殊职能型、一般史迹型、风景名胜型等七类。

1.1.4　城市系统的构成

1. 城市的系统划分

系统科学以系统为研究对象，客观世界存在着各种各样的具体系统，为了研究的方便，按不同的原则将系统划分为各种不同的系统类型。若一个系统有若干个子系统且数量非常大，则称巨系统；如果子系统有很多层次，它们之间的关联关系又很复杂，也被认为复杂巨系统。

城市作为一个整体，从系统论的观点来说城市是一个典型的复杂巨系统，包含众多有形、无形的物质和非物质。城市系统内部是一个具有自身组织规律的有机整体，具有系统的特征，而同时与其他系统的不同在于其系统构成的功能目标是让人类生活更美好。城市的系统组成是指组成城市的各要素以及各要素之间的关系总和。根据城市要素可把城市系统第一层次的子系统划分为城市政治系统、人口系统、文化系统、经济系统、空间系统、生态系统和基础设施系统等。

2. 城市子系统

城市政治系统构成可以从两个不同角度分析，一是政治团体角度，二是市民之间的政治关系。城市中的政治团体是代表不同阶级，或阶层利益，或者特别集团利益的集体组织。城市中的政权构成和行政管理体制受各国各地区的社会制度影响。

城市人口系统的构成是城市社会研究的重点问题之一，不仅涉及人群分类学，更涉及不同的文化背景、收入阶层、民族(种族)、宗教信仰、性别、受教育程度，不同年龄组社会集团间的社会冲突与交融，以及他们在城市空间上的分布。这些问题是城市规划必须面对的，它们直接关系到城市社会的稳定和全体市民的幸福。

城市文化系统由精神产品的生产、传播、使用和储存四个方面构成，涉及教育科研、文化传媒、咨询服务、新闻出版、广播影视、图书展览、体育卫生等。

城市经济系统指城市居民各种经济活动在城市范围内相互作用所形成的各具功能和结构特征的多层次有机组合体。城市经济系统的组成部分，一般包括与整个经济领域的生产、流通、分配、消费有关的各主要部门。组成城市经济系统的各部门亦可构成各自的系统，成为城市经济系统的子系统。按国际上比较通用的产业经济分类，城市经济系统包括第一产业系统、第二产业系统和第三产业系统。另一种分类法是把地域经济系统的组成部分区分为生产系统、生活服务系统和基础设施系统。任何一个城市经济系统都是动态的，随时间的推移而发展变化。经济系统的结构、功能、联系和发展水平的变化也会引起城市间、城乡间相互关系的变化。需要了解城市经济系统的历史发展过程，才能推断或预测今后的发展趋向。

城市空间系统是城市范围内社会、生态以及基础设施各大系统的空间投影及空间关系的总和。它是决定城市集聚效益的重要因素，同时也决定了城市各构成要素关系的合理性和运营的有效性。

城市生态系统是以城市为中心、自然生态系统为基础、人的需要为目标的自然再生产和经济再生产相交织的经济生态系统。城市生态系统不仅有生物组成要素(植物、动物和细菌、真菌、病毒)和非生物组成要素(光、热、水、大气等)，还包括人类和社会经济要素，这些要素通过能量流动、生物地球化学循环以及物资供应与废物处理系统，形成一个具有内在联系的统一整体。

城市除了可以从以上社会经济和空间角度分析其构成外，还可以从更多的角度进行分析。例如，从城市市政基础设施系统角度，一座城市由供电设施、给排水设施、供热设施、燃气供应设施、废气物处理设施、电讯信息网络设施等构成；而从社会设施系统方面，一座城市又可以由文化教育设施、医疗卫生设施、商业服务设施、行政管理设施等构成。

分析研究城市系统构成的最终目的在于从本质上全面把握城市的功能及其内部结构，以及城市各组成部分之间的关系。

1.2 城市功能

1.2.1 城市功能定义

功能是指事物作用于他物的能力，指有特定结构的事物或系统在内部和外部的联系、关系中表现出来的特性和能力。功能对于城市而言是一种活动过程，是城市活力的表现。

不同学科对城市功能有不同的界定，社会学中功能主义学派认为，城市为人类提供重要的生活环境，是现代人类文化创造和传播的中心，他们将人类社区视为一个整体，城市社区的各种制度规范以及习俗相互配合，以维持城市生活的协调进行。文化人类学者强调城市的文化功能，城市的文化功能是指一座城市的科学、教育、文化、卫生、体育机构及其思想产品、文化遗产在全世界或全国的地位和作用。他们认为城市功能在于对人类文化的保全、整合传递乃至创造。城市历史地理学认为，城市功能变迁是城市兴衰的决定性因素。因为一个城市发生了变化，我们一定可以从城市的政治功能、交通功能、经济功能、文化功能的变化上找到最后的答案。城市管理学理论则提出城市功能主要体现在其所具有的承载体、依托体、中心主导性、职能特殊性等方面，认为城市功能体现为文化承载体、社会生活依托体和经济中心。城市地理学和城市规划学认为，城市功能指某城市在国家或区域中所起的作用或承担的分工。

从经济基础理论来看，一个城市的全部经济活动包括基本部分和非基本部分。其中，城市功能的着眼点是经济活动中的基本部分。城市功能是一个复合体，包含城市承担的功能类型和功能作用的空间范围。不同类型的功能具有不同的服务空间范围。因此，在不同的空间尺度上起主导作用的城市功能类型不同。不同的功能类型与其服务空间共同构成城市的功能体系。城市经济学的观点提出，“城市是一个坐落在有限空间地区内各种经济市场住房、劳动力、土地、运输等等相互交织在一起的网状系统”，认为城市就是市场的集合，城市存在的最大功能是服务于交易的实现。

尽管各种理论都从不同侧面反映出城市的特定功能，概括起来城市功能是指具有特定结构的城市系统在内部和外部的物质、信息、能量相互作用的关系或联系中，所表现出来的属性、能力和效用，包括对内功能和对外功能两部分。作为一种属性，表现在城市经营管理过程中各实施要素的性质及其相互间的关系；作为一种能力，是城市运营对城市自身发展和区域发展所产生的影响强度；作为一种效用，必须依赖于特定的城市实体地域及其经营管理过程，同时表现在其对国家或地区及其自身的政治、经济、文化生活中所产生的关系、能力及作用上，是城市生命力之所在。城市功能是城市存在的本质，也是城市发展的动力因素。

1.2.2 城市功能演变

城市功能随社会发展变化而变，主要的影响因素包括技术、产业、社会组织方式、人类的偏好等。纵观人类社会发展历史，城市功能经历了从交易中心、消费、生产到服务中心的过程。

1. 古代城市功能

(1)中国古代城市功能

中国古代城市产生于原始社会后期，到明清时期得到极大发展。夏商及其之前“城”与“市”分离时期，城以防御功能为主、市以交易功能为主；西周至隋唐时期，城市功能以军事、政治、经济功能为主；宋至明清时期，城市功能以军事、政治、经济、居住、服务功能为主。

夏商之前产生的城只是城市的起源，但其防御功能具有考古证实和文献记载。据历史学家考证，中国古代历史上最早的城堡，大致是掠夺性战争的产物，在历史文献中多称作“城”或“城邑”等，《吕氏春秋・君守篇》有“夏鲧作城”的记载，《轩辕本纪》记载“黄帝筑城邑、造五城”。黄帝和炎帝之间的战争也发生在这个时期，在古代科学技术不发达的条件下，难以逾越的城墙，自然就成为城的最主要的标志，在人们看来，有了城墙，城才有了防御的屏障，它的防御功能才能得到体现。当城中居民遭遇人为或自然灾害时，才能充当城堡的作用。城产生的最初动机完全是防御上的需要，所以《墨子・七患》中说，“城者，所以自守也”。从当今发现的一些古城遗址也得到佐证，在山东章丘城子崖龙山文化遗址中首次发现完整的古城，距今已有 4 000 多年历史。但此时的“城”并不是真正意义上的城市，规模非常小，目前发现的有可能是夏代都城的山西夏县古城，仅 140 平方米，城中的生活和乡村并没有多大差别。到了夏商时期，社会经济进一步发展，开始出现了手工业和农业分工，剩余产品进一步增多，人们之间相互进行交易的意愿不断增强，交易活动也日益增多，人们逐渐形成了在适合多数人的固定的交易场所，这也就是后来称之“市”的地方。但这个时期的“城”和“市”没有多大的关系，市可能在城内也可能在城外，两者功能上并无多大关系。

经历西周到春秋漫长的时期，城市逐渐有了雏形，并逐步壮大，担当起政治、军事防御中心的功能，此时经济功能更多是为政治和军事提供支持。公元前 2100 多年，周武王建立了西周王朝，分封了大量诸侯国，他们为了在自己领地上进行统治建立了众多城市。由于生产力水平的提高，农业生产的发展与人口增加，促进了手工业和商业的发展，进入城市人口在逐渐增多，人们交换的类型也更加多样化，城市规模不断扩大。但此时的城市，统治阶级是主角，首先设置它们统治、享乐的场所，他们为了维持诸侯割据的局面，极力维护城市防御功能，同时各诸侯国认识到只有国家的经济实力得到加强，才能支持军事防御。为了提升经济实力，极力发展手工业和商业，到秦时咸阳城(图 1-2)出现了集中的工商业区、居民区。据史记载，西汉长安城最盛时人口约 30 万人，城市周长 25.1 公里；汉长安有九市，从事的行业种类已有酿酒、粮食、皮革、竹木、油漆、铜器、布帛、绸缎、皮毛、毡席、制鞋、典当等数十种；长安有 160 个闾里(汉一般的居住地段称谓)，多分布在城内各宫殿之间。三国与两晋，中国处于四分五裂时期，城市建设停滞不前，在三国鼎立的发展时期，各国注重发展本地经济，部分城市也得以发展，吴国都城建业(今南京)逐渐成为江南政治文化中心，其城市文化功能得以发展。北魏最有代表的城市功能是经过改建、扩建的洛阳城，其范围东西 20 公里、南北 15 公里，居住人口 70 万以上，建有 320 个居住坊里，供一般市民居住，坊里之间有坊墙，建设坊里的目的是管制市民；城市划分为宫城、贵族宅第区、围绕城市轴线的高等学府、寺庙坛社等以教育文化宗教为主要功能的区域、粮库区、多

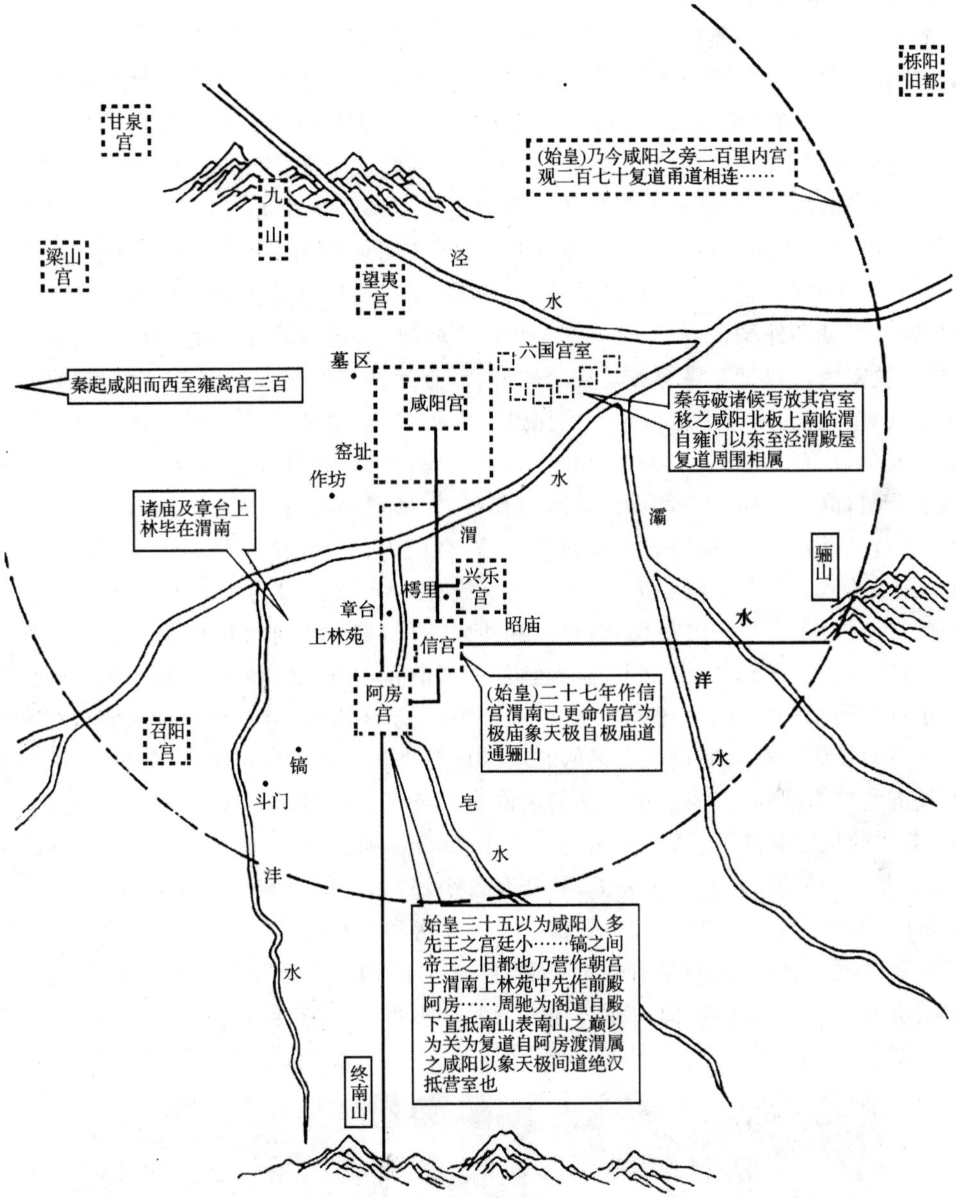

图 1-2 秦咸阳都城遗址示意图

处街市及外国人专用市场、皇家专用园林与兵营驻扎区等，城内道路以不规则的方格网为主。佛教盛行于南北朝，城市内部大量建设寺院、佛教建筑等，城市中出现了以佛教思想为传播内容的文化功能。隋唐时期的长安城随着国家的统一，进入大力建设时期。隋初建长安城的人口规模超过百万，城墙范围内用地和大明宫约 8 700 公顷，是当时世界上最大的城市，也是中国历史城市功能最繁荣的代表。城市总体功能包括宫城、皇城、广场、以居住为主的 109 个坊里、以商业为主的市肆、完善的水系和绿地等功能。随着社会经济的发展，城市成为国家和区域的政治中心、军事中心和经济中心，是人们理想生活的地方。

西周至隋唐时期，城市功能以军事、政治、经济功能为主。

到了北宋时期，虽然城市主要功能依然是军事功能，但其他功能，如经济功能、服务功能、文化功能等逐渐丰富起来。农业技术的发展提高了农业生产效率，大量的农产品向商品转换，手工业、商业活动飞快发展，带动了城市手工业作坊的大量涌现，工商业者逐渐摆脱了农业的束缚，开始完全依靠城市手工业生产的需求生活，大量沿街商铺的出现也改变了过去市场固定一定区域的布局形式。北方主要以国都为中心、以军事与政治要塞为目的所形成的城市体系不断强大。画家张择端的《清明上河图》(图 1-3)很好地反映了当时城市繁华、喧闹的景象。北宋都城东京(今开封)(图 1-4)总体布局从内到外依次为皇城(紫禁城)、里城和外城，形成三套城墙、三套护城河，这也反映了当时城市的防御功能要求，史书说宋太祖曾打算将都城建成屈曲形状，金兵南下时容易攻破笔直的城墙等，都说明了筑城对防御的重要性。道路密度比过去大很多，一般街巷的间距很小，市内主要交通工具为大车，也有太平车、平头车、独轮车、人力肩舆等。市肆街道也呈现新的面貌，市肆分布于全城，混杂于住宅中，沿街、沿河均有布局，形成一些有名的商业街，负责管理官办手工业的政府结构也分散设置在城内各处，同时城内也有集中交易的市。由于东京水系四通八达，城运河设置有码头区、仓库区等。北宋时东京人口为 130 万～170 万，除了少数皇族官僚外，主要是一般市民，尚有一些外国侨民，城内以开放的坊为单元进行居住管理。东京还是当时全国的文化中心，太学是全国最高学府，最盛时有学生 38 000 人，除太学外还有其他国子学、武学、律学、算学、医学等学校，还有图书馆、宗教建筑等以公共服务功能为主的设施。东京形成了完善的城市绿化系统和完善的城市水下系统。南方以地方自然经济发展为推动，形成一个个独具风格和特色人文的多功能城市，如太湖流域的苏松地区、浙江的杭嘉湖地区、赣江流域等。平江府(今苏州)可作为宋代南方一般地区的府城代表，南北长 4 公里、东西长 3 公里，共开有五个城门，城墙外有宽阔的护城河，城门旁都有水城门，城内有划分府院、厅司、兵营、住宅、库房和大花园的子城(府治所在地)、子城周围有城墙包围，在城市中心筑有城墙的衙城，是当时地区政治军事中心的府州城市的特点。城市道路成方格形，城内的河道与街道都是南北、东西的直线。城市一般居民居住地将城市划分为许多坊，与唐代的坊里制不同，没有坊墙、坊门，仅是一种管理的制度，城中

图 1-3　清明上河图

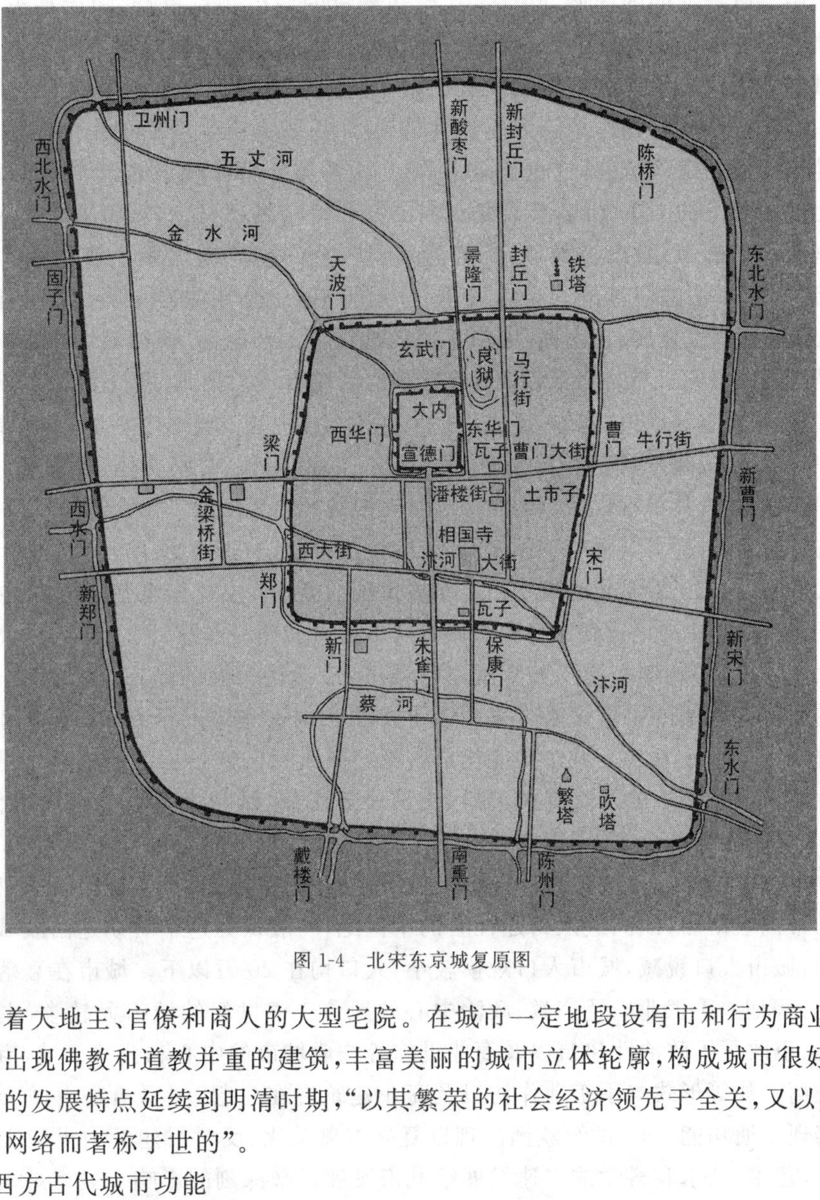

图 1-4　北宋东京城复原图

集中居住着大地主、官僚和商人的大型宅院。在城市一定地段设有市和行为商业服务，城市内开始出现佛教和道教并重的建筑，丰富美丽的城市立体轮廓，构成城市很好的景观。南方城市的发展特点延续到明清时期，“以其繁荣的社会经济领先于全关，又以其发达的中心城市网络而著称于世的”。

(2)西方古代城市功能

西方古代经过漫长的原始社会以宗教、交易为主的城市功能发展后，从公元前 5 世纪到公元 17 世纪，西方古代城市功能的发展经历了从古典时期的防御、宗教、政治、贸易、商业为主到中世纪、文艺复兴时期和巴洛克时期的文化、经济、政治、军事、生产为主。

大约公元前 4 500～公元前 3 500 年，西亚最早的城市诞生于两河流域的苏美尔，该城市依河而建，沿着河流有很多村庄分布在周围。人们对无法解释的很多的自然现象的情绪转化为对“神灵”的膜拜，早期的该区域城市以神庙为中心形成雏形。人们在河流旁、神庙附近、交通便利的地方建起一些小型的集市以进行交易，随着人口的增加，生产力的不断提高和交易活动的增加，集市的规模也不断扩大，成为不可或缺的交易场所。这时期的城市具有一定的经济功能，但更多具有的是宗教和物品交易的功能。

古希腊是欧洲文明的摇篮，欧洲古代已知最早的城市是克里特，随后是迈西尼，最具有代表性的是古典时期（公元前5世纪～公元前4世纪）的雅典，随后进入了古罗马时期，古罗马城的发展代表了西方奴隶制发展的繁荣阶段。古希腊信奉多神教，所信奉的神是幻想的人，在崇拜神的同时，承认人的伟大与崇高，重视人所生活的现实世界，即在古希腊产生了神人同形的宗教信仰，这也正是平等、自由的城邦精神产生的条件。最早的城市克里特岛是地中海上的一个岛屿，传说岛上有90～100个城镇，这些城镇围绕高地上的防守据点或宫殿而形成，一般没有城墙，街道弯曲，住宅参差不齐，居民主要是手工业者和商人，城市建筑全部是世俗性的。希波战争（公元前492～公元前449年）以后，希腊的手工业、商业、航海业高度发展，自由民、城市平民的地位进一步提高，使得城镇建设转变为向整个城镇提供团体服务。当时全希腊最具有代表性的城市——雅典，进行了大规模的建设，城市除具有政治、军事、经济功能外，还成为一个宗教文化中心。城市中心是广场，是群众公共活动的中心场所，围绕广场布局司法、行政、商业、工业、宗教、文娱交往、体育场、作坊、船埠等设施，此时的城市具备现代城市的服务、生产、消费的主要功能。公元前4世纪后半叶，西方突破城邦的狭隘性，马其顿统一了希腊，范围包括希腊、小亚细亚、埃及、叙利亚、两河流域和波西大帝国，进入了希腊化时期。由于东方古国的经济与文化同希腊的经济、文化交汇在一起，手工业、商业和文化达到比希腊古典时期更高的水平。古罗马文明时期（公元前9世纪～公元前476年）的城市源于城邦国家的城市，最具代表性的城市是首都罗马城，其建设是伴随着罗马帝国的军事侵略带来的领土扩张和财富集中而活跃的，鼎盛时期罗马城的人口总量超过100万人。城市功能构成包括与军事目的直接相关的道路、桥梁和城墙，供城市生活所需货物运输及交易的港口、交易所兼法庭，维持大量城市人口居住的府邸，高达6～7层带底商的公寓（可以出租），输水道，散布于城市各处的公共浴池和斗兽场、剧场，城市中心广场群以及广场上耸立为皇室歌颂功德的帝王铜像、凯旋门、记功柱等。

罗马帝国衰落后，欧洲进入封建社会的中世纪，一般认为这个时期是西欧城市建设的倒退时期，城市人口锐减，城市人口规模较小，人口均在20万以下。城市在衰落中逐渐恢复为其作为商业、手工业以及宗教、政治中心的地位。中世纪的城市大教堂、主教府邸等宗教设施、市政厅等政治性建筑以及商业设施等构成城市的中心和公共领域，市民的住宅通常以底商上住等形式与手工业作坊以及商业建筑混在一起，主要道路由城市中心向周边发散实现交通功能。15世纪欧洲出现以复兴古典文化、反对封建的中世纪文化的文艺复兴运动，艺术、技术和科学的飞速发展给城市发展带来深刻的影响。城市进入了一个对古代遗留设施的改造、新建阶段，采用古典艺术与新技术，修建笔直宽阔的道路、广场以及宗教建筑。文艺复兴虽然没有从根本上改变城市的功能，但其提倡的理性与秩序以及在城市设计中所采用的轴线、对称、比例、尺度、对景等城市设计手法对现代城市的景观塑造、环境建设产生了深远的影响。到了17世纪，城市中的商业更加活跃，大量的商人集聚在城市，这也吸引了大量的工匠向城市集中，参与生产和加工活动，城市在此时初具生产的功能，新生的资本主义逐渐在城市中占有统治地位，欧洲在文艺复兴后进入了绝对君权时期，形成了一批中央集权的绝对君权国家。这些国家的首都，如巴黎、伦敦、柏林、维也纳等，均发展成为全国的政治、经济和文化中心。

纵观东西古代城市发展的历史，虽然发展的社会经济背景和文化不同，但对城市发展的作用要求是相同的。城市的主要功能是提供安全、适宜的居住场所，并由此派生出军事防御、政治统治、宗教信仰、手工业生产、商品交换等其他城市公共服务功能，大部分都是消费性的，即城市的本质是一样的。

2. 近代城市功能

(1)近代西方城市功能

18 世纪 60 年代，以蒸汽机的广泛应用为标志的科技革命引发了工业革命，使人类社会进入了工业经济时期，也使古代农业经济条件下的城市功能向以大工业生产为主导的功能转变，多门类的工业生产成为城市最为重要的功能。科技革命持续推动了城市交通功能的提升，城市开始服务于农村，成为人类最为理想的生活地。

工业革命最早发生在英国，也最有代表性，蒸汽机作为生产的动力最早应用于棉纺厂，接着应用于建筑业、采矿业、交通业和冶炼业。蒸汽机和其他机器的应用突破了人力、畜力和其他自然力作为生产力的局限性，同时也促进了煤炭(作为燃料)和冶铁的发展。大量扩大了规模的企业吸引了大量的人口进入城市，人类社会进入快速城市化时期，城市人口迅速增长，据统计，英国从工业革命开始时的农村人口占总人口的 75%降至 1911 年的 21.9%。机器工业的发展又促进了交通运输业的革新。工业化进程中，出现了铁路、公路、运河等交通方式，尤其是铁路的迅速发展大大拉近了城市之间、城市和农村、城市和煤炭矿区之间的距离。铁路代替了一切，铁路决定了城镇的大小范围和性质。技术的进步、城市人口的增加和交通运输的变革深刻影响着英国工业化时期的城市功能。城市中出现了前所未有的大片工业区、交通运输区、仓库码头区、工人居住区等。同时在工业的带动下，城市的金融功能、公共服务功能、文化功能、消费中心功能也逐渐发展起来。紧跟英国步伐，法国、德国、意大利等也相继进入并完成了工业革命，这些国家的城市也发生了类似的功能变革。

(2)近代中国城市功能

近代中国城市功能与西方有较大差别，是在鸦片战争后外国入侵的条件下畸形发展的，具有比较明显的阶段性功能特点。19 世纪中叶至 19 世纪末，鸦片战争后，中国与西方国家被迫签订《南京条约》，割香港给英国，并开放广州、上海、宁波、厦门、福州五口通商，其后又在《虎门条约》被迫开放“外人居留地”，中国城市开始出现了“租界”，对城市产生了一定的影响。这一时期，大部分城市功能没有发生较大的变化，只是“洋务派”在上海、天津、武汉等城市开办了一些工厂，对城市的生产功能产生了一定的影响。19 世纪末到 20 世纪 20 年代初，中日签订《马关条约》规定外国人可以在中国设工厂。外国人在一些租界城市设立大量的工厂，中国主要大城市成为外国人经济侵略的主要资本输出地，城市由以消费为主导向以生产主导方向发展。20 世纪 20 年代到抗日战争之前，日本帝国主义占领东北，出现了工业城市沈阳、哈尔滨，港口城市大连，军事基地城市牡丹江、旅顺，钢煤中心鞍山及抚顺等，城市功能呈现殖民地特征，比较单一。

3. 现代城市功能

第二次世界大战以后至今，西方发达国家在经历数次科技革命，尤其以电子计算机、原子能、空间技术和生物技术的应用为主要标志的信息革命的推动下，人类社会由工业社会发展到后工业社会，经济活动也以制造业为中心转向以服务为中心，城市发展的主要动力由工业革命时期的以第二产业为主转向以第三产业为主。随着生产力的进一步提高，居民收入、生活水平的提高以及民主化进程的发展，城市开始进入大众消费时代，也被称为服务经济时代，即城市功能主要以服务为主导。

人类社会进入后工业社会，在信息技术的支持下，金融、咨询、电信、物流等行业为工业提供专门化服务，普通城市居民也和这些行业密不可分，它们吸纳的城市就业人口占总就业人口的比例越来越高，并且产品中的附加值高于工业的附加值。随着发达国家人均收入水平的提高，人类进入成熟消费，甚至奢侈消费阶段，消费者对教育、医疗卫生、文化、餐饮、娱乐、旅游、环境等各类消费需求不断提高并日益多样化、高质量化。各种服务业聚集在城市，工业向城市边缘迁移，服务业成为城市发展的主要动力，也是城市最主要的功能，许多城市成为各类服务业中心，比如纽约、伦敦、香港成为全球金融中心，美国的硅谷和日本的筑波则以其强大的研发实力成为整个国家乃至世界的科技中心。

城市功能的演变体现了人类社会不断发展进步的过程(表1-3)，城市功能多元化是城市发展的基础，也是城市发展的重要特征，表现在现代城市的综合服务功能、社会再生产功能、理想居住功能等方面，通过物资流、资金流、人才流、信息流不断提高集聚与辐射能力，使城市成为人类的理想之地。

表1-3　城市功能与人类社会发展进步

阶段	城市功能	阶段	城市功能
1782～1845	生产	1892～1948	生产、服务、集散和管理
1845～1892	生产、服务	1948年至今	文化、创新

1.2.3 城市功能特征

城市作为人类为满足自身生存需要和发展需要而创造的人工环境，现代产业、信息网络通信手段的使用使城市既具有丰富的物质又拥有独特的城市文化精神。城市功能涵盖人的食、衣、住、行、求知、学习、社会工作、兴趣和爱好、创作、娱乐、休闲、健身、交通等众多方面。现代城市已经成为一个复杂巨系统，以人为主体使得现代城市功能成了一个完整的功能体系。多种多样的功能在城市空间中按照其内在机制聚合在一起，相互作用，发生着各种各样的变化，使现代城市具备了无限的能量。现代城市功能表现出与以往社会功能更多不同的特征，既有整体性、结构性，又具有层次性和动态变化性。

1. 高集聚性

城市既是各种资源的集聚地，也是各种功能的集聚地，即生产、消费、交换的集中地，单位面积的产出比以往任何时候都高，单位面积的居住人口也比以往任何时候都高，比如现代城市一栋高层住宅就能容纳相当于一个大型村庄的人口。城市功能的集聚是城市不断发展的根本动力，现代产业级的工业企业从少到多、从小到大的聚集，成为城市生产功能的主导；现代具有商业服务功能的企业从单一到多样、从低级到高级的聚集，成为城市生产、消费服务功能的根本动力。现代建筑密集化使城市承载了更多的人口，共享城市文明，推动人类社会进步。高素质人口的集聚，成为城市创新功能的源泉。

2. 整体性

现代城市具有为城乡人口服务的数以万计的功能，这些功能相互联系和相互作用而形成有机结合的整体，具有系统整体的作用。各种功能作为整体的一部分，按整体功能的目的，为人类不同的需要发挥着各自的作用。现代城市的作用是由它们在整体中的地位所决定的，它们的活动受整体和部分之间的关系制约。在现代城市中，任何功能出现问题，都会影响其他功能乃至整体功能系统，甚至使之瘫痪。因此，城市若想充分发挥自己的功能，就必须使各功能要素合理组织，使其在整体要求上达到最佳运行状态。把城市功能当做一个系统，从全部功能的整体性来对待其中的每一个功能要素，合理组织一个城市的功能。只有这样，城市才能实现可持续性运营发展。

一般说来，海港、河港、铁路枢纽城市，各种商品、产品能够大规模地集散，其商业贸易功能也比较发达。因此，没有交通运输的现代化，城市就不可能成为商品生产和流通的集散地。着眼于城市功能的整体性，要对城市各功能要素都给予足够的重视，切不可顾此失彼。

3. 结构性

现代城市是一个复杂巨系统，城市功能既有整体的功能性结构，又有系统的功能性结构。一个城市往往有城市中心、片区中心，这些中心可能是政治、经济、文化等多种城市功能中心，也可能是单一功能中心，这些功能结构主体发挥支撑城市运营的作用。现代城市也有经济系统、政治系统、要素流动系统、公共服务系统功能，这些系统功能之间相互联系、相互作用，形成城市功能整体结构，也形成系统功能结构。各个系统的有机结合形成城市功能的整体结构。现代城市系统整体结构的优化可以释放出各单个子系统所不能单独发挥的作用和功能。在现代城市系统中，各子系统的质量、数量以及子系统间的结合方式都会发生变化，从而引起结构发生变化，结构的变化又影响着结构功能的变化，从而使不同的城市显示出不同的特色。通常当一个城市由以第二产业为主转变为以第三产业为主时，我们就称其由工业中心转变为服务中心。这种由要素间的结构变化而引起的城市功能变化，充分说明了城市功能具有结构性。也就是说，每一要素功能的变化可以引起系统结构的变化，形成新的比例、新的秩序甚至新的结构形式，从而引起整个系统功能发生变化。

认识城市功能的结构性特征具有十分重要的现实意义。它要求我们在研究一个城市的功能发展时，必须制定合理的发展战略和产业政策，运用最优化原则科学地确定主导产业、支柱产业和一般产业的比例，根据本地区的优势调整产业结构，增强城市活力，提高城市综合效益，建设一个有自己特色的现代化城市。与城市功能结构优化相关联的是城市空间结构优化。按现代化城市的要求，为满足人们物质文化生活的需要，应该建设具有综合服务功能的社区，而原来的比较固定的市内功能分区的布局已不再适应城市发展需要。顺应城市主要功能发展的方向，第二产业部门应外迁，第三产业部门应内移。按照商业和交通运输业服务半径的客观要求，建设新的住宅生活区。为解决人口过于稠密所带来的问题，城市的空间布局应呈多中心状态，中心功能应分散化。城市空间结构的合理化，有助于城市功能结构的优化。

4. 层次性

现代城市功能具有明显的层次性。城市功能作为一个大系统，是由不同层次的子系统（或分系统）构成的。其中，每一个子系统相对于大系统而言是子系统，而相对于它的下一层次的小系统而言又是母系统。系统和子系统隶属关系不同而形成的等级，就是层次。现代城市的市场中心、工业中心、交通中心、金融中心、科技中心、文化中心、信息中心等功能无不显示出层次性。例如，沈阳市是我国东北地区的经济中心，在经济中心这一功能中可分为市场中心、工业中心、金融中心，等等。市场中心又可分为生产资料交易中心、生活资料交易中心、金融市场中心，等等。甚至生产资料中心还可细分为钢材交易中心、汽车交易中心、化工产品交易中心、建材交易中心，等等。由此可见，城市功能是有结构的，结构是分层次的，不同层次既有共同的运动规律，又有各自特殊的运动规律。不同层次间既相互依存、相互作用，又相互区别、相互制约。层次的变化可以引起结构的变化，最终影响城市整体功能的变化。层次的有序或无序，影响系统结构的有序或无序，在某种意义上决定着城市整体功能能否发挥或发挥程度。

1.2.4 城市功能分类

按照城市功能的相似性和差异性，对城市进行的分类就是城市功能分类。城市功能分类在理论上应该是城市客观具有的条件与区域分工的需要相结合的产物，因此类型多种多样，各有不同。事实上，城市基础功能存在着比较强的相似性，故差异性和相似性并存。

城市功能分类的形成和发展，在西方资本主义国家发达的市场经济条件下，是通过条件的优越和机遇的把握，在激烈竞争状态下获得的，特点、个性的表现相对突出，功能类型的表现也就显得格外重要，因为它是竞争力的表现和显示。西方学术界对此十分关注。1975年英国城市地理学家卡特（H. Carter）将西方城市功能分类研究分为一般描述方法、统计描述方法、统计分析方法、经济基础研究、多变量分析方法五个阶段，每个阶段都有显著的代表性的分类。

1. 侧重主导功能的城市功能分类

许多学者都侧重于根据城市对外主导功能进行分类，主要包括：

（1）奥隆索的城市功能分类

1921年，英国学者奥隆索根据城市形象，采用一般描述性的方法对城市功能进行划分。他首先确定一个城市类别的体系，以描述性的名称加以命名，然后根据自己对每个城市的了解，分别把城市归入各个类别，结果他把城市功能分成六大类型，即行政、防务、文化、生产、交通和娱乐（表1-4）。

表1-4　奥隆索的城市功能分类体系

类别	功能	城镇类型
第一类	行政	首都，税收城镇
第二类	防务	要塞城镇，驻军城镇，海军基地
第三类	文化	大学城，大学城镇，艺术中心，朝圣中心，宗教中心

（续表）

类别	功能	城镇类型
第四类	生产	制造业城镇
第五类	交通	(1)汇集：采矿业城镇，捕渔业城镇，森林城镇，仓库城镇 (2)转运：集市城镇，瀑布线城镇，中转城镇，桥头城镇，潮限城镇，航运起点城镇 (3)分配：出口城镇，进口城镇，补给城镇
第六类	娱乐	疗养胜地，旅游胜地，度假胜地

(2)哈里斯的城市功能分类

1943 年美国著名学者哈里斯(C. D. Harris)发表了美国城市功能的分类，并给予了合理的解释。他采用统计描述法，根据主导功能行业职工比重应达到的最低临界值以及主导功能行业具有的比较优势两个部分指标，把城市功能分为十大类，即制造业 M′亚类，制造业亚类、零售商业 R 类、批发商业 W 类、运输业 T 类、矿业城市 S 类、大学城市 E 类、综合城市 D 类、娱乐休养 X 类、政治中心 P 类。

(3)纳尔逊的城市功能分类

1955 年美国人纳尔逊(H. J. Nelson)采用统计分析方法进行城市功能分类，产生了深远影响。纳尔逊的目标是试图提出一种客观的、统一的、能被其他人检查和理解的测量方法，来确定城市所承担的足以超出常态的主导职能。

(4)阿列克山德逊的城市功能分类

阿列克山德逊基于城市经济基础研究的方法，认为城市的功能分类应该除去城市非基本部分以后，在城市基本部分的结构基础上进行。

(5)贝里的城市功能分类

1968 年贝里采用多变量分析法提出了美国城市功能分类，他通过收集 1 762 个城市的 97 个变量，利用计算机运算提取结果，完成城市功能分类。

应该指出，城市的多变量分类已经不限于城市经济的职能分类，而是扩展到了包括经济、社会、文化等广义的城市综合特征的分类。

城市多变量分类在分类结果上也不同于传统的城市功能分类。因为分类的类别不可能由研究者事先确定，它只能由计算机输出结果后，由研究者逐一分析，对特征概括命名。每一类型所包含的内容比传统的城市功能分类更综合、更丰富。

2. 侧重功能结构的城市功能组分类

城市功能类型的划分是多种多样的，依据不同规则可划分成不同类型的城市功能组。

(1)依据城市功能的共通性划分

依据城市功能的共通性可以将城市功能划分成一般功能和特殊功能。任何城市都具备的功能称为一般功能；依靠特殊环境、资源等其他城市不具备的有利条件而形成的功能称为特殊功能。城市作为有别于乡村的地域空间必然有其统一的特征性，如城市的承载功能、经济功能、社会功能等。城市作为人类巨大的生存、生活载体，为人类的发展和社会的进步提供了发展的空间、基本的物质条件和基础设施环境。城市一般功能的核心是其经济功能。城市的经济功能表现在商品的生产、交换、分配和消费方面，没有了经济功能的城市不能称其为城市，可以看作乡村。城市的社会功能表现在为各类组织、团体等开展活动提供空间，包括城市行政管理功能、社会安全治理功能等。城市的特殊功能相对于一般功能而言，就是某城市所特有的而不为其他城市具备的功能。例如，由于资源条件的优越、地理区位条件的优势以及历史条件等形成的特殊功能。石油城市，煤矿城市，林业城市等是由于其自然资源禀赋的优越性而形成的特殊功能；沿海、沿江城市，港口城市，边防城市等由于其特殊的地理区位，承担了不同的城市功能，在不同地区发挥出不同强度和能量的城市功能；历史古城、宗教名城等由于其特殊的历史因素成为区别于一般城市的重要依据。

(2)依据城市功能承担的作用划分

城市功能依据承担的作用可以划分为经济功能和非经济功能。所谓经济功能是指城市在国家或区域内发生的商品生产、交换、分配以及消费等活动过程中发挥的功效。非经济功能指在非物质资料的生产、交换、分配以及消费等活动过程中城市所承担的作用，包括文化传播和交流、宗教活动、行政管理等功能。衡量城市的经济功能和非经济功能的能效和规模的指标是多样的，前者可以采用物质资料生产和消费的数量、质量、规模来衡量，还可以利用产业、行业、企业的从业人员数量、结构、规模来衡量；非物质资料生产部门的衡量可以利用从业人口的数量、结构和规模来衡量。

(3)依据城市功能结构组合划分

依据城市功能结构组合将城市功能划分为单一城市功能和复合城市功能。单一城市功能是指城市向外界输出的商品和服务的种类数目单一，结构简单，内容贫乏。复合城市功能相对于单一城市功能而言，指城市向外界输出的商品和服务的种类繁多，结构复杂，内容丰富。随着工业化进程的不断深入和后工业时期的到来，社会生产分工越发细化，跨城市、跨区域的产业合作越发频繁，柔性生产模式带来的规模经济效益推动了城市功能向复杂化、多样化发展。具有单一功能的城市数量逐渐减少，而具有复合功能的城市更加普遍。

3. 现代城市功能分类

1933 年的《雅典宪章》将城市的基本功能归结为居住、工作、游憩、交通四大活动。现代城市功能日益增强，城市功能要素的类型也越来越复杂。现代城市是一个完整的功能体系，每个城市既具有所有城市都具备的一般功能，也有每个城市自己具有的特殊功能和处于突出地位及起主导作用的主导功能。从经济结构产值比例上来看，工业制造业在大中城市的比重在下降，但在城市传统制造业逐步由中心城区向边缘区扩散的同时，以高技术科学研究为支撑的尖端产品的高新技术在大城市中迅速成长起来，大城市始终占有技术优势，保持着生产制造中心的作用。在大城市第三产业逐步发展并占据主导地位的过程中，一些高层次功能，如财政金融、商业服务、公共管理与服务在城市持续集中，尤其以跨国公司的布局影响最为主要，城市功能国际化的程度日益提高。城市功能在商业服务的基础上向以知识和信息为中心的服务上发展，城市的教育、科研功能更加显著。

我国过去长期实行计划经济模式，土地利用完全由经济计划决定，政府的决策主导了城市功能要素的分布和空间演变。随着我国经济转型的持续推动，城市功能的优化调整受到市场和政府管制的双重制约，城市功能的组织变动迅速，并呈现出与西方城市不尽相同的特征。在城市规划实践中,通常认为对城市发展作用比较大的有行政管理、居住、商业服务、公共服务、工业等功能要素。根据城市规划编制实践,选取城市主体功能进行空间组织探讨。

综上,本书主要以居住、公共服务、商业服务、工业生产与物流、交通、游憩为主要类型,分析城市功能内涵、空间组织影响因素、空间布局与策略。

1.3 现代城市功能与组织

1.3.1 现代城市问题

现代城市作为工业化、现代化乃至全球化的表征,是人类先进的文明和先进的生产和生活方式。然而伴随着现代化的进程,城市人口急剧增加,已有设施以及设施增长的速度无法满足人口增长以及生活水平的提高、生活方式的改变所提出的要求。现代城市既有工业时代的制造功能,又具有知识经济时代的服务功能,各种功能的聚集使城市承受着过多的压力,现代城市呈现诸多问题,主要表现为以下四个方面。

1. 城市安全问题

在日益高涨的城市化浪潮下,不少城市都存在城市安全问题,由于防灾体系应变不健全、城市基础设施脆弱,人们防灾意识薄弱,城市安全问题凸显在人们面前。

2. 城市住房问题

目前城市住房问题主要表现为微观和宏观两个层面。微观层面的城市住房问题主要表现为住房紧缺问题,即住房供求不能达到平衡;居住质量问题,即住房的质量不符合居民对现代生活的要求;经济负担问题,即城市居民在住房的持有方面两极分化严重。宏观层面的城市住房问题主要表现为居住空间的结构问题,即城市居住区的阶层分化,甚至隔离等不平等现象的普遍存在,如“棚户区”、居住“郊区化”等,以及由住房问题的延伸而引起的其他城市问题。就我国而言,当前的城市住房问题折射出我国在体制转轨过程中深层次的体制性障碍、制度性矛盾和政策失当等问题。住房是关系国计民生的重大经济问题和社会问题,尤其是在当前我国构建社会主义和谐社会的背景下,有效解决城市住房问题更是坚持“以人为本”思想和贯彻科学发展观的重要体现。

3. 城市交通问题

城市交通问题通常表现为交通堵塞、交通事故、公共交通问题、步行者问题、停车问题等。目前我国城市交通问题比较严重,尤其在一些超大城市内部。通过城市交通问题的综合治理,合理布置吸引人流的公共建筑物,全面掌握城市客、货流的流源、流向和流量,调整城市交通运营;合理组织城市交通的运营路线和运营时间;区分不同功能的道路性质、建立完善的道路系统;改善旧城区的道路系统;形成地上、地下结合的交通枢纽等途径,解决我国城市交通问题。

4. 城市环境问题

在现代社会的发展过程中,工业化带来了生产力的进步和社会的发展,但同时也带来了一系列环境问题。城市环境问题产生的主要原因是资源的不合理利用和浪费,排废过多,不尊重生态规律,不合理使用土地与空间,建筑布局、工业布局混乱,从而破坏城市的生态系统,减弱城市生态系统的调节机能。城市环境问题的表现形式主要有大气污染、水污染、噪声污染、垃圾污染等。

(1)大气污染是指人类生产和生活活动向大气排放的各种污染物,超过了环境所允许的极限,使大气的质量发生恶化,从而对人们的生活、工作、身体健康和精神状态,建筑物及设备财产等方面,直接或间接地产生破坏性恶劣影响。造成大气污染的污染源,从产生来源看,主要有三种:城市居民燃烧煤炭等燃料做饭和取暖所排出的烟尘,各种类型的工矿企业排放的烟气以及汽车、飞机、火车等各类交通工具所排放出的尾气中含有一氧化碳、氮氧化物、碳氢化合物、铅等污染物。随着工业发展和生活水平提高,大气污染日益加剧,造成的各种损失十分惊人。大气污染影响人体健康的恶性事件,最有名的有缪斯河谷事件、多诺拉事件、帕莎利卡事件、伦敦事件、博帕尔事件,以及由汽车废气产生的洛杉矶光化学污染事件等。

(2)水污染是指外来物质进入水体的数量达到破坏水体原有用途的程度。水污染的来源很多,城市工业废液和居民生活废水是最重要的来源。目前,不论是大城市还是小城镇,水污染都十分严重。造成水污染的原因与生产和生活大量用水有关,如用水较多的造纸、纺织、化学等工业废水都是较大的污染源。被污染的水不仅对人体健康有害,而且腐蚀管道,破坏城市内部娱乐用水域。

(3)噪声是指妨碍人们休息、工作和交谈,以及损害人体健康的声音。当噪声成为影响城市环境的普遍问题时,就构成了噪声污染。城市环境噪声源主要来自交通运输、工业生产、建筑施工和社会活动。

交通噪声主要来自各种机动车辆,它是各种环境噪声中最严重的一种。随着城市交通车辆的增加,城市交通噪声也将越来越严重。工厂噪声不仅直接危害工人,而且对附近居民影响也很大。工厂噪声是造成职业失聪的主要原因。在房屋修建和道路施工期间,各种建筑机械和运输车辆产生的施工噪声,对周围居民的干扰很大。此外,还存在由社会活动和家庭生活而产生的社会噪声,如娱乐场所、车站、菜场、学校等产生的噪声。

(4)垃圾污染是指随着工业生产发展,建设规模扩大,居民消费水平提高,城市固体垃圾等废弃物急剧增加但未得到及时处理,达到危害人体健康和环境的程度。城市垃圾包括炉渣、粉煤灰和生活垃圾中的纸类、塑料、食品等,以及建筑固体废弃物,如灰土、砖瓦等。

1.3.2 城市功能与组织的提出与界定

现代城市问题具有面广、复杂的特点,而更关键的是城市问题之间有非常高的关联度。现代城市问题大部分不局限于城市的某个局部或集中显现在城市的某个基层中,诸多城市问题交织在一起,并相互关联和作用。有时为解决某一个问题所采取的单方面措施可能会导致其他问题的加剧或新问题的产生。例如,为解决交通拥堵问题而修建的各种城市道路会加剧噪声、大气污染问题,并诱发新一轮交通需求的增长。面对现代城市问题,以科学的态度从城市功能本身的系统作用机制找到答案。

组织是指由诸多要素按照一定方式相互联系起来的系统。城市由无数个功能单元组成，如何克服城市各功能单元的影响，城市的未来是什么样子，目前城市如何通过规划、建设改造而让生活更美好，要解决现代城市问题，就需要充分利用城市各种功能的内在组织机制来解决。本书认为城市功能与组织是指各种城市功能在按照其内在联系和机制作用下形成的科学状态。

从广义上说，组织就是指人们为实现一定的目标，互相协作结合而成的集体或团体，如党团组织、工会组织、企业、军事组织等等。狭义的组织专门指人群，运用于社会管理之中。在现代社会生活中，组织是人们按照一定的目的、任务和形式编制起来的社会集团，组织不仅是社会的细胞、社会的基本单元，而且也是社会的基础。

1.3.3 城市功能与组织的前沿理念

当前，人们积极探索解决城市面临的问题的方法，国内外各个城市已经做出了各种各样的实践努力，并提出了一些先进的理念促使城市让生活美好的理想成为现实。

1. 紧凑城市

紧凑并不是一种具体的、特定的城市形态，而是一种强调适度混合，拒绝机械的功能分区的城市发展策略。与无节制蔓延的城市形态相比，紧凑城市的理念更符合可持续发展理念，对自然环境的破坏较低，也有利于城市设施的高效使用。从蔓延到紧凑，是一种宜居性、多样化和可持续的城市发展策略。未来的城市注重日常生活的柔性，它将城市生活的地域特征重新纳入城市空间，在传统和现代、全球化和地方化、人与环境、人与人之间寻求新的平衡，彰显城市的个性和文化。

2. 低碳城市

2009 年的哥本哈根气候会议标志着人类面临的严峻的生态现实，人类社会必须走低碳之路。低碳生产、提高效率，低碳生活、改变消费习惯成为低碳城市的必然路径。低碳生活是一种生活理念的倡导，从每个人的日常生活点滴做起，比如增加蔬菜减少肉食，多走路常骑车，让低碳成为人们美好生活的动力源泉。低碳生产也是如此，既可以通过技术进步，提高燃料效率，减少碳排放，又可以通过优化生产组织方式，减少交通运输，减少碳生产中的碳排放。低碳城市是实现低碳社会最为重要的方式，也是达到人类与大自然和谐共存的重要保证。

3. 节能城市

世界各国的城市发展模式不同，对于能源消费的总量也有着很大的差异。美国以大尺度、低密度为特征的城市，其人均汽油消耗量是小尺度的、紧凑的欧洲城市人均汽油消耗量的 5 倍。当今城市面临能源危机已是不争的事实，我国建立节能城市是必然的路径选择。城市节能的实现既要有政策和法规的引导，开发生产节能技术，又要推进能源回收再利用。总之，要节约城市能耗、开拓可再生能源利用，在城市生活中实现“智慧的节能”。

4. 生态城市

作为对传统的以工业文明为核心的城市化运动的反思、扬弃，生态城市体现了工业化、城市化与现代文明的交融与协调，是人类自觉克服“城市病”、从灰色文明走向绿色文明的伟大创新。生态城市广泛应用生态学原理规划建设城市，使城市结构合理、功能协调；保护并高效利用一切自然资源与能源，产业结构合理，实现清洁生产；采用可持续的消费发展模式，物质、能量循环利用率高；有完善的社会设施和基础设施，生活质量高；人工环境与自然环境有机结合，环境质量高；保护和继承文化遗产，尊重居民的各种文化和生活特性；居民的身心健康，有自觉的生态意识和环境道德观念；建立完善的、动态的生态调控管理与决策系统。

思考题

1. 简述市区与规划区的异同。
2. 简述中外城市设置的标准主要有哪些差异。
3. 现代城市主要功能有哪些？
4. 城市功能的特征有哪些？
5. 结合我国当前城市问题，说明在城市功能与组织中应当遵循哪些理念。

第2章 城市空间结构与形态

2.1 城市空间结构

2.1.1 定　义

1. 城市空间

从经典物理学的角度看，空间是宇宙中物质实体之外的部分。也就是说，空间是与实体相对应的概念，是由点、线、面、体划分或围合的虚体。空间与实体相互依存，不可分割。空间是一种客观存在，由在其中活动的人去感受。空间形态是物质的，神态是由人去感受的，是精神的。人是空间的主体，是空间的创造者和感受者，没有人的存在，空间形态就没有了意义。

城市空间主要指在城市范围内，由建筑物、构筑物、道路、广场、绿化、水体、城市小品、标志物等共同界定、围合或占领而成的空间。城市空间是城市的社会、经济、文化、历史以及各种活动的物质载体。从规划学角度，城市空间是一种理性空间，包括建筑物和开放空间；从建筑学角度，城市空间既包括建筑内外空间，也包括地面、地上和地下空间；从地理角度，城市空间就是城市占有的地域。本书主要采用的是规划学中的城市空间认知。

城市空间包括多种属性。第一，城市空间具有物质属性。作为城市社会中各类要素相互作用关系的物化及其在城市土地上的投影，它使城市系统能以物质形态存在，并使各种关系在物质形态层面上得到统一，城市实体环境是其外在表现。第二，城市空间具有社会属性。城市作为人的活动场所，个体、社会组织、社会组织权力群体和机构的活动等，必然会导致社会阶层、邻里和社区组织的形成，以及土地利用、建筑环境的空间分布。第三，城市空间具有认知属性和感知属性。城市空间包含着无数"场所"的集合，场所能够被知觉，因此城市空间具有知觉空间、意象空间的精神意义。

2. 城市空间结构

城市作为一个"自然-社会-经济"复杂的巨系统，存在着复杂的自然结构、社会结构和经济结构，这些结构要素最终都要在空间地域上得到反映。城市要素的功能联系、空间分布与组合构成组成了城市空间结构。通常城市空间结构被简称为城市结构。广义的城市空间结构包括物质结构、社会结构、经济结构、生态结构等。城市空间结构指城市主要物质构成要素在空间分布上的特征和组合规律。城市空间结构作为空间要素的组合格局，是复杂的人类社会、经济、文化活动在特定的环境条件下的地域投影，是城市功能组织方式在空间上的具体表现，城市空间结构的优劣直接影响着城市系统功能的发挥和运营。

城市空间结构的形式和演化，不仅受制于自然地理条件、历史基础和文化传统，更取决于城市生产力的发展水平、城市的经济实力和人们管理城市的能力。

城市空间结构主要是从空间的角度来探索城市形态和城市相互作用网络在理性原理下的表达方式，也就是说，在城市结构的基础上增加了对空间维的描述。城市空间结构(图 2-1)作为城市构成要素之间的关系组合，从其表征上看，它是城市各物质组成要素平面和立面的形式、风格、布局等有形的表现，是多种建筑形态的空间组合格局；从其实质内涵上看，它是一种复杂的人类经济、社会、文化活动和自然因素相互作用的综合反映，是城市功能组织方式在空间上的具体反映。

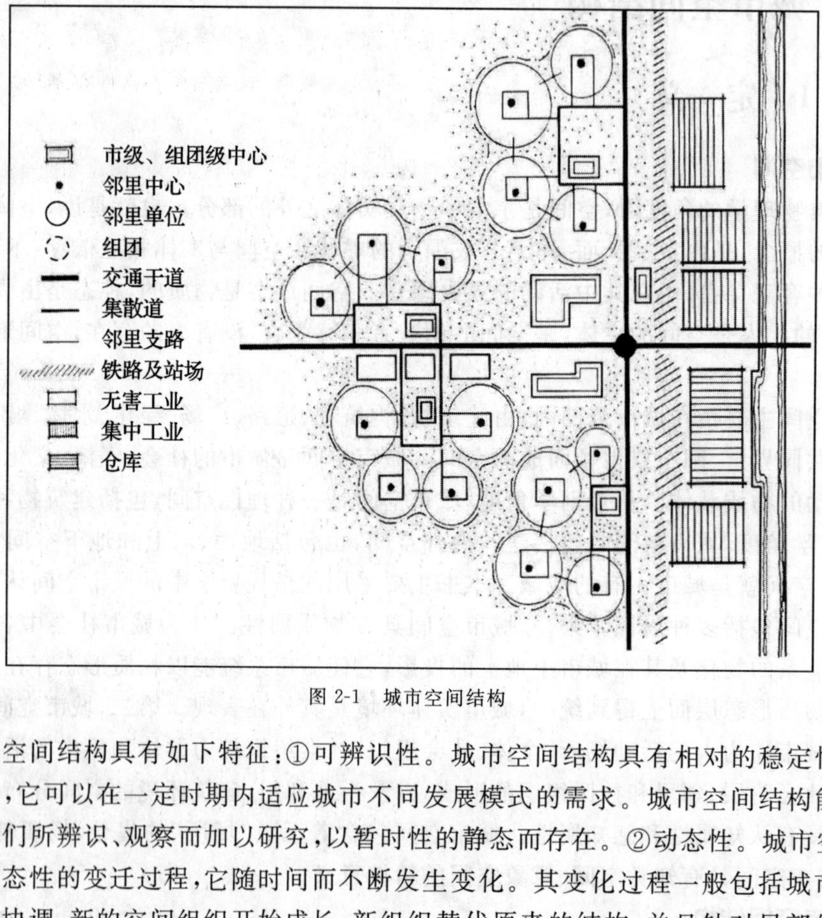

图 2-1 城市空间结构

城市空间结构具有如下特征：①可辨识性。城市空间结构具有相对的稳定性和较强的适应性，它可以在一定时期内适应城市不同发展模式的需求。城市空间结构能在共识性中为人们所辨识、观察而加以研究，以暂时性的静态而存在。②动态性。城市空间结构是一个动态性的变迁过程，它随时间而不断发生变化。其变化过程一般包括城市空间结构出现不协调、新的空间组织开始成长、新组织替代原来的结构，并且针对局部的不协调进行调整等阶段。③层级性(不对称性)。结构通常产生于不对称的关系，而任何关系上的不对称性是结构形成的主要因素。

2.1.2 城市空间结构的组成要素

根据一般对城市用地空间表现的几何形状的认识，城市空间结构(城市形态)由以下要素组成：

(1)道路网,这是构成城市空间结构的基本骨架,不同的道路网特点决定了不同的城市空间结构、形态。

(2)街区,这是城市内部由道路网围合起来的平面空间。

(3)节点,指的是城市中人流的集聚点及道路上的交叉点。

(4)城市用地,指的是城市所占据的土地表态。

(5)城市发展轴,指城市的对外交通线,是城市扩展的伸长轴。

一个城市之所以具有某种特定的结构,这首先和城市所处的地理环境有很大关系。平原地区城市空间结构较为规整,而山区城市空间结构则相对变化较大,受地形、地貌条件制约较深。同样,沿海、沿江城市空间结构与内陆地区城市空间结构也有较大差别。另外,政治、经济和文化因素对城市结构及形态的影响也是巨大的

2.1.3 城市空间结构主要影响因素

城市空间结构演变是一种复杂的人类政治、经济、社会、文化活动在历史发展过程中交织作用的物化,是在特定建设环境条件下,人类各种活动和自然因素相互作用的综合反映。影响城市空间结构演化的因素包括历史发展、地理环境、交通运输、经济与技术进步、社会文化、城市职能、城市规模、城市结构、政策与规划控制等方面。

1. 历史发展

任何一个城市的发展都不可能超越历史,城市空间结构具有不可逆的特性。城市空间结构的发展总是以原有的城市空间结构为基础,并在空间上相互依存,具有连续性。如果说其他的因素是推动城市空间结构发生变化的动力,那么历史发展因素则成为使城市空间结构保持稳定的理由。城市空间结构一旦形成便决定了其运行效率的高低,而要打破原有的结构必须付出相当的代价。因此只有认清城市空间结构形成的历史规律,找出它合理的方面和不合理的方面,才能为城市将来更好地发展做出正确的指导。

2. 自然条件

(1)地形条件

地形是构成土地的重要基础,不同的地形具有不同的地势起伏和地面坡度、坡向特征,并通过对热量、水文的地表再分布影响城市土地的空间布局状况;不同的地表起伏即相对高差,对土地利用方式和土地利用措施有着显著的影响。不同地形部位的土地质量、水分状况和水土流失程度不同,造成土地利用方式不同。地面坡度、坡向等地形条件对城市土地利用的影响是多方面的。城址选择、用地选择、功能分区、绿地布局无一不受地形的影响。不同的建筑对坡度有不同的要求,不同的坡度适宜不同的建筑,从而形成不同的土地利用结构,造成城市内部土地利用程度的空间差异格局。

不同的坡度对城市土地利用的影响或限制见表 2-1。一般来说,大型工业项目的基本建设,最有利的地面坡度为 2%以下,当地面坡度为 2%～5%时,就不利于布置横越等高线的建筑物。城乡居民点布局也要考虑地面坡度,一般居民点地势应该高一些,不受洪水威胁,并且最好处于阳坡。不同的坡度、坡向条件从根本上决定了城市土地利用的程度。

表 2-1　　不同的坡度(%)对城市土地利用的影响

	5%	5%～10%	10%～15%	15%～45%	45%以上
土地使用	适宜各种土地利用	只适宜小规模建设	不适宜大规模建设	不适宜大规模建设	不适宜大规模建设
建筑形态	适宜各种建筑形态	适宜各种建筑和高级住宅	高级住宅	只适宜阶梯式住宅和高级住宅	不适宜建筑
活动类型	适宜各种大型活动	只适宜非正式活动	只适宜自由活动或不适宜活动	不适宜活动	不适宜活动
道路设施	适宜建各种道路	适宜建主要和次要道路	小段坡道	不适宜	不适宜

(2)水分条件

水分条件主要包括天然降水、地表水和地下水三部分,它是人类改造、利用土地的重要条件,对土地利用类型的形成、利用方式、作物结构和生产力水平均有着重要影响。在城市建设方面,水资源状况显得尤为重要,充足的水资源为城市中人们的生活及城市生产建设提供了有力保障,推动了城市土地的集约利用和城市的发展,水资源短缺则会制约城市发展。

(3)地基承载力

城市土地的地基承载力主要由地基土堆积年代、地基土成因、地基土性质、地下水情况等诸多因素决定,城市土地资源的开发利用在很大程度上受相应区域的地基承载力的影响和制约。地基承载力大,则比较适宜建造高层建筑物,进行高密度、高强度的土地开发利用。

(4)植被绿化条件

绿色植被作为城市生态系统不可缺少的一部分,起着保护环境、改善环境的重要作用,如净化空气、减弱噪音、调节和改善小气候等,在很大程度上决定了城市生态环境质量。城市土地利用程度的提高必须在维持城市生态环境优美的前提下,保证城市土地利用与生态环境条件相互协调发展。

总之,自然条件是城市空间结构形成、发育的自然物质基础,是人们生产和生活所依赖的条件,是地球表层系统、城市人地系统运动的自然动力因素。在一定程度上,区域自然条件的优劣程度,直接决定了城市诞生的客观性和可能性。不同地域、不同历史阶段的城市用地,对自然条件的客观要求存在较大差异。然而,自然条件在很大程度上是不能改变的,这种客观存在的地域自然属性,与相应发展阶段的社会经济条件相结合,就决定了城市用地空间布局的变迁。

3. 政府行为

政府行为对城市空间结构的影响主要体现在城市规划、土地利用规划和城市建设发展方针与政策上。城市规划的主要功能在于对城市土地和空间资源利用进行宏观调控和管理,其核心是解决城市土地利用的规模和空间结构问题。城市总体规划决策决定了城市整体层面上的空间结构,包括城市土地配置的合理程度、用地功能布局、城市基础设施发展水平以及城市建设的总体容量控制标准等。而城市局部的地块使用功能、开发强度和环境控制等取决于具体的规划控制要求。政府在某一时期内实施的城市建设发展方针与政策，也直接影响到城市空间结构。西方大城市的城市中心复兴计划是典型的政府干预促成城市空间结构演变的例子。

城市空间结构的优化调控主要是通过城市的规划和管理来实现的。规划主要是指离心化的规划，特别是在城市，要求强化区域整体发展水平，城市的规划在国家规划体系中占据重要地位。城市内部区域之间的结构性、战略性的规划，包括城市各级中心、次中心的规划布局，产业在城市内部地域空间上的合理配置。基础设施网络包括交通、通信、供排水等的空间布局以及环境整治和规划等成为规划重点。

4. 社会结构

现实的城市空间结构物化形态沉淀着历史、社会制度、宗教信仰、社会结构和人文类型的印迹，它的演变既呈现出物质生产统一性所决定的一系列共同性特征，也表现出由于历史、社会结构以及人文类型等的多样性所塑造的相异性特征。这一点可以在世界不同的洲际区域，不同的种族制度、宗教信仰、社会结构和人文类型背景下，从充分显现出的各具特色、差异明显的城市空间结构中得以证实，如拉丁美洲。

5. 经济发展水平

产业结构变化引起城市土地资源在产业上的重新分配，导致城市土地利用结构的变化。由于各产业部门的土地生产率和利用率不同，在一定的产业结构下形成一定的土地利用结构。我国城市产业结构不断调整，土地资源不断从第一产业转移到第二、三产业，城市土地利用的集约化程度在逐步提高，这为城市土地的深度和广度开发利用提供了有力支撑，促进了各类荒地的开发。同时，带动了社会消费水平的提高，如人们对食物结构和质量有了新的要求，优质高产作物的种植面积扩大并加快了畜牧业、水产养殖业和经济林果业的发展；再如，人们为了满足较大的居所、更便利的交通等需求，促使更多的居住、工矿、水利、交通用地增加了，建设用地不断扩大，城市土地利用空间范围也不断扩大，并实现了结构调整。可见，产业结构升级和主导产业部门的置换，推动了城市用地结构的变化，使土地要素的时空配置向高福利目标发展。

6. 土地价格

区位地价级差是导致城市空间结构演变的基本动因之一，土地价格的分级体系决定了商贸、居住、工业等功能用地的布局。无论从一百多前杜能的土地标租学说和马克思的地租本质及划分理论，还是从现代城市地域空间利用特征来看，土地价格都是影响城市空间结构的主要因素之一。土地价格直接关系到城市各组成要素的空间区位分布及组合规律。如前所述的三大经典模式，无一不秉承了地租理论。

观察现实的城市土地利用结构，不同性质的用地差价确实普遍存在且差别很大。一般来说，金融、商业类用地地价最高，住宅次之，工业最低。土地价格的分级体系体现在城市空间结构的层次上，房地产价格总体水平和不同土地等级间价格差异幅度决定了商贸、居住、工业等功能用地的聚散程度，即城市用地功能分区及用地功能混合情况。而城市地域空间结构的结节性(指城市地域中某些地段对人口流动和物质能量交换所产生的聚焦作用，这些具有聚焦性能的特殊地段称为结节点)、均质性(指城市地域在职能分化中表现出来的一种保持等质、排斥异质的特性)和交通便捷性的空间分布与地价的空间结构互为影响。

7. 交通运输条件

交通运输通过道路网密度、运输方式及运输量等影响城市土地的开发利用。一方面，交通路线的兴建，刺激了沿路两侧土地的开发利用，改善了土地利用的条件和结构；另一方面，交通运输条件的变化影响着相应区域土地的区位价值，随着交通沿线两侧土地区位价值的提高，土地利用效益明显提升，促进了周边地区土地资源的高效利用，从而改变了土地利用的空间结构。

8. 工程技术

土地利用工程技术主要指开发和整治土地的工程技术，如农田水利工程、水土保持工程、土地改造与保护工程等。各项土地利用工程技术措施的推广和应用，在促进农田建设的田园化和水利化，改善了土地的生产条件，使农用土地资源在高效集约利用的同时，也为城市土地空间资源的开发利用提供了有利条件，大大拓宽了城市土地资源的利用空间。如城市建设中钢材、水泥、电力等的投入及高级建筑技术的应用等使高层建筑成为可能，大大提高了城市建筑容积率和土地利用强度。

9. 生态环境质量

城市空间结构的状态依托于一定的生态环境质量状况。若区域生态环境质量状况好，则可考虑进行深度开发，这样可能会使城市开发密度增大，空间拓展范围广，结构趋于比较复杂的状态；反之，若区域生态环境质量状况较差，土地资源开发利用的方式受限，则城市空间结构可能就比较简单。可见，生态环境质量状况将会直接和间接地影响人们对土地资源的开发利用程度。这里需要注意的是：土地资源的不合理利用是造成环境恶化的最根本原因，因而对城市空间结构的布局应当局限在生态环境质量所给予的限度内，不能再通过对城市土地的利用加重城市生态环境的负担；不仅如此，还应该采取一定的防护措施，避免因不合理的开发行为造成对城市生态环境的破坏。

2.1.4 城市空间结构的演变

1. 基本规律

(1)从封闭的单中心空间到开放的多中心空间

随着城镇化的发展，大城市的空间结构发生了重组，建立适应现代经济生产方式、社会生产方式、交通方式的多中心开放结构成为主流趋势。多中心的开放结构不仅能够适应城市自身发展的要求，而且有利于城乡区域的发展互动。

(2)从平面空间到立体空间

随着城市的扩展和空间资源的日益短缺，城市的空间形态也由平面延伸逐步向立体利用转变，如城市交通道路的立体化、城市建筑的地下化等，共同组成了一个立体交错的城市空间。

(3)从生产性城市空间到生活性城市空间

随着经济的发展和人们生活水平的提高，以"宜居"为代表的生活概念开始深入人心，公共空间的构建、消费空间的塑造、生活尺度空间的设计等成为高质量城市空间环境所追求的目标。

2. 演变过程与阶段

城市、城市群的形成与发展过程也是城市空间扩展和城市土地集约利用变化的过程，城市、城市群的形成和发展可以简单概括为四个阶段。

(1)孤立城镇膨胀阶段:其扩展特征一是城市扩展的相对独立性，二是城市间联系的微弱性，三是城市扩展方向的多样性(不稳定性)。

(2)城市空间定向蔓生阶段:随着扩展距离的延伸，同心圆膨胀的边际效益下降，沿交通线的扩展成为这一时期的主导，城市扩展表现出明确的空间指向，周边城镇被逐渐纳入城市范围，中心城镇已被交通扩展轴联系在一起，城市空间扩展的态势初露端倪。

(3)城市间的向心与离心扩展阶段:城市群空间轴向扩展到一定程度，大中城市数量增加，形成了城市间的相互吸引，产生了城市间的向心扩展。位移扩展和跳跃式扩展并存。

(4)城市连绵区内的复合式扩展阶段:两个和多个城市之间由于引力的加强和影响空间的临近，会出现互为影响区、互为空间环境的局面，即形成城市连绵区。大都市沿交通走廊的扩展使它们进一步聚合，同时新生的次级交通走廊也成为城市扩展的短轴方向，波及城市化发展的低谷区，形成交互式的扩展局势。

2.1.5 我国当前城市空间结构基本类型

1. 集中块状结构类城市

集中块状是我国现代城市空间结构中结构最为紧凑的一种类型。就其形成特征而言，多是在平原地形条件下，城市新辟用地围绕着原有城市中心，向周围较为紧凑、均衡地不断扩展而形成和发展起来的。但具体到每一城市，其发展基础、背景和历程往往又各不相同。典型城市:沈阳、北京、石家庄、无锡。

2. 连片放射状结构类城市

连片放射状结构类城市是我国现代城市空间结构中另一种结构较为紧凑的类型。其形成机理与集中块状结构类城市大体相同，只是由于受到若干自然条件(河流、山丘、湖泊等)或特定交通(铁路、公路、河道等)的深刻影响，而在城市向各个方向的扩展上表现出特定的不均等性。在某种情况下，其与集中块状结构类城市可相互转化。典型城市:盐城、南昌、柳州、合肥。

3. 连片带状结构类城市

连片带状结构类城市是我国现代城市空间结构发展中较为常见的一种类型。其形成原因主要有以下几种:在河谷地带受狭长用地条件限制，同时往往还受沿河谷带状分布的交通线(铁路、公路或河道等)的影响;在滨海地带受带状海岸平原地形条件的影响;在平原地带受带状交通影响，并往往也受其他一些特定条件的影响(如历史因素或规划思想等)。此外，若从带状发展的方向看，则大多数城市表现为向两侧延伸，也有少数城市只向一侧伸延(或退延)。典型城市:兰州、青岛、深圳、洛阳。

4. 带卫星城的大城市

带卫星城的大城市是我国紧凑型城市空间结构发展到一定程度后采取的一种新的结构布局形式。其主要是将从中心区调整出来的或新开工建设的工业项目，在大城市外围地区进行集中布置，以形成新的小型城市发展中心，并多具有较明显的疏散城市工业和人口、控制城市连片扩大的规划色彩。此外，也有部分城市，由于能将卫星城的建设和生产力合理布局的要求有机结合起来，而不强求一般性的工业疏导，因而其效果更为突出（这种情形有时可从一城多镇结构类型城市发展而来）。典型城市：上海、南京。

5. 一城多镇结构类城市

一城多镇结构类城市是我国城市空间结构中一种较为常见的类型。其形成条件在各类城市空间结构中最为宽泛，可见于工矿城市、山区城市以及一般江河平原城市等，主要由一个主城区和若干个有特定专业职能的外围城镇组成。其中，主城区往往是城市主要的政治、文化、商业服务中心，并承担着较强的综合经济功能，规模上也远远高于一般外围城镇。典型城市：个旧、重庆、南通。

6. 双城结构类城市

双城结构类城市是我国城市空间结构发展中较具特色的一类城市。其形成上主要有两种情形：一种是在沿海港口城市，随着城市主要港口从内河向外海推移，港口型城区往往逐渐脱离原有的城市中心区，发展成为一个新的独立城市区，和原有中心城区形成双城格局；另一种是在内陆城市，依托若干重点建设项目的成组布局或受特定布局因素的影响，跳跃性地开辟新市区，也往往与老城区共同形成新的双城格局。典型城市：湛江、包头。

7. 分散型结构类城市

分散型结构类城市是我国现代城市空间结构中最为松散的一种类型。影响此类城市空间结构分散的因素是多方面的，主要包括地形条件的限制、工矿业（油田、煤炭等）生产的要求、生产协作的便利，以及分散布局思想的影响，等等。典型城市：淮南、攀枝花、大庆。

2.2 城市空间形态

2.2.1 概　念

城市空间形态是城市整体和内部各组成部分在空间地域的分布状态。城市空间形态通常指城市建成区的平面形状、内部功能结构和道路系统的结构与形态。城市空间形态或是在历史发展过程中形成的，或是自然发展的结果，或是规划建设的结果，这三者往往是交替着起作用的。

2.2.2 构成要素

城市空间形态由道路网、用地、界面、节点和重要自然要素等构成。

1. 道路网

道路网是指城市内部及与外部联系的交通线，包括城市内的道路系统以及与外部联系的公路、铁路、河流航道等。道路网是支撑城市空间形态的基本骨架，而城市对外的交通干线通常是影响城市空间形态的重要因素。

2. 用地

用地是指城市各种功能活动所占据的地域空间，也是城市规模大小的表征。城市空间形态主要指城市用地空间分布的整体状态。从区域角度讲，城市与乡村的区别在于用地；从空间内部来讲，二者的区别体现为满足城市生产、生活等功能的系统与聚散程度。

3. 界面

界面是指在视觉上展示给人们观看或感受，主要包括街道、广场、交叉口、城市的轮廓线、城市的滨水界面。界面组成了城市空间的三维特征，竖向界面的高度不同将产生不同的空间围合感。

4. 节结点

节结点是指人流、物流交换产生聚集作用的特殊地段。区域内主要是交通汇集处，城市内则包括道路交叉点、广场、车站以及有特殊功能的建筑物（如体育馆、影剧院、公园等）。

5. 重要自然要素

重要自然要素是指融入城市的山川、河流、湖泊以及城市周边的自然环境等要素，它们既是城市空间形态的影响因素，也是构成城市物质空间必不可少的组成部分。

2.2.3 城市空间形态的影响因素与扩展

1. 影响因素

影响城市空间形态演变的因素是多方面的，其直接因素既包括城市本身所在的区位、地形、水文、气候、景观、生态、农林矿业资源等地理环境条件，也包括城市的人口规模、用地范围、城市性质，城市在国家和地区中的地位和作用，能源、水资源和对外交通、大型工业企业配置，公共建筑和居住区组织形式等社会经济和城市建设条件。其间接影响因素则是城市各历史时期的发展特征、国家政策和行政体制、规划设计和建筑法规、文化传统观念等人为条件。这些因素在一定历史时期和一定空间范围内，同时作用于各城市实体，每个城市的空间形态千差万别，许多的城市空间形态的形成又往往具有相同的主要影响因素、相似的发展阶段和环境空间，使其演化的规律大体一致，因而在城市整体上有类似总平面外形轮廓和布局结构特点。

2. 扩展模式

城市空间形态主要有紧凑型圈层式扩展、轴向带状式扩展、跳跃式组团扩展和低密度蔓延式扩展四种模式。同一时期，城市的扩展模式往往表现为多种模式的并存，但不同时期以一种模式为主导。

(1)紧凑型圈层式扩展模式

紧凑型圈层式（图 2-2）密集向外扩展是我国大城市空间扩展的典型模式。它以已形成的主城区为核心向外分层扩展，整个城市的平面像树的年轮一样，每发展一次就向外扩大一圈，俗称“摊大饼式”的扩展。这种模式使城市紧凑度高，定型性好，且可能获得较高的集聚效益。但城市的空间扩展达到一定程度后，如再按此模式继续扩展下去，将会导致交通拥挤、城市环境质量恶化等一系列城市问题，使城市空间扩展进程既不能被阻止，也不能被控制。

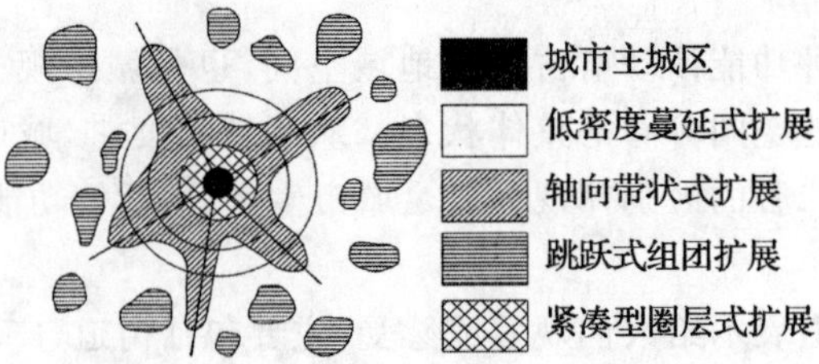

图 2-2　紧凑型圈层式扩展模式示意图

（2）轴向带状式扩展模式

沿主要对外交通线成带状扩展的模式，是由交通沿线具有潜在的高经济性所决定的，同时，城市两侧可能受地形地物的限制，城市发展过程中主要是沿着对外交通体系的主要轴线方向带状发展。这种模式在城市开展大规模的基础设施建设时表现得非常明显，是目前我国城市主要空间扩展模式之一，这种模式后期随着轴线之间的不断填充，易演变为圈层式扩展模式。

（3）跳跃式组团扩展模式

跳跃式组团扩展是一种不连续的城市扩展模式。当城市发展规模扩大到一定程度时，连续式扩展模式常由于地理环境和其他因素而无法继续进行，城市用地便会在与中心城区相距一定距离的地点跳跃式地发展，形成卫星城镇等。这种城市扩展模式是我国一些大城市规划中为解决或避免"城市病"而采用的常用模式，但如果主城区与各组团之间缺乏有效的隔离控制，后期容易连成一片，演化为圈层式扩展模式。进入 21 世纪以来，这种城市扩展模式是我国大城市空间扩展的主要模式。

（4）低密度蔓延式扩展模式

低密度蔓延式扩展模式是伴随着城市郊区化现象的出现而出现的。低密度蔓延是一种无秩序、无计划的随机性空间扩展模式。目前我国大城市发展已经出现郊区化现象，低密度连续蔓延主要出现在部分郊区地区，这种趋势值得注意。

2.2.4　城市空间形态分类

1. 集中型形态

城市建成区主体轮廓长短轴之比小于 4∶1，城市处于长期集中紧凑全方位发展状态，其中包括若干子类型如方形、圆形、扇形等。集中型形态（图 2-3）是最常见的城市空间形态，城市往往以同心圆式同时向四周扩展。一些大中型城市也有相当紧凑集中发展的，形成此种密集团块状态的城市人口密度与建筑高度不断增大，交通拥堵不畅，环境质量不佳。有些特大城市不断自城区向外连续分层扩展，俗称"摊大饼"式扩展，反映了自发无序或规划管理失误状态，各种城市问题更难以解决。

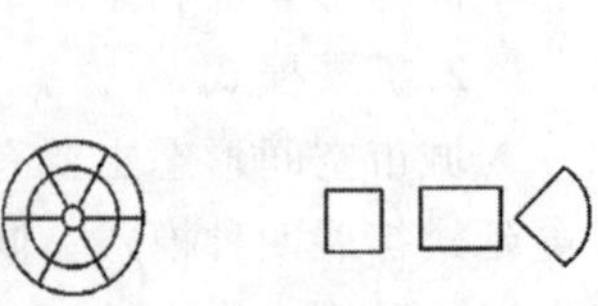

图 2-3　集中型城市空间形态示意

2. 带型形态

带型形态（图 2-4）城市建成区主体平面形状的长短轴之比大于 4∶1，并明显呈单向或双向发展，其子型有U形、S形等。采用这种空间形态的城市往往受自然条件限制，或因完全适应和依赖区域主要交通干线而形成，呈长条带状发展。这类城市规模不会很大，整体上使城市各部分均能接近周围自然生态环境，空间形态的平面布局和交通流向组织也较单一，但是除了一个全市主要活动中心以外，往往需要形成分区层次一级的中心而呈多元化规划结构。

3. 放射型形态

放射型形态（图2-5）城市建成区主体平面的团块有3个以上明确的发展方向，这包括指状、星状、花状等子型。采用这种空间形态的城市多是位于地形较平坦且对外交通便利的平原地区。它们沿交通干线自发或按规划多向多轴地向外延展，形成放射型走廊，所以全城道路在中心地区呈网格状而在外围呈放射状。有时在发展轴上的新城区之间建设外围环形干道，这很容易在经济压力下将楔形空地填充而使其变成同心圆式，在更大范围内蔓延扩展。

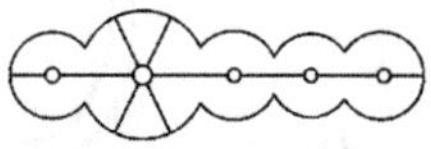

图2-4　带型城市空间形态示意

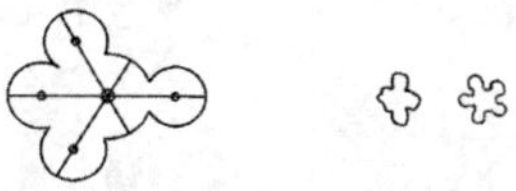

图2-5　放射型城市空间形态示意

4. 星座型形态

星座型形态（图2-6）城市总平面是由一个相当大规模的主体团块和三个以上较次一级的基本团块组成的复合式形态。最常见的是一些国家首都或特大地区中心城市，在其周围一定距离内建设发展若干相对独立的新区或卫星城镇。有的特大城市在多个方向的对外交通干线上间隔地串联建设一系列相对独立且较大的新区或城镇，形成放射型走廊或更大型城市群体。

5. 组团型形态

组团型形态（图2-7）城市建成区是由两个以上相对独立的主体团块和若干个基本团块组成，城市用地被分隔成几个有一定规模的分区团块，有各自的中心和道路系统，团块之间有一定的空间距离，并由较便捷的联系性通道使之组成一个城市实体。这种形态属于多元性复合结构。如布局合理，团组距离适当，采用这种空间形态的城市既可有较高的效率，也可保持良好的自然生态环境。

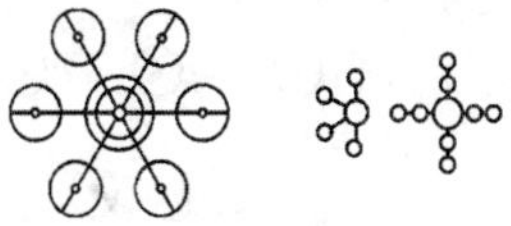

图2-6　星座型城市空间形态示意

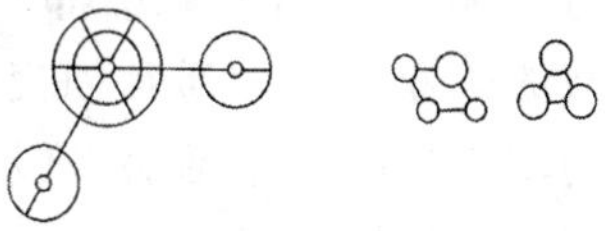

图2-7　组团型城市空间形态示意

1911年美国建筑师格利芬（Griffin）在澳大利亚新首都堪培拉规划竞赛首选中获奖，其方案（图2-8）利用该地区自然山丘并筑造人工湖，使城市空间形态布局与山水地形密切融合，城市主体中心与次中心分工明确并联系便捷，各中心分区形成了几个同心多边形道路网，总平面图案组织严整而自然，这是一个体现并发展了田园城市空间形态布局的典型实例，经过数十年的建设，堪培拉成为世界最美的城市之一。

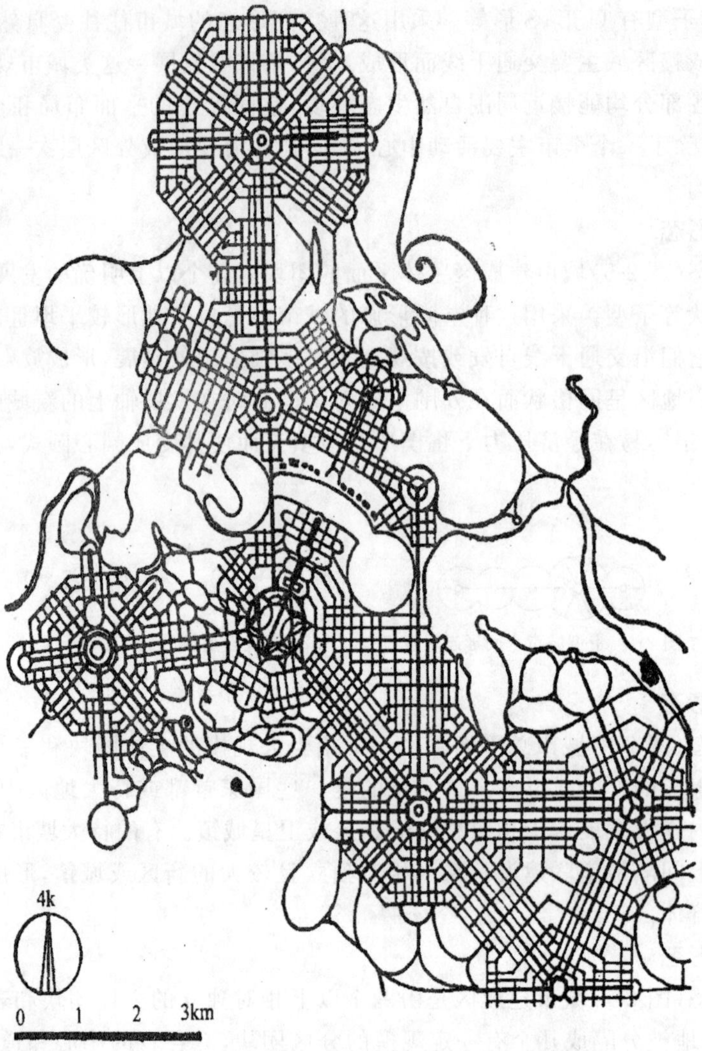

图 2-8 格利芬的堪培拉规划方案

6. 散点型形态

散点型形态(图 2-9)城市没有明确的主体团块,各个基本团块在较大区域内呈散点状分布。这种空间形态适合资源较分散的矿业城市。通常因交通联系不便,难于组织较合理的城市功能和生活服务设施,每一组团需分别进行因地制宜的规划布局。

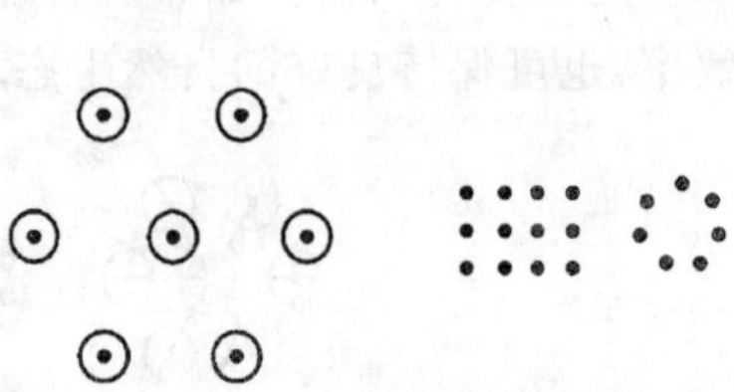

图 2-9 散点型城市空间形态示意

2.2.5 城市空间形态理想模式

1. 古代对理想城市空间形态的追求

古代人们对城市理想模式的探究映射于当时的城市建设之中,形成以神权、君权思想为依托,强调宗祠、宫室、广场、市场等为核心的城市空间形态结构形式。古代城市空间形态的理想模式,西方典型表现为《建筑十书》中提出的一种类似蛛网状的八角形的理想城市结构;中国典型表现为《周礼考工记》中提出的九经九纬的棋盘式理想城市结构。

2. 中世纪对理想城市空间形态的追求

15 至 16 世纪的欧洲文艺复兴时期,人文主义先驱英国人托马斯摩尔设想出理想城市乌托邦,设计 5 个城市组成一个乌托邦社会,每个城市规模不大,城乡紧密相连,城市街道宽敞整齐,环境良好,各种公共设施齐全。1602 年意大利思想家康帕内拉提出太阳城模式,他设想由 7 个同心圆形态城市组成一个太阳城。

3. 近代对理想城市空间形态的追求

18 世纪中叶,工业革命兴起,极大地解放了生产力,城市化快速发展,城市人口迅速增长,同时也带来了交通拥堵、环境恶化等大量的城市问题。随后,一批改良主义者和激进的理论家提出了公社新村、基督徒之城等理想城市模式。1898 年英国人霍华德提出了建立花园城市的模式,这种思想的影响至今仍然存在。第二次世界大战后,英国的新城运动、卫星城建设,以及西方城市的郊区化等都受到田园城市的思想启迪。

4. 现代对生态城市空间形态的追求

现代理想城市就是指达到生态城市标准要求的城市。生态城市作为一个正式的科学概念,是在 20 世纪 70 年代由联合国教科文组织发起的人与生物圈计划的研究过程中提出来的。生态城市规划即要从自然生态和社会心理两方面去创造一种能充分融合技术和自然的人类活动的最优环境,诱发人的创造性和生产力,提供高水平的物质和生活条件,提出了生态城市规划的 5 项原则:生态保护战略、生态基础设施、居民的生活标准、文化历史的保护、将自然融入城市。此后,不少学者开始对生态城市模式进行探讨。

传统城市空间构成的共同点是:①由公园、绿地等块状自然风貌形成的空间构成城市空间结构的斑块。②由建筑物、构筑物、广场等形成的密集的灰色空间是城市的基质,这类空间是城市的功能区,它占据着主导地位,以生产、消费功能为主,是城市空间的显著标志。③廊道是由城市中的道路、河流等以交通功能为主的狭长地带。传统城市中廊道主要以线状、带状和河流为主,没有形成网络,因此无法为城市中能量流、养分流和物种流等生态流提供畅通的、多元化的通道。

生态城市空间构成(图 2-10)应该具备的特征:①由分布比较均匀的众多公园、绿地等块状自然风貌构成城市空间的斑块。②由大型公园绿地、生态林地等构成城市的基质,在城市空间占据较大比例。③廊道是由城市中的道路、河流等构成,具有较宽的绿化隔离带,并相互形成网络,为城市中的能量流、养分流和物种流等生态流提供畅通的、多元化的通道。

小城市比较适合采用单核心生态组团模式,中等城市比较适合采用双核心生态模式,而大城市和特大城市则宜采用多核心生态空间结构模式。选择多核心生态空间模式具有如下优点:

(1)布局灵活。多核心生态模式将大化小,可以依据城市的自然条件和社会经济容量因地制宜地布局,位置灵活,具有很强的弹性。

(2)生态效益高。改善了市中心远离自然的现象,各个组团之间由生态基质、生态廊道相隔和相连,每个组团都易于亲近自然,也能充分利用自然空间的生态功能调节每个核心的环境。较大面积的生态基质的分隔,为空气的过滤、净化、减弱城市热岛效应及就地

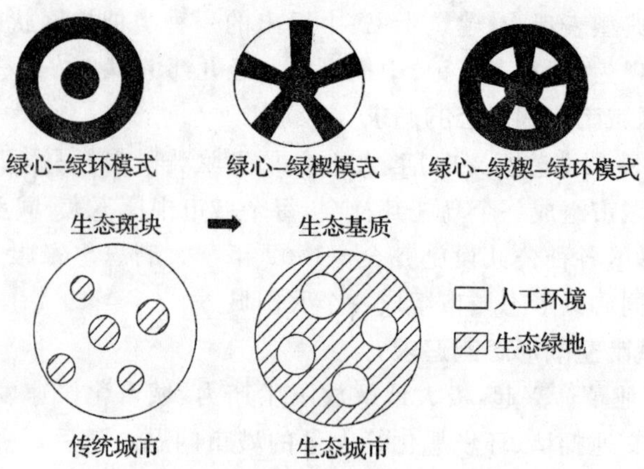

图 2-10 理想城市空间形态示意

更新创造了条件。

(3)减少交通流量。目前一元化大城市中的交通紧张,主要是由城市功能分布的不平衡引起的,多中心模式各组团功能都是完备的、混合的,许多活动能在内部进行,因此交通流量小,弥补了传统城市的致命缺点。

(4)生活方便。由于每个组团是多功能综合区,它有利于城市要素协同发挥作用,适宜组织凝聚力很强的社区,其内部就能满足居民的生活、工作、娱乐等多方面的需求,不用过多跨区活动,即使跨区出行,又有快速轨道交通,不会带来出行不便。

(5)节约资源。由于交通流量的减少及生态功能区的存在,能源、资源的消耗将大大减少,有利于城市的可持续发展。

2.3 城市功能、结构与形态的关系

城市的功能是主导的、本质的,是城市发展的动力因素。

城市功能是主导的、本质的,是城市发展的动力因素。

城市结构是内涵的、抽象的,是城市构成的主体,分别以经济、社会、用地、资源、基础设施等方面的系统结构来表现,非物质的构成要素如政策、体制、机制等也必须予以重视。结构强调事物之间的联系,也是认识事物本质的一种方法。

城市的形态是表象的,是构成城市所表现的发展变化着的空间形式的特征,是一种复杂的经济、社会、文化现象和过程,它是在特定的地理环境和一定的社会经济发展阶段中,人类各种活动与自然环境因素相互作用的综合结果。

思考题

1. 简述城市空间的定义。
2. 简述城市空间演变规律。
3. 简述城市形态类型。
4. 简述城市形态类型的主要影响因素。
5. 简述城市结构与城市形态的关系。

第3章 城市土地与利用

土地是城市的依托，城市功能的实现必须要有一定的土地作保障。城市功能服务水平的提高与其空间布局有着密不可分的关系，因此城市功能有效性与土地利用之间相互依存又相互制约，处理好城市发展与土地资源稀缺之间的矛盾，关系到我国社会、经济、环境可持续发展战略的顺利实施，是一个重大的社会经济问题。为更好地实现城市功能科学化与合理化，本章主要介绍城市用地评价、城市地租理论、城市土地制度、城市土地节约集约利用等理论，比较、借鉴国内外的城市土地利用模式，以促进我国城市土地开发的科学发展。

3.1 城市土地

3.1.1 城市土地的含义

城市土地通常指城市规划区范围内赋以一定用途与功能的土地的统称，是用于城市建设及满足城市机能运转所需要的土地。城市中的工厂、住宅、公园等城市设施的建筑活动，都要由土地来承载，而且各类功能用途的土地经过规划配置，使之具有城市整体而有机的运营功能。即包括已经建设利用的土地，也包括已划入城市规划区域范围内尚待开发建设的土地。为了适应城市功能多元化的要求，城市土地可以施加高度的人工化处理，也可以保持某种自然的状态。

土地作为一项基本资源，在我国有着特殊的价值。它的价值表现在使用价值和经济价值两个方面。在土地上可以施加各种城市建设工程，用作城市活动的场所，使之具有使用价值。这一价值还可通过人为地对土地进行加工，使之向深度与广度延伸，如对地形地貌的塑造，使之具有景观的功能价值；又如对土地上、下空间的开发，使土地得到多层面的利用，从而提高原有土地的使用价值。当土地作为商品或因其某方面权利的有偿转移而进入市场，就显示出它的经济价值。这种价值转化以地价、租金或费用为其表现形式。由于土地的自然性状或在城市中地理位置的差别，而有不同的价值级差。地价、租金或费用的市场调节机制，使城市的土地利用结构同用地的价格产生深刻的相互依存与制约的关系。

3.1.2 城市土地的特征

城市土地在作为城市进行城市建设的场所的同时，也表现出了明显的自然、经济、社会等方面独特的价值。土地利用的社会化过程，不断强化了土地的本质特征和经济特征，同时与社会建立起了紧密的关系，扩展了它的社会特征。这些特征已使得城市土地在城市发展、土地经济和城市规划与建设中显示出越来越重要的作用。

1. 自然属性

土地与其他物品的区别在于土地不是前人的劳动产物，而是自然生成的。土地的空间位置是固定的，具有不可移动性，即有着明确的空间范围和界限，由此导致每块土地各具有相对的地理优势或劣势，以及各自的土壤和地貌特征。另外土地还有着功能耐久性和不可再生性。土地不可能生长或消失，始终存在着，可能的变化只是人为地或自然地改变土地的表层形态。

土地的这些自然属性，即土地各自具有的自然环境性能的附着与不可变更的特性，将影响到城市用地的选择、城市土地的用途结构以及建设的经济性等方面。

2. 社会属性

今天地球表面上，绝大部分的土地已有了明确的隶属，即土地已依附于一定的拥有地权的社会权力，无论是公有的或私有的形式。在不同的社会形态下，政治和社会权力不同程度地是地权的延伸和表达。城市土地的集约利用和社会强力的控制与调节，特别在土地公有制的条件下，明显地反映出城市用地的社会属性。城市用地的社会属性，还反映在当土地作为个人、社团或政府的资产所起到的储蓄作用。当土地或是由房屋连同土地作为产业投资而民间化或普遍化时，所具有的社会属性得以在另一方面显示出来。

3. 经济属性

土地的经济属性是在土地自身的价值被社会认可的条件下来体现的，也表现在土地利用过程中能以直接或间接地转化为经济效益的特性上。例如，因土地的肥瘠造成农产品的丰歉；又如，土地的位置和形态构造的可利用程度等，都可能转化为城市规划的技术经济或工程经济优劣的表现。

城市用地还可因人为的土地利用方式和得以开发的土地的经济潜力，如通过不同的城市用地结构和改变土地用途等，形成土地的价值差异；或是通过增加土地的建筑容量、完善土地的基础设施等建设条件，采用提高土地可利用性等方式，将其转化为建设经济的效益，显示出土地的经济性能。

4. 法律特征

在商品经济条件下，土地是一项资产。由于它具有不可移动的自然属性，因而归于不动产的资产类别。城市地产产权的国有或集体所有，或是在此条件下，我国所实行的地权中部分权益转让等社会隶属形式，都经由法定程序具有立法的支持，因而土地具有明确的法律属性。

3.2 城市用地评价

城市用地评价是根据可能作为城市发展用地的自然条件和社会条件，对其工程技术上的可能性和经济性作出综合评价，以确定土地的适用程度，为合理选择城市发展用地提供依据。城市用地评价包括多方面内容，主要体现在三个方面，分别是自然条件评价、建设条件评价和用地经济条件评价。这三个方面相互影响，存在紧密的关系，在城市用地选择过程中通常综合考虑三个方面进行综合评价。在城市总体规划编制过程中，通过收集相关资料，对城市用地进行评价，完成城市用地评价图，作为城市用地选择的依据。

3.2.1 城市用地自然条件评价

自然条件与城市的形成和发展关系密切，是形成城市功能和空间结构形态的重要基础，甚至产生决定性的影响，是城市形成和发展的外部条件。影响城市用地的自然条件主要包括工程地质、水文及水文地质、气候等几个方面。

1. 工程地质条件

(1)建筑土质与地基承载力。在城市用地范围内各种地基的承载能力，对城市建设用地的选择和各类工程建设项目的合理布置以及工程建设的经济性，具有重大影响。

(2)地形条件。不同的建设用地的地形条件，对建设规划布局、道路的走向和线型、各项基础设施的建设、建筑群体的布置、城市的形态、轮廓与面貌等，均会产生一定程度的影响。

(3)冲沟。冲沟是由间断流水在地层表面冲刷形成的沟槽。冲沟切割用地，使之支离破碎，对土地的使用十分不利。

(4)滑坡与崩塌。滑坡与崩塌是一种物理工程地质现象。滑坡(图 3-1)是由于斜坡上大量滑坡体(土体或岩体)在风化、地下水以及重力作用下，沿一定的滑动面向下滑动而造成的，常发生在山区或丘陵地区。崩塌(图 3-2)主要是由山坡岩层或上层的层面相对滑动，造成山坡体失去稳定而塌落。

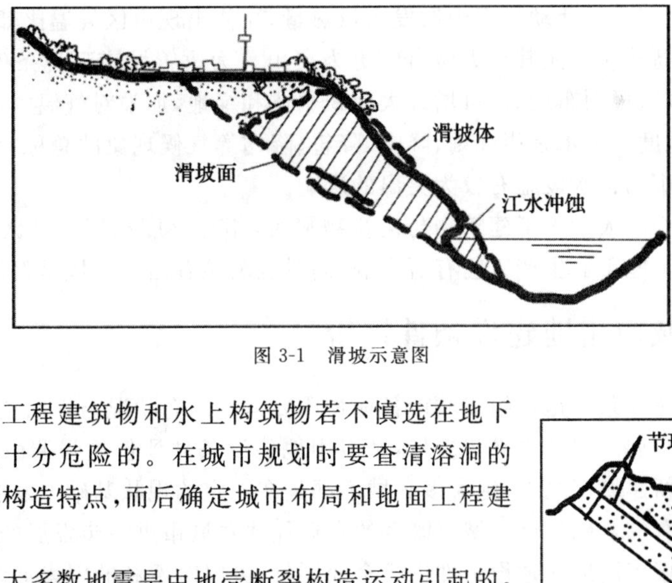

图 3-1 滑坡示意图

(5)岩溶。工程建筑物和水上构筑物若不慎选在地下溶洞之上，将是十分危险的。在城市规划时要查清溶洞的分布、深度及其构造特点，而后确定城市布局和地面工程建设用地的选择。

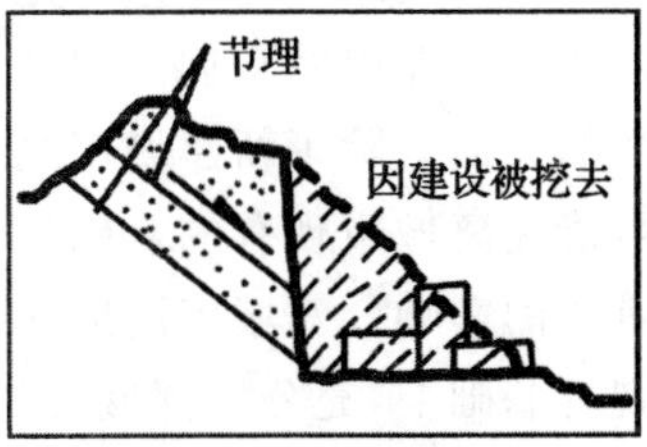

图 3-2 崩塌示意图

(6)地震。大多数地震是由地壳断裂构造运动引起的，因此了解和分析当地的地质构造非常重要。掌握活动断裂带的分布，对城市规划与建设的防震大有好处。在强震区一般不宜设置城市；地壳断裂带上一般可设置绿化带，不宜进行城市建筑的建设，同时也不能进行城市主要交通干道的建设。

2. 水文及水文地质条件

(1)水文条件。江河湖泊等地面水体，不但可作为城市水源，同时它还在水路运输、改善气候、稀释污水以及美化环境等方面发挥作用。

(2)水文地质条件。水文地质条件一般是指地下水的存在形式,含水层的厚度、矿化度、硬度、水温及水的流动状态等条件。若过量开采地下水,会使地下水位大幅度下降,形成"漏斗"。这样漏斗外围的污染物质极易流向漏斗中心,使水质变坏;严重的还会造成水资源枯竭和引起地面沉陷,形成一个碟形洼地,对城市的防汛与排水均不利,而且对地面建筑及各项管网工程造成破坏。地下水的流向对城市布局也有影响。

3. 气候条件

(1)太阳辐射。分析研究城市所在地区的太阳运行规律和辐射强度,为建筑的日照标准、建筑朝向、建筑间距的确定,建筑的遮阳设施以及各项工程的采暖设施的设置,提供了规划设计的依据。

(2)风象。风对城市规划与建设有着多方面的影响,尤其城市环境保护与风象的关系更为密切。风是地面大气的水平移动,由风向与风速两个量表示。风向就是风吹来的方向,表示风向最基本的一个特征指标叫风向频率。风速是指单位时间内风所移动的距离,表示风速最基本的一个特征指标是平均风速。平均风速是按每个风向的风速累计平均值来表示的。根据城市多年风向观测记录汇总所绘制的风向频率图和平均风速图称为风玫瑰图。

(3)气温。气温对城市规划与建设的影响表现在垂直方向上产生的逆温,使城市上空大气比较稳定,有害的工业烟气滞留或扩散缓慢,加剧对城市大气的污染。此外,城市由于建筑密集,生产与生活活动过程中散发大量热量,往往出现市区气温比郊区气温高的现象,即所谓的"热岛效应",尤其在大城市中更为突出。为改善城市环境条件,降低炎热季节市区增温,在城市规划布局时,可增设大面积水体和绿地,加强对气温的调节作用。

(4)降水与湿度。降水是指降雨、降雪、降雹、降霜等气候现象的总称。降水量的大小和降水强度对城市的排水设施有较为突出的影响。

一般城市中心因大量人工建筑物与构筑物覆盖,相对湿度比城市郊区要低。湿度的大小不仅对城市某些工业生产工艺有所影响,同时也关系着居住环境是否舒适。

3.2.2 城市用地建设条件评价

城市用地的建设条件是指组成城市各项物质要素的现有状况与它们在近期内建设或改进的可能以及它们的服务水平与质量,城市用地建设条件评价更强调由人为因素所造成的方面。除了新建城市之外,绝大多数城市都是在一定的现状基础上发展与建设的,不可能脱离城市现有的基础,所以,城市既存的布局往往对城市进一步发展的方向具有十分重要的影响。对城市用地的建设条件进行全面评价,可以对不利的因素加以改造,在城市现有基础上,充分发挥城市的潜力。

1. 城市用地布局结构方面

城市的布局现状是城市历史发展的产物,有着相当的稳定性。对现状用地布局结构的评价,应主要考虑以下几个方面,即城市用地布局结构是否合理,城市用地布局结构能否适应发展需要,城市用地布局对生态环境的影响,城市内外交通系统结构的协调性、矛盾与潜力,以及城市用地结构是否体现出城市性质,或是反映出城市特定自然地理环境和历史文化积淀的特色等。

2. 城市公共服务设施和市政设施的建设现状

城市市政设施和公共服务设施的建设现状包括质量、数量、容量与改造利用的潜力等，这些都将影响土地的利用及旧区再开发的可能性与经济性。

在公共服务设施方面，包括商业服务、文化教育、邮电、医疗卫生等设施的分布、配套及质量等，尤其是在旧区改建方面，土地利用的价值往往要视旧有住宅和各种公共服务设施以及改建后收益的多寡来决定。

在市政设施方面，包括现有的道路、桥梁、给水、排水、供电、煤气等的管网、厂站的分布及其容量等，它们是土地开发的重要基础条件，影响城市发展的格局。

3. 社会、经济构成方面

社会、经济构成对土地利用的影响主要表现为人口结构及其分布的密度，以及城市各项物质设施的分布及其容量、同居民需求之间的适应性。城市经济的发展水平、城市的产业结构和相应的就业结构都将影响城市用地的功能与组织和各种用地的数量结构。

对城市用地建设条件中经济因素的考虑主要包括工程准备条件和外部环境条件两个方面。其中工程准备条件将视用地的自然状态的不同而有所差异，常有的如地形改造、防洪、改良土壤、降低地下水位、抑制侵蚀和冲沟的形成、防止滑坡等。外部环境条件主要有经济地理条件（如国家或区域规划对拟建新城或已有城市发展地区所确定的要求，区域内城镇群体的经济联系、资源的开发利用以及产业的分布等方面）、交通运输条件（主要是提高地区的对外运输条件，如铁路、港口、公路、航空港等交通网络的分布与容量，以及接线接轨的条件等）、供电条件（区域供电网络、变电站的位置与容量等可供利用的条件）、供水条件（建设地区所在区域内水源分布及供水条件，包括水量、水质、水温等方面在城乡工农业以及风景旅游业等用水部门之间的矛盾分析）等。

3.2.3 城市用地经济条件评价

城市用地经济条件评价是指根据城市土地的经济和自然两方面的属性及其在城市社会经济活动中所产生的作用，综合评定土地质量优劣差异，为土地使用与安排提供依据。城市用地经济条件评价主要通过分析土地的区位、投资于土地上的资本、自然条件、经济活动的程度和频率等条件，揭示土地质量和土地收益的差异，以便在规划中做到好地优用，劣地巧用，合理确定不同地段土地的使用性质和使用强度，为用经济手段调节土地使用，提高土地的使用效益打下重要基础。

1. 城市土地经济评价中区位理论的应用

区位理论在城市土地经济评价中的应用主要体现在以下几个方面：①根据区位条件对土地的作用方式，以决定土地质量优劣的区位因素为主要依据，采用土地分等定级即级差收益测算的方法建立城市土地评价的基本思路。②从分析区位条件入手，取得影响土地评价的因素/因子体系。影响土地质量的区位因素大致可分为两类：一般区位因素，指对所有城市用地都发生作用的影响因素，如商业服务繁华程度、道路交通通达度、人口分布密度等；特殊区位因素，指仅对某些城市用地有影响的因素，如高级商业服务和金融设施的分布、临海位置及条件等。③根据区位理论中的某些原则，确定城市土地评价因素的作用方式、作用强度及其变化规律。

2. 城市土地经济评价的主要影响因素

一般而言，影响城市土地经济评价的因素可以分为三个层次（表3-1）。

（1）基本因素层，包括土地区位、城市设施、环境优劣度及其他因素等。

（2）派生因素层，即由基本因素派生出来的子因素，包括繁华度、交通通达度、城市基础设施、社会服务设施、环境质量、自然条件、人口密度、建筑容积率和城市规划等子因素，它们从不同方面反映基本因素的作用。

（3）因子层，它们从更小的侧面更具体地对土地使用产生影响。

表3-1　城市土地经济评价影响因素

基本因素层	派生因素层	因子层
土地区位	繁华度	商业服务中心等级 高级商务金融集聚区 集贸市场
	交通通达度	道路功能与宽度 道路网密度 公交便捷度
城市设施	城市基础设施	供水设施 排水设施 供暖设施 供气设施 供电设施 文化教育设施
	社会服务设施	医疗卫生设施 文娱体育设施 邮电设施 公园绿地
环境优劣度	环境质量	大气污染 水污染 噪声 地形坡度
	自然条件	地基承载力 洪水淹没与积水 绿化覆盖率
其他因素	人口密度 建筑容积率 城市规划	人口密度 建筑容积率 用地潜力

3.2.4　城市用地工程适宜性评价

城市用地适宜性评价就是以城市建设用地为基础，综合各项用地的自然条件以及整个用地的工程措施的可能性与经济性，对用地质量进行的评价。对城市用地适宜性的评价要因地制宜，特别是抓住对用地影响最突出的主导环境要素，进行重点的分析与评价。

根据城市用地适宜性评价结论，一般可将建设用地分为三类。

一类用地：适于修建的用地。这类用地一般具有地形平坦、规整、坡度适宜，地质条件良好，没有被洪水淹没的危险，自然环境条件较为优越等特点，是能适应城市各项设施的建设要求的用地。这类用地一般不需或只需稍加简单的工程准备措施，就可以进行修建。具体要求是：①地形坡度在10度以下，符合各项建设用地的要求；②土质能满足建筑物地基承载力的要求；③地下水位低于建筑物的基础埋置深度；④没有被百年一遇洪水淹没的危险；⑤没有沼泽现象或采用简单工程措施即可排除地面积水；⑥没有冲沟、滑坡、崩塌、岩溶等不良地质现象。

二类用地：基本上适于修建的用地。这类用地是由于受某种或某几种不利条件的影响，需要采取一定的工程措施改善其条件后，才适于修建的用地。这类用地对城市设施或工程项目的布置有一定的限制。具体情况是：①土质较差，在修建建筑物时，地基需要采取人工加固措施；②地下水位距地表面的深度较浅，修建建筑物时，需降低地下水位或采取排水措施；③洪水轻度淹没区，需采取防洪措施，淹没深度不超过1～1.5m；④地形坡度较大，修建建筑物时，除需要采取一定的工程措施外，还需动用土石方工程；⑤地表面有较严重的积水现象，需要采取专门的工程准备措施加以改善；⑥有轻微的活动性冲沟、滑坡等不良地质现象，需要采取一定的工程准备措施等。

三类用地：不适于修建的用地。这类用地一般用地条件极差，具体情况是：①地基承载力小于60kPa和厚度在2m以上的泥炭层或流沙层的土壤，需要采取很复杂的人工地基和加固措施才能修建；②地形坡度超过20度以上，布置建筑物很困难；③经常被洪水淹没，且淹没深度超过1.5m；④有严重的活动性冲沟、滑坡等不良地质现象，若采取防治措施需花费很大工程量和工程费用；⑤农业生产价值很高的丰产农田，具有开采价值的矿藏埋藏，属给水水源卫生防护地段，存在其他永久性设施和军事设施等。

3.3 城市用地分类

城市用地分类以土地的使用功能为主导因素，兼顾规划、开发、建设、管理等相关因素。在城市的历史发展中，城市用地有不同的分类方法和用途。随着城市功能的变化和增减，城市分类也随之相应改变。

3.3.1 西方城市用地分类

城市用地的分类方式，各个国家和地区均不同。日本将城市用地空间划分为八种，即第一种居住专用地域、第二种居住专用地域、居住地域、近邻商业地域、商业地域、准工业地域、工业地域和工业专用地域。欧美发达国家城市一般将城市土地划分为商业用地、工业用地、政府机关用地、住宅用地、休憩用地及绿化地带、交通用地、其他公用事业用地、农业用地和水面等。非欧美地区的城市，各种用地的区位因素差异不大，分化倾向不强，工业、商业、住宅功能往往混杂在一起，一般称为混合土地利用。过去认为，这种混合土地利用是一种落后的土地利用模式。但是近年来，土地利用功能分区的模式遭到了不少批评，认为这种土地利用功能区过于分化，牺牲了城市的有机组织，忽视了城市中人与人之间的多方面的联系，耗用能源太多。因此，人们提出了多功能综合区的概念，并认为这是解决上述问题的重要途径。

3.3.2 我国城市用地分类

我国早年城市用地划分为住宅区、工业区、商业区及文教区等城市功能地域。我国第一个规范的城市用地分类是1990年中国建设部制定并颁布的《城市用地分类与规划建设用地标准》(GBJ 137－90)，于1991年3月1日开始执行。该标准采用大类、中类和小类三个层次的分类体系，共分10大类、46中类、73小类(表3-2)。该标准有效规范了我国城市土地的使用，在我国城市规划建设中发挥了重要作用。

表3-2　城市用地分类表(1990)

代码	用地名称	内容
R	居住用地	居住小区、居住街坊、居住组团和单位生活区等各种类型的成片或零星的用地
C	公共设施用地	居住区及居住区级以上的行政、经济、文化、教育、卫生、体育以及科研设计等机构和设施的用地，不包括居住用地中的公共服务设施用地
M	工业用地	工矿企业的生产车间、库房及其附属设施等用地，包括专用的铁路、码头和道路等用地，不包括露天矿用地，该用地应归入水域和其他用地(E)
W	仓储用地	仓储企业的库房、堆场和包装加工车间及其附属设施等用地
T	对外交通用地	铁路、公路、管道运输、港口和机场等城市对外交通运输及其附属设施等用地
S	道路广场用地	市级、区级和居住区级的道路、广场和停车场等用地
U	市政公用设施用地	市级、区级和居住区级的市政公用设施用地，包括其建筑物、构筑物及管理维修设施等用地
G	绿地	市级、区级和居住区级的公共绿地及生产防护绿地，不包括专用绿地、园地和林地
D	特殊用地	特殊性质的用地
E	水域和其他用地	除以上各大类用地之外的用地

随着我国城市的快速发展，城市功能的多元化和提升，该分类标准已不能有效规范我国城市规划建设。中国住房与城乡建设部于2011年制定颁布了新的城市用地分类，即《城市用地分类与规划建设用地标准》(GB 50137－2011)。该标准是在总结《城市用地分类与规划建设用地标准》(GBJ 137－90)使用经验基础上进行的调整。主要调整了城市建设用地分类体系，增加了城乡用地分类；调整了规划建设用地的控制标准体系，包括城乡规划建设用地标准、城市规划建设用地标准和城市规划单项建设用地标准三部分。

本次用地分类包括城乡用地分类、城市建设用地分类两部分，主要按土地使用的性质进行划分，用地分类采用大类、中类和小类3级分类体系。城乡用地分类(表3-3)适用于市域全部土地，划分为2大类、9中类、14小类。城市建设用地分类(表3-4)适用于城市中心城区范围内用地，划分为8大类、35中类、43小类。

表 3-3　　城乡用地分类表

类别代码			类别名称	范围
大类	中类	小类		
H			建设用地	包括城乡居民点建设用地、区域交通设施用地、区域公用设施用地、特殊用地、采矿用地等
	H1		城乡居民点建设用地	城市、镇、乡、村庄以及独立的建设用地
		H11	城市建设用地	城市和县人民政府所在地镇内的居住用地、公共管理与公共服务用地、商业服务业设施用地、工业用地、物流仓储用地、交通设施用地、公用设施用地、绿地
		H12	镇建设用地	非县人民政府所在地镇的建设用地
		H13	乡建设用地	乡人民政府驻地的建设用地
		H14	村庄建设用地	农村居民点的建设用地
	H2		区域交通设施用地	铁路、公路、港口、机场和管道运输等区域交通运输及其附属设施用地，不包括中心城区的铁路客货运站、公路长途客货运站以及港口客运码头
		H21	铁路用地	铁路编组站、线路等用地
		H22	公路用地	高速公路、国道、省道、县道和乡道用地及附属设施用地
		H23	港口用地	海港和河港的陆域部分，包括码头作业区、辅助生产区等用地
		H24	机场用地	民用及军民合用的机场用地，包括飞行区、航站区等用地
		H25	管道运输用地	运输煤炭、石油和天然气等地面管道运输用地
	H3		区域公用设施用地	为区域服务的公用设施用地，包括区域性能源设施、水工设施、通信设施、殡葬设施、环卫设施、排水设施等用地
	H4		特殊用地	特殊性质的用地
		H41	军事用地	专门用于军事目的的设施用地，不包括部队家属生活区和军民共用设施等用地
		H42	安保用地	监狱、拘留所、劳改场所和安全保卫设施等用地，不包括公安局用地
	H5		采矿用地	采矿、采石、采沙、盐田、砖瓦窑等地面生产用地及尾矿堆放用地
	H9		其他建设用地	除以上之外的建设用地，包括边境口岸和风景名胜区、森林公园等的管理及服务设施等用地
E			非建设用地	水域、农林等非建设用地
	E1		水域	河流、湖泊、水库、坑塘、沟渠、滩涂、冰川及永久积雪，不包括公园绿地及单位内的水域
		E11	自然水域	河流、湖泊、滩涂、冰川及永久积雪
		E12	水库	人工拦截汇集而成的总库容不小于 10 万 m^3 的水库正常蓄水位岸线所围成的水面
		E13	坑塘、沟渠	蓄水量小于 10 万 m^3 的坑塘水面和人工修建用于引、排、灌的渠道
	E2		农林用地	耕地、园地、林地、牧草地、设施农用地、田坎、农村道路等用地
	E9		其他非建设用地	空闲地、盐碱地、沼泽地、沙地、裸地、不用于畜牧业的草地等用地

表 3-4　　城市建设用地分类表(2012)

大类	中类	小类	类别名称	范围
R			居住用地	住宅和相应服务设施的用地
	R1		一类居住用地	公用设施、交通设施和公共服务设施齐全、布局完整、环境良好的低层住区用地
		R11	住宅用地	住宅建筑用地、住区内城市支路以下的道路、停车场及其社区附属绿地
		R12	服务设施用地	住区主要公共设施和服务设施用地,包括幼托、文化体育设施、商业金融、社区卫生服务站、公用设施等用地,不包括中小学用地
	R2		二类居住用地	公用设施、交通设施和公共服务设施较齐全、布局较完整、环境良好的多、中、高层住区用地
		R20	保障性住宅用地	住宅建筑用地、住区内城市支路以下的道路、停车场及其社区附属绿地
		R21	住宅用地	
		R22	服务设施用地	住区主要公共设施和服务设施用地,包括幼托、文化体育设施、商业金融、社区卫生服务站、公用设施等用地,不包括中小学用地
	R3		三类居住用地	公用设施、交通设施不齐全,公共服务设施较欠缺,环境较差,需要加以改造的简陋住区用地,包括危房、棚户区、临时住宅等用地
		R31	住宅用地	住宅建筑用地、住区内城市支路以下的道路、停车场及其社区附属绿地
		R32	服务设施用地	住区主要公共设施和服务设施用地,包括幼托、文化体育设施、商业金融、社区卫生服务站、公用设施等用地,不包括中小学用地
A			公共管理与公共服务用地	行政、文化、教育、体育、卫生等机构和设施的用地,不包括居住用地中的服务设施用地
	A1		行政办公用地	党政机关、社会团体、事业单位等机构及其相关设施用地
	A2		文化设施用地	图书、展览等公共文化活动设施用地
		A21	图书、展览设施用地	公共图书馆、博物馆、科技馆、纪念馆、美术馆和展览馆、会展中心等设施用地
		A22	文化活动设施用地	综合文化活动中心、文化馆、青少年宫、儿童活动中心、老年活动中心等设施用地
	A3		教育科研用地	高等院校、中等专业学校、中学、小学、科研事业单位等用地,包括为学校配建的独立地段的学生生活用地
		A31	高等院校用地	大学、学院、专科学校、研究生院、电视大学、党校、干部学校及其附属用地,包括军事院校用地
		A32	中等专业学校用地	中等专业学校、技工学校、职业学校等用地,不包括附属于普通中学内的职业高中用地
		A33	中小学用地	中学、小学用地
		A34	特殊教育用地	聋、哑、盲人学校及工读学校等用地
		A35	科研用地	科研事业单位用地
	A4		体育用地	体育场馆和体育训练基地等用地,不包括学校等机构专用的体育设施用地
		A41	体育场馆用地	室内外体育运动用地,包括体育场馆、游泳场馆、各类球场及其附属的业余体校等用地
		A42	体育训练用地	为各类体育运动专设的训练基地用地

（续表）

类别代码			类别名称	范围
大类	中类	小类		
A	A5		医疗卫生用地	医疗、保健、卫生、防疫、康复和急救设施等用地
		A51	医院用地	综合医院、专科医院、社区卫生服务中心等用地
		A52	卫生防疫用地	卫生防疫站、专科防治所、检验中心和动物检疫站等用地
		A53	特殊医疗用地	对环境有特殊要求的传染病、精神病等专科医院用地
		A59	其他医疗卫生用地	急救中心、血库等用地
	A6		社会福利设施用地	为社会提供福利和慈善服务的设施及其附属设施用地，包括福利院、养老院、孤儿院等用地
	A7		文物古迹用地	具有历史、艺术、科学价值且没有其他使用功能的建筑物、构筑物、遗址、墓葬等用地
	A8		外事用地	外国驻华使馆、领事馆、国际机构及其生活设施等用地
	A9		宗教设施用地	宗教活动场所用地
B			商业服务业设施用地	各类商业、商务、娱乐康体等设施用地，不包括居住用地中的服务设施用地以及公共管理与公共服务用地内的事业单位用地
	B1		商业设施用地	各类商业经营活动及餐饮、旅馆等服务业用地
		B11	零售商业用地	商铺、商场、超市、服装及小商品市场等用地
		B12	农贸市场用地	以农产品批发、零售为主的市场用地
		B13	餐饮业用地	饭店、餐厅、酒吧等用地
		B14	旅馆用地	宾馆、旅馆、招待所、服务型公寓、度假村等用地
	B2		商务设施用地	金融、保险、证券、新闻出版、文艺团体等综合性办公用地
		B21	金融保险业用地	银行及分理处、信用社、信托投资公司、证券期货交易所、保险公司，以及各类公司总部及综合性商务办公楼宇等用地
		B22	艺术传媒产业用地	音乐、美术、影视、广告、网络媒体等的制作及管理设施用地
		B29	其他商务设施用地	邮政、电信、工程咨询、技术服务、会计和法律服务以及其他中介服务等的办公用地
	B3		娱乐康体用地	各类娱乐、康体等设施用地
		B31	娱乐用地	单独设置的剧院、音乐厅、电影院、歌舞厅、网吧以及绿地率小于65%的大型游乐等设施用地
		B32	康体用地	单独设置的高尔夫练习场、赛马场、溜冰场、跳伞场、摩托车场、射击场，以及水上运动的陆域部分等用地
	B4		公用设施营业网点用地	零售加油、加气、电信、邮政等公用设施营业网点用地
		B41	加油、加气站用地	零售加油、加气以及液化石油气换瓶站用地
		B49	其他公用设施营业网点用地	电信、邮政、供水、燃气、供电、供热等其他公用设施营业网点用地
	B9		其他服务设施用地	业余学校、民营培训机构、私人诊所、宠物医院等其他服务设施用地

（续表）

类别代码			类别名称	范围
大类	中类	小类		
M			工业用地	工矿企业的生产车间、库房及其附属设施等用地，包括专用的铁路、码头和道路等用地，不包括露天矿用地
	M1		一类工业用地	对居住和公共环境基本无干扰、污染和安全隐患的工业用地
	M2		二类工业用地	对居住和公共环境有一定干扰、污染和安全隐患的工业用地
	M3		三类工业用地	对居住和公共环境有严重干扰、污染和安全隐患的工业用地
W			物流仓储用地	物资储备、中转、配送、批发、交易等的用地，包括大型批发市场以及货运公司车队的站场(不包括加工)等用地
	W1		一类物流仓储用地	对居住和公共环境基本无干扰、污染和安全隐患的物流仓储用地
	W2		二类物流仓储用地	对居住和公共环境有一定干扰、污染和安全隐患的物流仓储用地
	W3		三类物流仓储用地	存放易燃、易爆和剧毒等危险品的专用仓库用地
S			交通设施用地	城市道路、交通设施等用地
	S1		城市道路用地	快速路、主干路、次干路和支路用地，包括其交叉路口用地，不包括居住用地、工业用地等内部配建的道路用地
	S2		轨道交通线路用地	轨道交通地面以上部分的线路用地
	S3		综合交通枢纽用地	铁路客货运站、公路长途客货运站、港口客运码头、公交枢纽及其附属用地
	S4		交通场站用地	静态交通设施用地，不包括交通指挥中心、交通队用地
		S41	公共交通设施用地	公共汽车、出租汽车、轨道交通(地面部分)的车辆段、地面站、首末站、停车场(库)、保养场等用地，以及轮渡、缆车、索道等的地面部分及其附属设施用地
		S42	社会停车场用地	公共使用的停车场和停车库用地，不包括其他各类用地配建的停车场(库)用地
	S9		其他交通设施用地	除以上之外的交通设施用地，包括教练场等用地
U			公用设施用地	供应、环境、安全等设施用地
	U1		供应设施用地	供水、供电、供燃气和供热等设施用地
		U11	供水用地	城市取水设施、水厂、加压站及其附属的构筑物用地，包括泵房和高位水池等用地
		U12	供电用地	变电站、配电所、高压塔基等用地，包括各类发电设施用地
		U13	供燃气用地	分输站、门站、储气站、加气母站、液化石油气储配站、灌瓶站和地面输气管廊等用地
		U14	供热用地	集中供热锅炉房、热力站、换热站和地面输热管廊等用地
		U15	邮政设施用地	邮政中心局、邮政支局、邮件处理中心等用地
		U16	广播电视与通信设施用地	广播电视与通信系统的发射和接收设施等用地，包括发射塔、转播台、差转台、基站等用地

（续表）

类别代码			类别名称	范围
大类	中类	小类		
U				
	U2		环境设施用地	雨水、污水、固体废物处理和环境保护等的公用设施及其附属设施用地
		U21	排水设施用地	雨水、污水泵站、污水处理、污泥处理厂等及其附属的构筑物用地，不包括排水河渠用地
		U22	环卫设施用地	垃圾转运站、公厕、车辆清洗站、环卫车辆停放修理厂等用地
		U23	环保设施用地	垃圾处理、危险品处理、医疗垃圾处理等设施用地
	U3		安全设施用地	消防、防洪等保卫城市安全的公用设施及其附属设施用地
		U31	消防设施用地	消防站、消防通信及指挥训练中心等设施用地
		U32	防洪设施用地	防洪堤、排涝泵站、防洪枢纽、排洪沟渠等防洪设施用地
	U9		其他公用设施用地	除以上之外的公用设施用地，包括施工、养护、维修设施等用地
G			绿地	公园绿地、防护绿地等开放空间用地，不包括住区、单位内部配建的绿地
	G1		公园绿地	向公众开放，以游憩为主要功能，兼具生态、美化、防灾等作用的绿地
	G2		防护绿地	城市中具有卫生、隔离和安全防护功能的绿地，包括卫生隔离带、道路防护绿地、城市高压走廊绿带等
	G3		广场用地	以硬质铺装为主的城市公共活动场地

3.4 城市地租与土地制度

3.4.1 城市地租基本理论

1. 地租含义

地租是土地使用者为使用土地而支付给土地所有者的代价，属于经济范畴。地租产生的基础是土地的所有权和使用权，且两者处于分离的状态。在奴隶社会和封建社会，地租反映的是奴隶主、地主对奴隶和农民的全部剩余物甚至必要生产物（维持人的基本生理需要的那部分劳动产品）的占有关系。资本主义社会，地租反映的是农业资本家为了获取地主阶级的土地使用权而交给地主阶级的超过平均利润的那部分剩余价值，不再是由农民所创造的全部剩余价值。社会主义社会，地租是国家土地所有权或集体土地所有权在经济上的实现形式，反映的是社会主义市场经济条件下，土地所有者和土地使用者之间的一种新型的生产关系。

2. 地租理论

（1）西方经济学地租理论

在17世纪后期，英国重商主义学派代表人物威廉·配第（William Petty，1623～1678）在其名著《赋税论》中提出由同等面积的土地，因土地的丰度不同产生级差地租，并且由于距离市场的远近不同以及投在等量土地上的劳动生产力的差别而产生级差地租。他首次提出级差地租的概念，对地租理论作出了极其重要的贡献。

法国重农学派创始人弗朗索瓦·魁奈(Francois Quesnay,1694～1774)的地租理论是"纯产品"学说。他把社会不同的生产部门归并成为两类,一类是使社会财富扩大的部门,另一类是使社会财富相加的部门。他认为,农业因为有自然的帮助而为社会创造财富,而自然是不会向人类索取报酬的,所以农业部门的农产品扣除了所消耗的一切以后,还会有剩余产品,从而使财富扩大。除了农业部门以外的一切部门,如加工工业等部门只使社会财富在数量上增加,而不能使社会财富有所扩大。因此在农业中因自然界的帮助而生产的剩余产品称为纯产品。这些纯产品以地租形式归土地所有者所有。魁奈提出"纯产品"即剩余价值不是流通领域而是生产领域创造出来的观点是其重要的贡献。

亚当·斯密(Adam Smith,1723～1790)在经济学发展历史上最先系统地研究了地租。他认为地租是土地私有制发生以后出现的。在《国民财富的性质及其原因的研究》一书中,斯密指出地租是作为使用土地的代价,是为使用土地而支付的价格。这个代价是产品或产品价格超过补偿预付资本和普通利润后的余额。土地所有者把它作为自己土地的地租而占为己有。

在古典政治经济学家中大卫·李嘉图(David Ricardo,1772～1823)最充分地研究了级差地租问题,他区分了一般意义上的地租和经济学意义上的地租的不同。一般意义上的地租实际是租金,是农场主每年实际付给土地所有者的一切,而经济学意义上的地租仅指"为使用土地的原有和不可摧毁的生产力而付给地主那一部分的土地产品"。租金中多付的"地租"部分是因为农场主使用了土地所有者投入在土地上的各种设施设备,这个多付部分不是地租,而是土地所有者所有的资本应当获得的利润。因此经济学上的地租很明确,只是因为使用土地而付给土地所有者的定额才是地租。在李嘉图的地租理论中,不仅考察了级差地租的第一种形态,即由耕种优等土地和中等土地获得的超额收入转化的地租;而且考察了级差地租的第二种形态,即在同一块土地上追加等量资本和劳动但因生产率不同而产生的地租。

新古典综合派的代表人物保罗·萨缪尔森(Paul A. Samuelson,1915～)认为地租是为使用土地所付的代价,由于土地供给数量是固定的、缺乏弹性的,因而地租量完全取决于土地需求者之间的竞争。

现代土地经济学家雷利·巴洛维在《土地资源经济学——不动产经济学》中提出,地租可以简单地看做是一种经济剩余,即总产值或总收益减去总要素成本或总成本之后余下的那一部分,各类土地的地租额取决于产品价格水平和成本之间的关系。

西方经济学中的地租理论有其科学的成分,应加以吸收和借鉴,但由于其撇开了地租所反映的生产关系,不能科学地阐明地租的本质和源泉。科学的地租理论是由马克思创立的。地租理论的发展脉络见表3-5。

(2)马克思主义地租理论

马克思主义地租是以农业地租为典型,以资本主义经济为主要研究对象,将地租分为级差地租和垄断地租两种。级差地租根据形成条件的不同分为级差地租Ⅰ和级差地租Ⅱ。级差地租Ⅰ是经营较优土地的农业资本家所获得的,并最终归土地所有者占有的超额利润。级差地租Ⅱ是指由在同一块土地上各个连续投资劳动生产率的差异而产生的超额利润转化的地租。绝对地租是指只要使用所有者的土地就绝对需要支付的地租。垄断地租是由产品的垄断价格带来的超额利润转化成的地租。城市建筑地段地租,既包括级差地租,又包括绝对地租和垄断地租。土地位置对级差地租有决定性的影响,而土地所有者对地租的变化具有很大的被动性,地租的增加主要是由于经济的发展和环境条件的改善造成的,因此垄断地租在许多情况下成为建筑地租的主体部分。

表 3-5 地租、地价理论发展脉络

时期	代表人物	主要观点和贡献
17世纪中叶到19世纪初	配第	提出级差地租的最初概念,土地价格=年租×21
	魁奈	提出“纯产品”学说,农业中因自然界的帮助而生产的剩余产品(纯产品)以地租的形式归土地所有者所有
	杜尔阁	“纯产品”是由农业劳动者生产出来的,由于土地私有权的存在使这部分“纯产品”归土地所有者所有
	斯密	系统研究地租理论的古典经济学家,研究了绝对地租、级差地租、建筑地租、第一性地租、派生性地租等
	安德森	提出了土地相对肥沃的概念,地租来源于生产土地产品的劳动,土地产品的价格决定地租,而不是相反
	威斯特	级差地租以土地耕种的下降序列为前提,土地产品的边际收益是递减的
	李嘉图	在劳动价值论的基础上阐明地租理论,只承认级差地租,否认绝对地租的存在
19世纪上半叶	萨伊	提出“三位一体”的分配论,工资是劳动的补偿,利息是资本的补偿,地租是使用土地的补偿
	马尔萨斯	地租是自然对人类的赐予
	杜能	创建农业区位论,主要研究级差地租Ⅰ中由于位置的优劣而产生的地租
19世纪下半叶	马克思、恩格斯	把劳动价值论贯彻到地租理论的始终,资本主义地租是剩余价值的转化形式之一,地租分为3种形式:绝对地租、级差地租、垄断地租,土地价格是地租的资本化
20世纪初到20世纪下半叶	马歇尔	创立均衡价格论,地租只受土地需求的影响,取决于土地的边际生产力
	克拉克	地租是土地这个生产要素对产品的生产所作的一种贡献,地租是一种“经济盈余”
	胡佛	建立了竞价曲线理论,这种理论可同时处理不同类型土地使用的竞标
	阿兰索	解决了城市土地地租、地价的计算问题
	丁伯根	土地的影子价格
	萨缪尔森	地租是否成为决定价格的成本,取决于观察问题的角度
	哥德伯戈钦洛依	用制度经济学的方法对城市地价进行分析

3. 城市级差地租

城市地租是指住宅经营者或工商企业为建筑住宅、工厂、商店、银行、娱乐场所等而租用城市土地需要向土地所有者缴纳的地租。城市地租具有如下的特性,即城市地租在量上一般要高于农业地租,区位级差地租是城市地租的主要形式,商业地租是城市地租的典型形态,城市地租具有相当大的垄断性,城市土地投资地租效应具有明显的外部性。

城市级差地租产生的条件也是土地等级不同。这种等级表现在土地位置距市场中心的远近，交通是否方便，人口流量是否足够大，配套设施是否齐全等方面。这就是说，作为城市地租，它和农业地租一样要受级差地租规律的调节。在城市土地所有权与使用权相分离的条件下，由于土地经营权被垄断，工业品或劳务的生产价格也将是由城市劣等地生产这些工业品或劳务的个别生产价格所决定的。不过，在农业部门，土地的丰度和地理位置共同起作用，但以丰度为主，由它决定级差地租量的多少。至于城市土地，则不是以丰度为主，而是以地理位置为主，由它决定级差地租量的多少。原因在于城市土地地理位置好坏直接关系到占用该地块的经营者的收益高低，同时也取决于该区位所能带来的集聚效益的大小。

所谓集聚效益，从总体上说是指各种群体和个人在地域空间上集中所产生的经济效益。集聚效益可以分成两大类：一类是企业内部的规模经济效益，它适用于单独的厂商。一般来说，企业内部的规模经济效益同该企业在城市土地上所处的位置优劣没有直接关系。另一类是企业外部的集聚效益，它包括区域化经济效益和城市化经济效益两个方面的内容。区域化经济效益主要是指在一个特定的区域空间内，一个特定行业的厂商享受该区域内同类厂商的数量和功能所带来的经济效益。城市化经济效益具有更广泛的含义，即一个城市地区内全部经济活动在一个厂商的专业化分工协作下所产生的经济效益，以及城市提供各种专业服务和城市基础设施等系统功能所带来的经济效益。由此可见，企业的外部集聚效益主要产生于各企业在城市土地上所处的位置，所处的位置越优越，所获得的企业外部的集聚效益就越大，反之亦然。

具体而言，首先，城市土地位置的优劣决定着企业距离市场的远近、运输时间的长短和运费的高低。良好的城市土地区位能保证企业以较低的成本、较少的时间获取生产所需的原材料和运输制成品。其次，城市土地位置的优劣决定着市场容量的大小，从而直接决定企业销售额。在一定的区域内，城市作为大量人口和企业群体的载体，意味着城市本身就是一个巨大的市场，这不仅使处于城市的企业通过充分挖掘本地市场而降低其产品的销售成本、配货成本和财务成本，而且由于城市内各个区域的人口和企业，特别是商店的集中程度差异，将导致同一城市内各个不同地段具有不等的级差生产力。

商业地租是城市地租最典型的形态，商业对土地位置最为敏感。作为商业地租实体的超额利润是与商业企业所在位置决定的顾客密度及其营业额等指标成正相关的。如在中心商业区，消费者的多元购买行为使彼此连接成线或成片的商业用地，对消费者具有更大的吸引力。位于繁华商业街区的商店较零星散落的商店，更易吸引消费者。这些都造成了同一城市内处于不同位置的土地具有不等的级差生产力。

上述分析说明，城市土地位置的优劣必然产生不同的级差生产力，较优位置土地的级差生产力必然转化为超额利润。在市场经济条件下，土地所有权和使用权的垄断及其分离，又必然使这种超额利润转化为城市级差地租Ⅰ。

城市土地同农村土地一样也可以进行集约经营，即在同一块土地上进行连续追加投资，由于各次追加投资生产率的不同，形成了级差生产力。在市场经济条件下，由于土地所有权和经营权垄断及其分离，这种级差生产力也必然转化为级差超额利润，进而转化为城市级差地租Ⅱ。在城市经济发展过程中，这种连续不断的追加投资是经常发生的，而且是大量的。首先是国家在城市市政基础设施上追加的投资，其次是企业追加的投资。由追加投资所形成的级差超额利润Ⅱ，在国有土地有偿出让期间，归企业所有；土地出让期满后，这部分超额利润会转化为级差地租Ⅱ，归国家所有。

4. 城市绝对地租

在社会主义市场经济条件下，仍然存在绝对地租，这个结论自然也适用于城市土地，即城市同样存在绝对地租。城市土地所有权由国家垄断，任何企业、单位、个人要使用城市土地，都必须向土地的所有者交纳地租。这个因所有权的垄断而必须缴纳的地租就是城市绝对地租。

城市绝对地租与农村绝对地租相比具有不同的特点。城市绝对地租主要是由使用城市土地的第二、三产业提供的，城市土地是作为第二、三产业活动的场所、基地、立足点和空间条件使用的，它的优劣评价尺度主要由位置决定。但是，城市绝对地租的实体与农村绝对地租的实体是一样的，仍然是超额利润即劳动者创造的剩余劳动的一部分。而且，城市绝对地租是由农业地租调节的，确切地说是由毗邻城市或城市边缘地区的农业用地的地租调节的。城市最低等级的土地即为不提供城市级差地租的土地，它处于城市边缘地区，与周边的农业用地相接；相对于农业用地，它曾是农业的优等地，曾经提供农业优等地的地租；在它转化为城市用地时，农村集体经济组织把土地所有权有偿出让给国家了，因而国家在出让其使用权时有权向土地使用者收取地租，这个地租就是绝对地租。农业地租是城市绝对地租的基础，因而城市绝对地租量不是该土地作为农业用地时的绝对地租量，而是作为农业用地时的全部地租量，即绝对地租和级差地租之和。城市边缘土地是城市土地等级序列中的“劣等”土地，不提供级差地租，但土地使用者仍然要向土地所有者交纳地租，这个地租就是城市绝对地租。城市绝对地租量的低限是作为农业用地（优等）时的全部地租，如果这个地租量只包含原作为农业用地时的绝对地租量，那么土地所有者就不会改变这些土地的用途。

城市由于存在土地所有权的垄断，如果不支付绝对地租，则会阻碍资本的投入。同样，城市绝对地租的实体仍然来源于企业提供的总剩余价值的一部分，即超过平均利润的那部分超额利润。所以，只要这些工厂、商店或银行等是社会所必需的，那么这些工厂所生产的工业品，以及这些商店或银行所提供的劳务的市场价格，势必高于其成本价格加平均利润，二者之间的差额就构成了城市绝对地租的来源。在城市平均资本有机构成高于农业平均成本有机构成的条件下，这种绝对地租只能来源于垄断价格，也就是市场价格高于其价值或生产价格的余额。

5. 城市垄断地租

城市地租除了级差地租和绝对地租这两种基本形式之外，还存在一种个别的、特殊的地租形式，即城市垄断地租。所谓城市垄断地租，是指城市中由某些特殊地段的稀有功能带来的生产经营商品的垄断价格所形成的垄断超额利润转化来的地租。马克思称垄断地租是一种以真正的垄断价格为基础的地租，这种垄断价格既不是由商品的生产价格决定，也不是由商品的价值决定，而是由购买者的需要和支付能力决定。因而，具有这种购买欲望和支付能力的人越多，其价格就越高，垄断地租也就越多。这种垄断地租也在一定程度上存在于城市某些特别繁华的中心地段、特别著名的旅游景点。

3.4.2 城市土地的区位选择

1. 城市土地的投标租金

德国经济学家杜能在他的专著《孤立国》一书中，提出了投标租金的概念，建立起了一套投标租金模型。杜能指出，投标租金是投标者对各种不同区位的土地所愿意支付的最高租金，它由土地使用者在对土地使用权的竞争中产生。

对于某一块土地的需求者来说，城市中影响投标租金的最重要因素是土地的位置：地块距市中心越近，需求者愿意支付的租金越高。若以 $r(d)$ 代表某一土地需求者的投标租金曲线，d 代表地块到城市中心的距离，p 代表产品价格，q 代表产量，c 代表与距离无关的单位生产成本，f 代表单位距离的运费率，π 代表平均利润率，则在一定利润水平下每块土地的租用者所能支付的最大地租（即投标租金）为

$$r(d) = q(p - c - \pi - fd)$$

可见，相对于不变的 p、c、π 和 f 来说，投标租金 $r(d)$ 是距离 d 的线性函数。反映在图 3-3 中，AB 为投标租金曲线，其斜率为 f。只要企业选址在这条曲线上，则无论其位置在 AB 线段上的何处，企业的平均利润率 π 都是一定的。

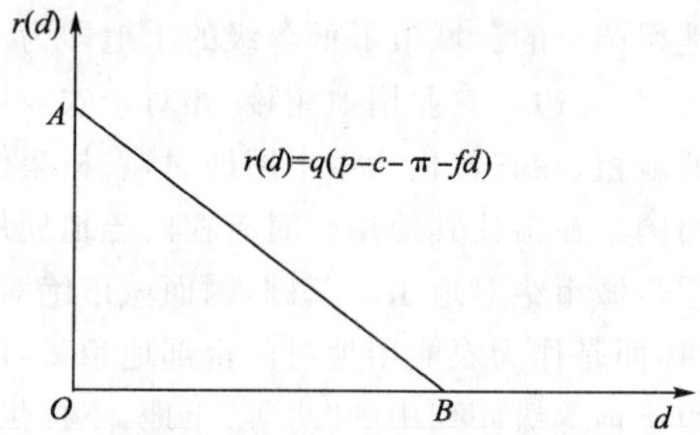

图 3-3 农业的投标租金曲线

杜能的分析虽是针对农业而言的，但实际上由于城市地租和农业地租的基础是一样的，并由农业地租来调节，因此在城市中，投标租金曲线同样是距离的线性函数。

2. 城市土地地租曲线

在完全竞争条件下，城市土地在不同用途的使用者之间进行分配时，总是遵循“最高租金原则”——愿意支付最高租金者得之。不同的使用者，对于城市不同区位上的土地，给出的投标租金是不同的。

当然不论选址在投标租金曲线上的哪一点，企业的获利都是一样的。一般来说，商业单位由于对位置的敏感性最强，其用地的投标租金曲线最陡；居住单位对位置的敏感性较弱，其用地的投标租金曲线也较缓；制造业单位用地的投标租金曲线形态则居于二者之间。

现假设有 A、B、C 三类土地使用者，分别是商业零售业、制造业、公寓住宅业，它们各自给出了自己的土地投标租金曲线（图 3-4），即在一定利润水平下所愿意支付的最大地租曲线：其中 AA' 为商业用地的投标租金曲线，BB' 为制造业的投标租金曲线，CC' 为公寓住宅业的投标租金曲线。

当土地处在 OE' 区段时，商业用地的投标租金 AE 最高，土地所有者理所当然将 OE' 区段的土地给了商业；同理，$E'F'$ 区段的土地给了投标租金最高的制造业，$F'C'$ 区段的土地给了投标租金最高的公寓住宅业。于是，这就形成了一条针对三个土地使用者的城市土地的投标租金包络线 $AEFC'$，它实际上也是城市土地市场地租曲线。

将上述情况推广开来，则在拥有任意多个使用者的城市土地市场上，地租曲线就是所

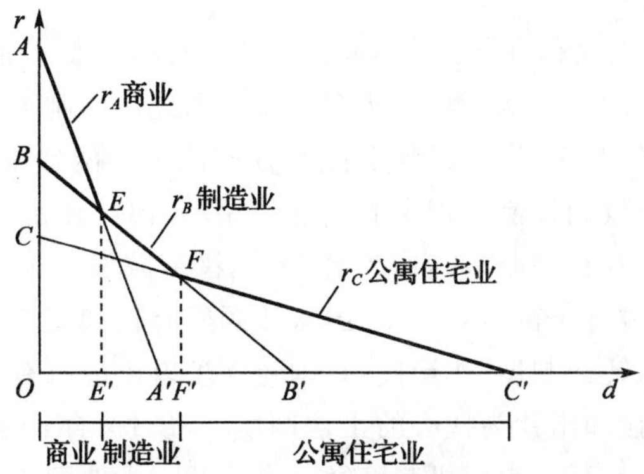

图 3-4 土地投标租金曲线

有使用者的投标租金曲线的包络线。可以看出，如果按照这个原则对城市土地进行分配，将会实现城市整体土地经济效益的最大化。

3.4.3 城市土地制度

土地利用制度的本质是土地利用相关的权利制度规定。土地权利制度的建立和完善，不仅对城市的发展具有重大意义，而且对国家政治和经济的发展也有着重要意义。在城市土地利用制度中，最重要的是土地的所有和使用权制度。土地的所有权制度决定着土地的使用方式和收益方式，影响土地使用的社会经济效益。土地使用权也称土地经营权，是指使用人根据法律、合同的规定，在法律允许范围内，对土地享有的使用权利。社会经济基础与政治体制决定着城市土地所有制度，并由此进一步决定了城市土地使用制度。土地所有制度的形成与社会生产关系有关，基本可分为两种，即土地公有制和土地私有制。

1. 城市土地制度的三种模式

世界上各国依其政治与经济制度的不同，制定不同的城市土地制度。如果将其归纳分类，大体上可以分为三种模式。

(1)完全市场模式

在这种土地制度下，土地主要属于私人所有。土地像其他商品一样，可以在地产市场上自由买卖，其价格由市场的供求关系决定。发达国家多数采取这种模式，尤以美国和日本为典型。

(2)非市场模式

这是以前以苏联为代表的社会主义国家的土地制度，即土地归国家或集体所有，消灭私有；由国家对土地的使用进行统一分配，不允许私自转让或买卖土地，否则即为非法。目前世界上还有越南、朝鲜、古巴等国家坚持这种土地制度。

(3)国家控制下的市场模式

在这种土地制度下，土地的最终所有权全部归国家或国家的象征所有；私人通过土地批租获得土地的占有权和使用权；国家从总体上控制着土地市场。这是英国及英联邦成员国家或地区实行的土地制度。

2. 我国城市土地制度

1949年前中国实行土地私有制。自1950年以来我国实行土地公有制，城市土地收归国有，农村和城市郊区的土地属于集体所有。在计划经济体制下，对城市土地基本上实行了无偿和无限期使用的制度，通过行政划拨的方式使用和配置土地。随着我国经济体制改革全面深入，土地行政划拨制度带来的土地使用不合理、土地使用效率低、土地资产流失、城市财政拮据等问题日益凸显。1990年5月，国务院发布了《中华人民共和国国有土地使用权出让或转让暂行条例》，规定了"国家按照所有权和使用权分离的原则，实行城镇国有土地使用权出让、转让制度"。至此，我国建立了以土地所有权和使用权分离，城镇国有土地使用权有偿转让和出让为核心的土地制度。经过多年的实践，土地市场逐渐形成并成熟，按照市场机制运行。市场机制已经在提高城市土地配置效率、促进城市用地功能和结构合理化、筹集城市建设和维护资金方面起到了重要作用，为城市建设做出了重大贡献。

3.5 城市土地节约与集约利用

3.5.1 城市土地节约与集约利用的概念

土地集约利用的概念最早来自于英国古典经济学家李嘉图在地租理论中对农业用地的研究，其内涵是指在一定面积的土地上，集中投入较多的生产资料和劳动，使用先进的技术和管理方法，以求在较小面积的土地上获取高额收入的一种农业经营方式。随后，土地集约利用的概念被引入城市土地研究中，形成城市土地集约利用的概念，它是指在布局合理、结构优化和可持续发展的前提下，通过增加存量土地投入、改善经营管理、合理规划增量土地、衔接存量土地等途径，不断提高土地产出效率，取得良好的经济效益、社会效益和生态效益的动态过程。

节约是相对于浪费而言(针对无偿)的；集约是相对于粗放而言(针对有偿)的。

城市土地集约利用包括三个层面的涵义：一是土地产出的高效化，即不断增加存量土地投入，提高土地利用率及产出率，获得土地产出的最大化。二是土地布局和土地结构的合理化，即城市土地利用方式之间高效协作，使城市健康高效发展。三是土地利用效益的综合化，即城市土地利用在追求经济效益的同时，应体现经济、社会和生态环境效应的统一。

3.5.2 促进城市土地节约与集约利用的对策

目前，我国正处于加快推进工业化、城镇化的发展阶段，发展和建设必然要用地，其中还要占用一部分耕地。因此，为了我们自身的生存和发展，根本的出路在于节约、集约利用土地，让有限的土地发挥最大的经济效益、社会效益和生态效益。

1. 规范用地结构

(1)改善工业用地结构

首先，停止工业项目用地单独选址，引导新增工业项目向工业区集中；其次，提高工业用地地价和容积率，容积率越低，地价越高；第三，对于污染重、能耗高、产出低等不符合国家产业政策的项目一律拒之门外，不予供地；最后，制定土地投资强度标准，不达标者，一律停建、缓建。

(2)规范农业用地结构

农民建房是农业用地"大户"。第一，坚持住宅管理与"空心村"整治相结合，村内有空闲地的，住宅用地一律使用村内空闲地，无空闲地的首先利用村内空地、荒地、劣地；第二，严格实行一户一宅，鼓励建设多层楼房，节约附属建筑用地；第三，严格管理基本农田保护区内耕地，确保耕地总量不减，质量不降。

2. 规范城乡基础建设用地

针对城镇建设及各类项目的大量用地，大面积"圈地"，一是要严格坚持按照城镇土地利用总体规划来供地，强化政府宏观调控，加强地价管理，发挥价格杠杆作用。同时控制城镇具体地块的用途、利用方式、开发强度。对学校要控制用地规模，实行分期供地，建立公众参与机制，监督土地市场行为。在供地过程中，要扩大招标、拍卖、挂牌出让的范围和领域，确保土地保值增值。二是规范节约、集约用地。各项建设用地都要尽量节省用地，不占或少占耕地；集约用地，每宗建设用地必须提高投入产出强度，提高土地利用集约化程度；通过整合置换与储备，合理安排土地投放的数量和节奏，改善建设用地结构、布局，挖掘用地潜力，提高土地配置和利用效率。

(1)加大农村土地开发整理力度，提高农村土地利用率

土地是农民的根本，是建设社会主义新农村的物质支撑和基础条件。在土地资源越来越紧缺的情况下，过去那种着眼于新占地的用地观念，现在要转变到存量挖潜上。严禁闲置土地，对超过两年未动工建设的用地，一律收回再利用。对布局分散的农村居民点，要通过合理规划，引导农民"进城出村"，发展小城镇、中心村，迁村并点、建设农民多层住宅、整理"空心村"、退宅还田。

加强对废弃地的开发整理利用。对从事开采矿产资源、烧制砖瓦、燃煤发电等生产和建设废弃地，兴建水利、修筑铁路公路、建筑取土等废弃地进行开发整理利用。对大量灾毁地、撂荒地、工矿建设废弃地、废弃宅基地等及时进行科学整治、复垦，重新利用。

通过对土地的开发整理，提升耕地质量。将农村分散零落的耕地进行开发整理，把耕地连成片，建设大批"田成方、路成网、渠相通、树成行"的高标准化农田，这不仅能改善农田生产条件，而且能有效提高农田规模化经营程度，发展效益农业。同时在土地开发整理方向上要适应建设社会主义新农村的要求，要向粮食生产区倾斜，向基本农田保护区倾斜，向土地开发整理重大工程倾斜。

(2)合理配置城镇用地

随着工业化、城镇化建设的快速发展，用地需求越来越大。要实现土地节约、集约利用，促进社会经济可持续发展，土地资源紧缺成为"瓶颈"问题，需采取一些切实可行的措施。

①启动土地收购储备制度。对当地政府所在地的一些困难企业的场地、低效利用的办公用地进行重点收购。

②工业用地向园区集中。企业通过"退城进郊"向园区集中，可腾出许多土地，盘活存

量。当地政府要对园区内用地的投资强度、建筑容积率、配套设施比例等控制指标提出明确要求。

③加强地价管理,发挥价格杠杆作用。强化政府对城镇、国有土地一级市场的高度垄断,同时对新投入的建设用地一律采取招、拍、挂形式公开出让,促进土地节约、集约利用。

(3)加大土地违法案件查处力度

对一些违法批地、非法占用基本农田、破坏耕地、低价出让国有土地使用权等重大违法案件,要从重从严查处,并公开处理结果。做到既查处违法行为,又查处违法责任人。该退地还耕的坚决退地还耕,该拆除地面建筑物的坚决拆除,该罚款的坚决罚款,该追究责任人责任的必须追究。对农民违法建房行为也要严肃查处,同时要做好宣传教育工作,力争从源头避免土地违法行为的再次发生。

3. 完善体制

土地具有资源和资产双重属性。随着经济发展和建设规模的扩大,我国的土地使用制度和国土资源管理体制存在的诸多弊端日益明显暴露出来。要更好地使节约、集约利用土地为经济可持续发展服务,体制改革创新是一项重要的措施。

(1)完善城市土地使用制度

坚持实行城市土地国家所有,推动土地进入市场流通。城市土地是一种社会生产和人民生活所必需的资源,除了要符合广大市民的利益,还要广泛通过价格机制、竞争机制来调节分配;土地利用要真正体现广大市民的利益,就要广泛听取市民的科学建议,并让市民监督土地按照规划进行开发利用,政府通过土地规划、土地一级市场垄断、土地交易管理制度、价格管理制度、法律和税收等手段消除市场负面因素的影响,提供基础设施用地、公共空间用地,协调城市整体利益,实现土地利用的最佳综合效益。

(2)推行农村土地股份合作制

尊重农民意愿,维护群众利益,积极推行农村土地股份制。实行农村土地股份合作有以下三个好处。

①有利于提高农业劳动生产率,实现集约经营和规模经营。农户将承包经营权作为股权,使农民真正拥有了长期而有保障的土地收益权,有利于他们大胆增加对土地的物质技术投入。

②有利于促使农民增加收入。农民一是可得到土地承包经营权的收益;二是可得到分红;三是可优先在本公司就业。

③有利于促进农村基本经营制度的创新和完善。土地股份合作将土地作为资产折算量化到个人,进一步完善了它的财产权、收益权,每个成员都能了解自己在集体资产中的份额。

3.6 城市土地利用模式

城市土地利用在空间上的表现形态主要有两种模式,即城市平面扩张模式和城市立体扩张模式。

3.6.1 城市平面扩张模式

城市平面扩张模式是指大片的农田转变为非农业土地的利用,城市用地由中心向外扩展,规模逐渐扩大。传统上我国的城市土地利用总体采用平面扩张、粗放型利用的管理模式,即土地资源集约利用相对滞后。

由于土地公有,土地的使用采用无偿划拨,往往不能控制土地供应总量,难以抑制耕地的占用。享有审批权的市、县为使本地区经济在短期内得到明显快速的发展,不惜牺牲全局利益和长远利益,无限制地大量征地、划拨土地,甚至采取"化整为零"等办法非法开发土地。

在市场经济体制下,旧的土地利用管理模式无法有效控制用地,使土地建设规划形同虚设。尖锐的人地矛盾已经成为国民经济持续发展的一个重大制约因素。如何通过市场使得城市发展与土地资源有效利用实现对应?以美国为代表的土地资源配置的市场经济体制,土地产权的界定通过区划、土地细分规划为主的城市规划体制来限制清楚,城市规划实际上是政府规制市场的一部分。区划是美国地方政府影响土地开发的最重要手段。其特点为:不仅提供作为公共财产的城市基础设施,而且还把作为私人财产的土地利用也纳入到强有力的地方法律之中。以英国为代表的土地资源配置是宏观调控下的市场经济体制,土地实行批租、转让,以英国《城市规划法》来体现公平的原则,对土地竞争市场做出限制。英国的城市规划虽然也对不同地块进行了功能分区,但是土地所有权者或土地开发者要改变土地的用途,即使与城市发展规划不冲突也必须得到规划机关的开发许可,即英国的土地利用管制不是通过规划限制来实施的,而是通过是否授予开发者发展权来进行管制的。

随着我国市场经济体制的建立和完善,土地利用管理的法制亦日益健全,土地从无偿使用向土地使用权有偿出让和转让转变。《中华人民共和国土地管理法》采用的是用途管制制度,即土地的所有者、使用者严格按照国家规定的用途使用土地的制度。由于土地总体利用规划是政府部门对用地长远的、全局的发展设计,具有相对稳定性,城市化平面扩张的征地行为受到用途管制制度的严格限制。这种限制影响了城市土地横向扩张的弹性。

3.6.2 城市立体扩张模式

城市立体扩张模式是指原有的城市土地利用趋于高度化,属于土地集约型利用。工业化社会里,生产力的高度发达及科学技术的飞速发展,极大地提高了人们改造和利用土地的能力,扩展了人类生产、活动的空间。为了适应城市发展,许多国家都重视土地的立体化利用。一些国家和地区特别是西方发达资本主义国家在政策和立法上都对空间的开发利用及产权界定做出了规定,并且在实践中不断完善。日本政府和一些建筑公司积极推行地下建筑计划,设想到2020年建成一座小型的地下城市。美国和加拿大的地下步行系统已相当完善。加拿大蒙特利尔已经建立起当今世界最大的地下城市——在400万平方米的土地上建造了1 600家商店、200家饭店、34家影剧院、两座会展大厅、1 600套住宅等,每天大约有500万行人通过150个通道进出这个地下城。

市场经济体制下,我国逐渐改变旧的利用管理模式,向立体化扩张的集约型利用转变。对土地进行立体化开发利用,走集约型土地利用道路,切实保护耕地,集中城市功能区划空间资源,实现综合配套、立体的城市规划,这样能有效解决城市发展与土地资源有限的矛盾。它是用途管制制度下城市土地开发利用立体扩张模式改革的必然趋势。

城市立体扩张开发用地必须综合考虑城市的功能组织,根据各地块的使用目的和功能使居住、工作、游憩和交通等方面的功能得到综合协调;另外,城市的生态布局、环境景观亦是立体开发土地时必须综合考虑的因素。

思考题

1. 城市土地有哪些属性?
2. 城市土地经济评价有哪些主要影响因素?
3. 简述城市用地分类。
4. 简述城市级差地租的含义。
5. 城市土地集约利用有哪些对策?
6. 城市土地利用立体扩张模式如何实现?

第4章 城市功能空间组织理论

4.1 城市功能空间组织的理论基础

4.1.1 系统论与城市发展

1. 系统论基本思想

系统科学是以系统为研究对象的基础理论和应用开发科学，它着重考察各类系统的关系和属性，揭示其活动规律，探讨有关系统的各种理论和方法，是自然科学与社会科学纵深发展的交叉产物，是控制论、信息论、运筹学、数学科学、计算机科学、生命科学、思维科学、工程科学全面发展的综合结晶。系统科学所依据的辩证唯物主义、一般系统论、控制论、耗散结构论、突变论和协同论等方法论能够以高屋建瓴之势卓有成效地指导城市发展。

2. 城市系统认识

从系统学角度来看，现代城市作为区域政治、经济、文化、教育、科技和信息中心，是劳动力、资本、各类经济和生活基础设施高度聚集，人流、资金流、物资流、能量流、信息流高度交汇，子系统繁多的多维度、多结构、多层次、多要素相关联，关系高度繁杂的开放的复杂巨系统（表4-1）。

表4-1　　城市系统表

空间尺度 城市问题	宏观	中观	微观
	城市-区域	城市	城市社区
城市经济	城市间职能分工不明确，结构趋同，缺乏特色，重复建设	城市经济活力不足，经济效益差，单纯追求高、大、全	城市中许多企业面临困境
城市布局	大城市建成后不断以“摊大饼”式地向外拓展城乡结合部布局杂乱，乡镇企业过于分散	开发区过多过滥，土地资源浪费，老城改造更新和历史欠账较多，环境保护不够	社区服务设施、安全保障体系等不尽如人意
城市基础设施	大型基础设施建设布局缺乏通盘考虑，各自为政，重复建设	对城市发展需求认识不足，基础设施建设滞后于社会经济发展	供给不足
城市生态	区域生态环境恶化，林地、草地退化、沙化、碱化、旱化	三废污染加剧，植被、地表破坏严重，地下水资源减少	缺乏公共绿地和休闲环境
城市形象	“千城一面”	城市风貌缺乏鲜明个性和高品位形象特征	“千楼一面”
城市管理	战略、宏观上缺乏统筹兼顾、合理布局、缺乏分类指导	条块分割，存在盲目性、被动性和随意性等短期行为	简单化

开放的复杂巨系统具有以下四个特征：①系统是“开放的”，也就是系统本身与系统外部环境有物质、能量和信息的交换；②系统包含很多子系统，成千上万甚至是上亿万，所以是“巨系统”；③系统的种类繁多，有几十甚至几百种，所以是“复杂的”；④正因为以上几个特征，整个系统间的结构是多层次的，每个层次都表现出系统的复杂性，还有作为社会人的复杂参与。

城市系统(图 4-1)作为一个复杂巨系统，其健康发展不仅在于各子系统的良好发展，更在于各子系统与城市系统总体发展目标的协同。城市各子系统之间的复杂交错性使其难以简单分解，同时，部门利益与区域利益之间，行业管理与区域管理之间往往存在冲突。这些冲突不仅反映在众多子系统局部利益之间的相互冲突，还体现在局部利益与城市整体发展的冲突上。因此条块分割、各自为政、职责交叉、管理粗放、无序发展、缺乏协调等一系列问题成为当代中国城市的普遍诟病。在系统论指导和市场需求的推动下，现代城市发展必须采用系统统筹的方法，集成城市各子系统发展要素，统筹宏观、中观、微观各层次关系，将战略、产业、空间规划、投资、管理整合为一体，综合集成解决城市发展问题。

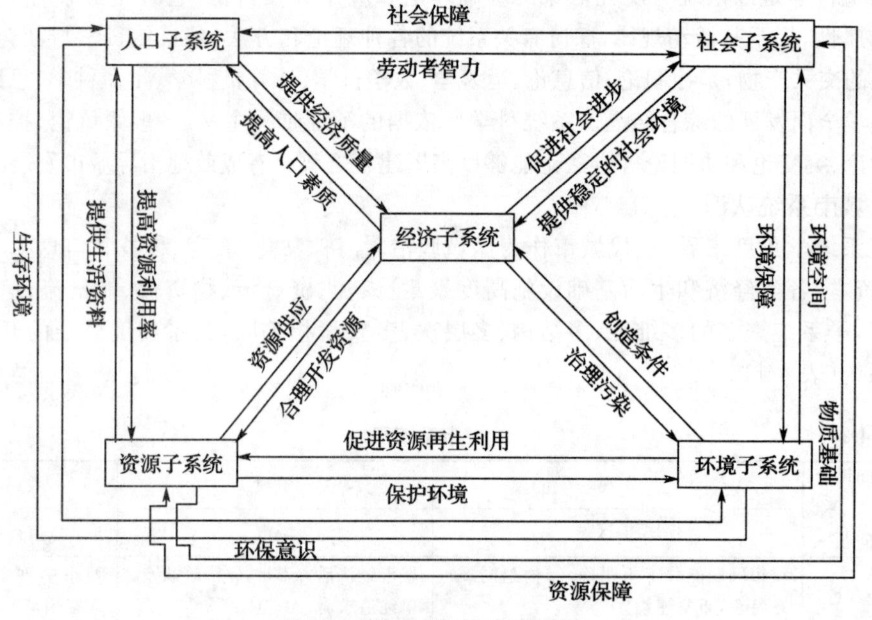

图 4-1　现代城市复杂系统模式图

4.1.2　协同论与城市发展

1. 协同论基本思想

协同论主要研究远离平衡态的开放系统在与外界有物质或能量交换的情况下，如何通过自己内部协同作用，自发地出现时间、空间和功能上的有序结构。协同论以现代科学的最新成果——系统论、信息论、控制论、突变论等——为基础，吸取了结构耗散理论的大量营养，采用统计学和动力学相结合的方法，通过对不同的领域的分析，提出了多维度空间理论，建立了一整套的数学模型和处理方案，在从微观到宏观的过渡上，描述了在各种系统和现象中从无序到有序转变的共同规律。

协同论认为，千差万别的系统，尽管其属性不同，但在整个环境中，各个系统间存在着相互影响而又相互合作的关系。其中也包括通常的社会现象，如不同单位间的相互配合与协作，部门间关系的协调，企业间相互竞争的作用，以及系统中的相互干扰和制约等。协同论指出，由大量子系统组成的系统，在一定条件下，由于子系统相互作用和协作，这种系统研究内容，可以概括地认为是研究从自然界到人类社会各种系统的发展演变，探讨其转变所遵循的共同规律。应用协同论方法，可以把已经取得的研究成果，类比拓宽用于其他学科，为探索未知领域提供有效的手段；还可以用于探索影响系统变化的控制因素，进而发挥系统内子系统间的协同作用。

2. 城市发展的协同效应

城市发展离不开城市各种要素的协同，无论是城市动力机制的集聚与分散的协同、城市新城和老城的协同，还是城市交通功能与土地利用的协同、住宅与工业的协同，均是以协同论为指导思想，城市发展的协同效应无处不在。

一般说来，在因工业化集聚而形成的中小城市中，第三产业的核心部门是交通、通信、商贸业等流通部门。金融保险、综合技术服务业、居民服务业等生产、生活服务业和科学文化教育业的发展规模，服从于城市工业的需要。这些城市的第三产业在国民经济中的比重往往低于第二产业。而在大城市和特大城市中，第三产业的核心部门主要是外部效应较高的现代生产服务业，如金融保险业、信息咨询服务业、房地产业、研发、物流等。因此，在少数大城市或都市圈，生产服务业比制造业有更明显的集聚效应。现代服务业特别是知识密集型服务业在向中心地区集聚的同时也呈现出空间选择的扩散趋势。基于生产周期构成模型，现代生产服务业从城市中心区域向边缘区域扩散的现象源于经济发展的需要和弹性服务生产方式的出现。企业间的水平一体化逐渐取代垂直一体化，网络技术的兴起使得经济发展呈现出更加分散的趋势，企业可以在更为广阔的区域网络内分享经济发展的成果。公司规模小型化和分散化的趋势，使得企业的定位模式也变得更加灵活和分散。城市化过程伴随着集聚与扩散这两种趋势的共同发展，分散化趋势使得制造业特别是传统制造业从城市中分离出来，而集聚化趋势使得高层管理机构加速向中心城市、中心地区集中。

城市中的土地开发，无论是商业、工业还是住宅业，都会使交通需求增加，从而对交通设施提出更高要求。改善交通设施，使交通容量扩大，该地区的交通可达性提高，造成地价上升，这样又会吸引开发商的进一步开发，土地利用与城市交通互动机理进入新的循环。该循环过程是一个正反馈的过程，但该过程不可能无限进行下去。这是因为城市交通设施发展到一定程度后是难以通过改建来增加交通容量的，从而当土地开发超过一定强度时，所引发的交通流将使得某些路段出现拥挤现象，导致已开发区域的可达性下降，土地利用边际效益也随之下降，该地区的土地开发将会受到抑制。由此可见，城市交通与土地利用之间是一种相互依存、相互促进的互动关系，二者通过一系列的循环反馈过程，将有可能达到一种“互补共生”的稳定平衡状态。

4.1.3 控制论与城市规划

1948 年诺伯特·维纳发表了著名的《控制论——关于在动物和机器中控制和通信的科学》一书，提出并确定了控制论思想。钱学森在控制论方面作出了开创性、前瞻性的贡献，他从机械控制论走向社会及生态控制论。

在控制论中，“控制”的定义是：为了“改善”某个或某些受控对象的功能或发展，需要获得并使用信息，以这种信息为基础而选出的、于该对象上作用的，就叫做控制。由此可见，控制的基础是信息，一切信息的传递都是为了控制，而任何控制又都依赖于信息反馈来实现。信息反馈是控制论的一个极其重要的概念。通俗他说，信息反馈就是指由控制系统把信息输送出去，又把其作用结果返送回来，并对信息的再输出产生影响，起到控制的作用，以达到预定的目的。

20 世纪 60 年代以来，英国创建了基于控制论和系统分析的规划理论，称为系统规划。它把规划视为控制系统，把规划的对象视为受控系统，系统规划体现出这两个平行系统之间的相互作用。这种新规划理论注意研究规划过程的系统化，把重点放在比较不同的方案或行动方向建立模型和进行评价上。它认为各类规划都是为了控制各种特定系统。空间规划只是规划的一个分支，它涉及城市和区域这个特定系统的管理和控制。所有的规划都是一个寻求妥善控制各有关系统的连续过程，并监督各项控制，根据它的有效时间进行进一步的修正，以便城市的发展可按人们的规划意图予以控制。

当前城市规划管理多采取综合型管理模式。将规划控制和法规控制相结合，通过适当的行政管理手段对城市土地的使用进行综合调控，这种管理模式需要完善的城市规划体系和健全的城市立法机制，以加拿大和我国香港为典型（表 4-2）。香港的城市规划和城市立法同时对土地使用进行控制，其中用地性质由分区计划大纲控制，用地强度由建筑（设计）法规控制。综合性管理模式采用行政裁决、经济调控、公共参与、法律程序等综合的管理手段，有利于提高管理效率，但对规划和法规的衔接具有很高的要求。

表 4-2　各国城市控制一览表

控制类型	国家和地区	控制技术	控制依据	特点
规划控制	英国	规划立法	《城乡规划法》开发许可证制度	以规划为主导，通过行政干预和规划法规控制，政府对土地具有较大支配权
	德国	规划立法	联邦建筑法建筑使用限制条例	
	法国	规划立法	城市规划协议整备地段制度	
	苏联	规划制订与实施	总体规划、分区规划、详细规划	
法规控制	美国	城市立法	区划法、土地细分、建筑法、地价法则	以规划为主要控制手段，通过法律程序控制建设，土地私有制程度较高
	日本	区划立法	土地使用区划法《建筑基准法》	
	中国台湾	区划立法	《都市计划法》土地分区管理法	
综合控制	加拿大	规划-区划	区划法、开发控制、开发协议、基地规划	规划与区划相结合，采用多种控制手段
	中国香港	规划＋区划	分区计划大纲图、建筑（设计）法规	

4.1.4 混沌论与城市形态

“混沌”的汉语本意指一种未分化的宇宙原始状态。它是一种不可预测的随机行为，也是一种包含有序的特殊状态，是指在毫不相干的事件之间存在潜伏的内在关联。所谓混沌，简而言之，就是有序和无序的统一，确定性和随机性的统一，简单与复杂的统一。

城市有有序的一面，也有混沌的一面。表面上看起来复杂无章的无序现象中，却存在着某种结构或秩序。按照传统的观点，城市必须是理性的，它应该整洁、宁静、清晰、有秩序，这是多数现代主义城市理论家笔下的理想城市。但这样的城市作为一个整体却缺乏可居性，它没有充分考虑人的因素，因而缺乏生活气息。例如，北京作为一国之都、历史文化名城，其规划是非常理性和严谨有序的：城市轴线明显，中心突出，城市干道规整。但要在北京找寻居住区的亲切感、归属感，只能在曲折的、无序的胡同里才会有。理性而有序的部分似乎只是具有显示城市地位和气势的作用。重庆是一座多中心的城市，它没有过多的人工痕迹，是多功能、多层次自然融合的产物，这导致了城市物质景象和社会行为网络的混沌。但对市民来说，重庆是一座亲切的城市，它的多样性满足了日常生活所能产生的各种可能性。这是重庆保持城市活力和生活气息的主要原因，它提供了城市生活的主角——人——的聚集场所。可见，重庆的无序是有机的复杂，整体的无序中包含着个体的有序。违背城市发展客观规律而设计的秩序可能是出于好意，但却是不适宜的。这里并非否定理性与有序，但混沌与无序因能满足活生生的实际生活而显得生动、活泼、富有活力。

城市系统的非线性发展往往使城市处于混沌状态之中。一方面，在一个规划方案中，如果地域过于广阔，时间跨度过大，规划工作中就可能出现过于庞杂的反馈和参数以及许多不可预言性，因而导致规划工作的失误和预测的偏差。另一方面，规划使自身的价值观念与评判标准随着外部环境变化而改变，而且规划主体的实施目标亦会随着发展进程不断修正而永无止境，因此规划应该是渐进的和地方性的。基于这些认识，动态规划应运而生。对于动态规划，规划是一个过程，它认为规划主体系统内的量是随着时间和空间阶段性的变化而变化的，在每个阶段，系统都处于若干个可能的状态。动态规划的主旨是从不把规划具体固定在一个终点上，为其确定最终目标；不是单纯将规划划分为不同阶段的蓝图，而是一系列弹性的推动，从而使规划方案总是处于不断修改和补充之中。

4.2 城市功能空间组织的思想演变

城市功能与组织自古就有，只是到了现代城市规划产生以后才形成较为系统的观点和理论，具有里程碑意义的城市功能与组织的思想包括《雅典宪章》(1933)、《马丘比丘宪章》(1977)和《新城市主义宪章》(1996)。

4.2.1 1900年至第二次世界大战前

由于经济的飞速发展和资产阶级在政权上的进一步巩固，西方各国普遍进入比较繁荣的时代，为了满足资本主义对原料以及市场的扩张需要，德国领导人企图通过战争的方式改变自由竞争和政治格局。一些精英分子对现代城市规划思想进行了各种探索、实践，为战后功能分区（图 4-2）思想垄断地位的确立奠定了基础。以桑·伊利亚的未来城市设想、柯布西耶的功能理性主义、《雅典宪章》的功能分区、莱特的极度分散主义与沙里宁的有机分散（图 4-3）、佩里的邻里单位（图 4-4）和雷德朋的人车分流等为代表。对以后城市规划设计产生巨大影响的是《雅典宪章》的功能分区。

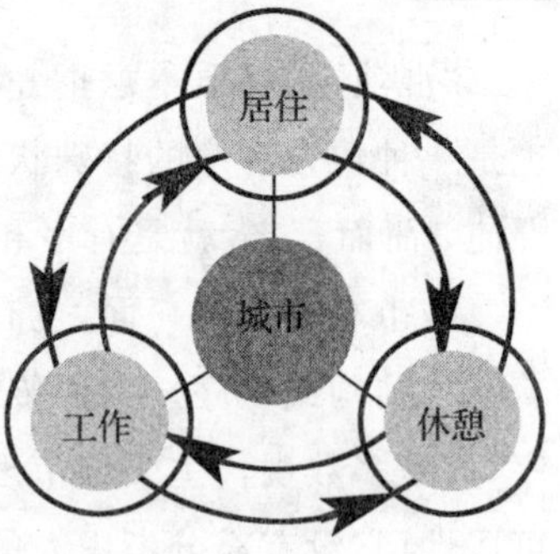

图 4-2　城市功能分区

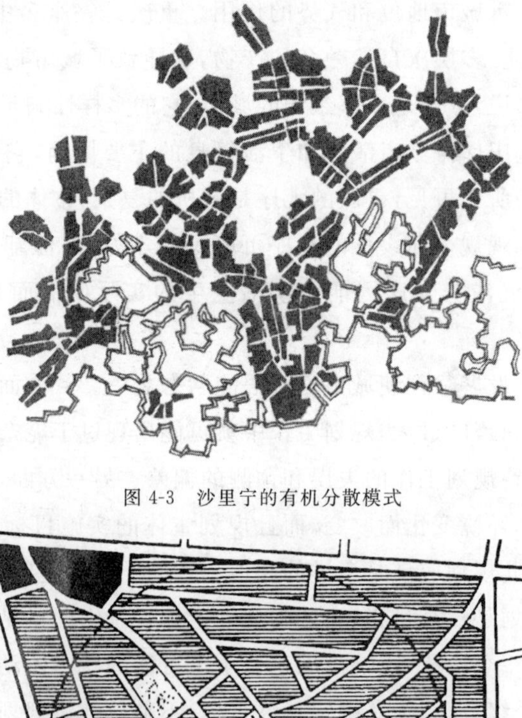

图 4-3　沙里宁的有机分散模式

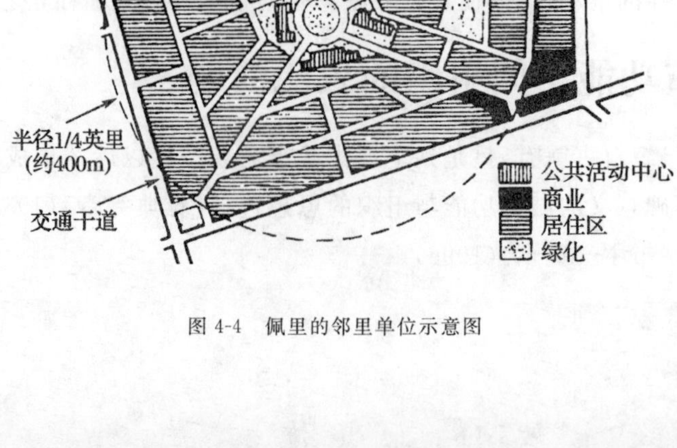

图 4-4　佩里的邻里单位示意图

4.2.2 第二次世界大战后至20世纪60年代

以现代建筑运动为支撑的功能主义规划思想在战后西方城市的重建和快速发展过程中发挥了积极而重要的作用，从而最终完成了现代城市规划思想体系的确立并达到了其认知的顶峰。与二战前关于采用"分散主义"还是"集中主义"喋喋不休的争论相比，二战以后在西方城市规划思想中，"适度分散"已经基本成为共识，沙里宁的有机分散理论成为特大城市功能与空间重组的重要理论基础。

以亚历山大功能理性主义思想、大城市空间的疏散与新城运动(阿伯克隆比的大伦敦规划、大哥本哈根的指状规划、巴黎平行切线结构规划、恩温的卫星城模式)最为著名。

与大伦敦的圈层状分散模式不同，1965年完成的"大巴黎规划"提出在全国各大区间内平衡生产力的布局以减轻巴黎的压力，并通过在巴黎城市外围建设两条平行长廊和五个开发区来转移城市过于集聚的功能。

1948年编制的大哥本哈根的指状规划，就是沿着几条选定的轴线建设新型高速路，使城市只沿着这几条轴线发展，但在这几条轴线之间保留着楔形的自然绿地，这种楔形的形态关系将城市内外的自然要素很好地结合在一起。

4.2.3 20世纪70年代至20世纪80年代

这个时期社会进入到巨大的转型时期，也就是"后现代社会"时期，社会价值观体系处于混沌交织的过程中，社会文化论在城市规划思想中占据了主导地位。这个阶段是城市功能与组织研究最为繁荣的时期，出现了人文主义思想倾向。人文生态派把城市化看成生活的方式，认为结构和空间组织之间存在联系以及城市是一种生态系统。生态主义强调生态的核心地位，号召从根本上考虑人和自然的关系。文脉主义对于城市中已经存在的东西，认为无论是什么样的东西，都不要破坏，而应该尽量设法使之能够融入到城市的整体当中去，使之成为城市的有机内涵之一。拼贴城市主义认为城市的产生、发展应该是由具有不同功能的部分拼贴而成的，反对割断文脉的做法。对后世影响最大的是《马丘比丘宪章》，它强调人与人之间的相互关系对于城市和城市规划的重要性，并将理解和贯彻这一关系视为城市规划的基本任务，认为城市是一个动态系统，要求"城市规划师和政策制定人必须把城市看作在连续发展与变化的过程中的一个结构体系"。并提出："城市规划必须建立在各专业设计人、城市居民以及公众和政治领导人之间的系统的不断的互相协作配合的基础上"，并"鼓励建筑使用者创造性地参与设计和施工"。

4.2.4 20世纪90年代以来

西方社会基本恢复了平和秩序，但是随着经济、政治全球化的深入，人们不得不深刻地思考一些关于人类未来发展的重大问题，如全球化的影响、可持续发展、增长与发展、以人为本和管制等，有关城市规划思想的探索也因此面对着一幅崭新的社会图景。冷战解体，多极化的世界格局形成，全球城市体系重组，对生态和文化空前重视。

新城市主义以现代需求改造旧城市中心的精华部分，使之衍生出符合当代人需求的新功能，但是强调要保持旧的面貌，特别是旧城市的尺度。提出了城市功能与组织的“传统邻里发展模式”(Traditional Neighborhood Development，TND)和“公交主导发展模式”(Transit Oriented Development，TOD)。

4.3 城市功能空间组织的基本理论

4.3.1 功能分区论

1. 功能分区的提出

1933年召开的现代建筑大会(Congress Internationauxd Architecture Moderne，CIAM)第四次会议的主题是“功能城市”，会议发表了《雅典宪章》。《雅典宪章》依据理性主义的思想方法，对城市中普遍存在的问题进行了全面分析，提出城市规划应当处理好居住、工作、游憩和交通的功能关系，并把该宪章称为现代城市规划的大纲。《雅典宪章》最为突出的内容就是提出了城市的功能分区论，且对以后的城市规划的发展影响也最为深远。功能分区论在当时有着重要的现实意义和历史意义，它主要针对当时大多数城市在无计划、无秩序发展过程中出现的问题，尤其是工业区和住宅区混杂导致的严重的卫生问题、交通问题和居住环境问题等，功能分区方法的使用确实可以起到缓解和改善这些问题的作用。另一方面，从城市规划学科的发展过程来看，《雅典宪章》所提出的功能分区也是一种革命。它依据城市活动对城市土地的使用进行划分，对传统的城市规划思想和方法进行了重大的改革，突破了过去城市规划过于追求图面效果和空间气氛的局限，引导了城市规划向科学的方向发展。

2. 城市功能分区的内涵

城市功能分区的概念并不十分明确，用词也多样化，大致包括城市从中观到宏观尺度的城市功能布局和微观尺度的用地区划两个层次。城市功能布局通常称“城市空间布局”，也有称“城市功能分区”、“城市功能区划”等；用地区划则通常称“用地规划”、“城市用地布局”、“城市用地功能组织”等。总结起来，城市功能区划通常包括两方面内容：一是区划，将城市某区域划分为若干个分区；二是确定各分区的“功能”，即确定“功能类型”或者“用地类型”，而“功能类型”、“用地类型”实质上确定的是人类活动的类型。所以从本质上来说，城市功能布局就是将城市一定区域划分为若干个分区，并确定各分区人类活动类型的过程，其中城市功能布局确定的是较大范围区域的人类主导社会经济活动类型，区域内还包含其他附属活动类型，而用地区划则确定的是某地块具体的人类某种活动类型。

将城市功能分区回归到划分人类活动类型的本质，能使城市功能区划研究较好地与现代生态学理论对接，具有积极意义。

3. 城市功能分区的影响因素

城市地价往往受地块位置和交通通达度的影响较大，这与级差地租理论相符。虽然地租不完全等同于地价，但地租是地价的组成部分。因为城市土地是特殊商品，所以它的价格构成不像一般商品那样，由商品的生产成本和商品的利润构成，而是由城市地租和城市土地租赁权价格构成。因此地租是城市地价确定的主体和基础依据，而级差地租又决定了城市不同地段地价的差异。

城市功能分区的影响因素很多，有自然条件、社会条件、经济条件、历史条件、空间关系等。城市功能分区的布局受地价的影响最大。一般而言，大城市的中心地带都是商业区或中心商务区，城市边缘则是若干片工业区，两者之间为与商业区和工业区相联系的不同级别的住宅区。尤其是形态集中紧凑、具有同心圆结构的大城市，从市中心到城市边缘，商业区、住宅区、工业区的分区结构较明显，这是因为城市的三个功能分区的付租能力是不同的。商业服务业的付租能力最强，因此占据城市的中心位置。因住宅的购买者是个人，所以住宅区一般很少集中在市中心，即使有住宅区分布于市中心地段，价格也会高出边缘地带很多，这取决于购买者的付租能力。至于工业区，因为其占地面积往往很大，为降低经营成本，一般选择远离市中心区域。

4. 城市功能分区的特征

城市功能分区具有以下几个特征：一是一项社会属性的区划，与自然属性的区划如自然区划等有本质的不同。二是一项重要的、基础性的及长期性的城市发展战略层面的区划，城市功能区划是城市发展战略的重要内容，其确定的区域主导功能是社会经济发展的基本方向，对城市功能进行长期的、结构性的控制与引导。三是一项具有法律效力的公共决策，目前国内外都已明确其法律地位。四是在城市不同发展时期具有不同特点：①在城市发展初期，城市以农业为主导，农业与居住冲突不大，城市功能可适当混合；②在城市发展中期，城市以工业为主导，工业与居住冲突通常较大，而且各类工业之间及与其他功能之间也可能存在影响，功能区划应较为严格；③在城市发展成熟期，城市以第三产业为主导，第三产业与居住冲突通常不大，而且各类第三产业之间及与其他功能之间的影响通常较小，城市功能可适当混合，功能区划应具有灵活性。

5. 城市功能分区的实践

自1933年《雅典宪章》提出功能分区之后，许多国家的城市规划基本上都依据功能分区思想展开。20世纪70年代以来，欧洲和美国一些大城市由于工业环境污染减少，在规划中逐渐弱化了功能分区；而在发展中国家，各种工业的环境污染问题仍然存在，因此功能分区仍然被广泛采用。城市规划中的城市功能分区根据不同规模的城市划分而使表达有所差异。

4.3.2 功能混合论

1. 城市功能混合的必然性

道萨迪亚斯认为，人会选择最省力(包括能源)、最省时间、最省花费的方式来满足自己的需要。从这一原则出发，人们会希望所需的功能空间都集中在一处，或者说在同一空间内能够实现多种所需要的功能而无需在空间上移动距离。对功能混合或者空间混合使用的需要是人类行为的天性，古代城市中居住空间都是功能混合的，中国北方某些住宅中的“炕”便是功能混合使用的例子。随着生产和生活方式的发展，城市的功能形态与结构都发生了变化，但是对于功能混合的需求并未改变，实际上，只要功能之间不发生相互妨害与干扰，居民对于功能混合是接受的，并且具有相当程度的包容性，尤其是在大城市。

随着社会的发展和进步，城市功能也在不断演变，现代城市的发展使城市中的功能构成更为多样和复杂，功能简单的分区无法形成城市生存所需的有机的、综合的环境。中外成功的城市分区经验告诉我们，城市功能的多元化是城市发展的基础，城市需要一定的建筑密度和人口密度，在客观条件允许的前提下，尽可能使不同的功能混合，避免单一功能过大规模的集聚。城市各种功能在城市范围内均匀分布对城市的健康发展十分重要，其实，除了有污染(包括噪音污染)的工业或有特殊需要的城市功能之外，其余的城市功能如办公、居住、娱乐、旅馆、零售等都可以在城市范围内混合。"城市尤其是城市中心应该通过促进功能混合提升区域内的活力和多样性，居住、办公以及其他相容的功能在时间和空间上应该紧密联系，这样可以减少出行，降低能源消耗，减少污染"。

2. 城市功能混合的内涵

城市功能混合是指城市功能的混合状态，即兼容土地和空间用途的混合状态，具体是指在城市中一定空间或者时间范围内掺杂有两种或两种以上的城市功能。功能的"混合"有两个主要的特征：聚集与差异。聚集是指不同的功能在一定的空间范围内的聚集，形成混合的形态，表现为一定的规模和密度；而差异则是指混合的功能之间的关系，必须是不同功能的混合，而不同功能之间存在着某种内在的联系。

功能混合在不同空间尺度上的表现和内涵并不相同，功能混合总是表现为两种或两种以上功能在一定的空间(或地理)尺度范围内的混合。对于城市功能混合的讨论包括整个城市的功能混合、城市片区的功能混合、城市街区的功能混合以及建筑综合体的功能混合等。功能的混合不仅体现在不同的空间尺度上，即不同功能在一定的空间尺度内的混合(也就是在一定的空间尺度内同一时间的不同功能的并存)，也表现为同一空间在不同时间的不同功能的使用，即空间内两种或两种以上不同功能因在时间上先后出现而形成的功能混合，比如学校在晚上被称为社区活动中心，电影院白天举行会议、晚上放电影或者举行演出等。因此讨论功能混合必然需要一定的时间作为限定，即一定时间范围内的功能混合。在这个意义上，一套家庭办公的住宅在24小时内就是一个功能混合(居住和办公的混合)的单元。

总的来说，城市功能混合包括以下几方面的含义：①城市整个范围内都是功能混合的，也就是说，城市不是也不应该是由明确划分出来的单一功能的区域拼合而成的。混合的概念贯穿于城市范围内不同尺度的城市区域中，在不同的尺度内都存在着功能混合的可能，是全面的功能混合。②城市一定区域内的功能混合并不意味着毫无规律可言的功能的混杂，功能混合总是存在其内在的关联性和逻辑性，表现为区域内各种功能以一定的比例混合在一起，互相促进，和谐发展。③混合城市不仅包括城市区域内的功能混合，也包括建筑单体或者建筑综合体中的多功能的设置混合。④混合城市不仅包括城市功能在一定空间范围内的并置，也包括一定城市空间在不同的时间内具有不同的使用功能。

必须指出，城市的功能混合是个相对的概念，小范围内表现出来的单一功能在更大的范围内可能表现为功能混合，所以对功能混合的讨论存在着目标区域范围的规定性，也就是功能混合总是一定范围的功能混合；同时，功能混合也是一定功能的混合，即与选择的功能对象有关，也就是说讨论中将哪些功能作为混合的对象，把哪几种功能的"混合"看作混合。如将城市功能主要分为工业、住宅业、商业三类，那么功能混合就是这三类功能的混合，分类方法不同，功能混合的内容也不同。

3. 城市总体的功能混合

城市层面上的功能混合表现为城市功能的空间分布状况以及比例关系。在城市规划的意义上，城市功能混合是城市总体规划中对城市功能的配置与组织的问题。在当今的城市建设中，科学合理的规划要求城市主要功能在城市总体上表现为分区，不同的城市片区承载某种主要的城市功能，比如对环境有污染的工业区，对交通有特殊要求的城市功能等，这些功能要明确分开；另外，城市的核心区（以金融、商贸、行政、文化、服务业等为主的公共区域），或通常意义上的中心商务区、居住区等会根据城市的总体规划及城市的发展计划而明确划分出来。

城市层面上的分区是很有必要的，因为城市的自然环境、水文地质条件、气候条件对于城市主要功能的布局有重要的影响：为了减轻工业的有害排放对居住等功能的影响，工业区通常按城市盛行风向位于居住等功能的下风向；为了防止因地下水被工业排放物污染而影响城市水源的水质，城市功能的布局要考虑到城市地下水的流向；城市重要的工业区不宜安排在软地基、古河道或易滑塌的地区等。总的来说，对环境条件的综合研究是城市功能合理布局的基础。

4. 城市片区的功能混合

关于城市中区域的表述概念主要有片区、行政区、邻里、社区、住区等，其中行政区、邻里、社区、住区的性质在先天上与社会学相关，是针对社会组织而言的；城市片区就是城市中一定范围的区域，城市片区在一定的讨论框架内可以等同于行政区、邻里、社区、住区中的一种。

在城市片区内部，城市功能是混合的。在每个城市片区内部有各式各样的城市功能，包括办公、商业、居住等。基本保证城市片区日常功能的完整性，使各项设施配套建设、综合发展，从而为片区内市民提供一个完备的、协调的、能满足各种生活需要的城市环境。

城市片区根据内部不同功能混合的比例关系可以分成功能区和混合功能区。若片区内某种功能比重明显高于其他功能，我们则可称其为某功能区，或者某功能综合区，比如居住区（居住综合区）、商业区（商业综合区）、办公区（办公综合区）等，其中主要功能比重越高，混合程度就越低，我们所说的功能区就是以某种功能为主的功能混合区。如果片区内的几种主要功能所占比例比较接近，这时片区的功能混合程度就比较高，可称之为混合功能区。

功能区内某种功能比重过高，具有功能单一的倾向，这样的片区会导致城市功能的割裂，不利于城市发展。为了解决城市空间中出现这种功能割裂问题，可以在功能区内部调整各种功能的比重，提高其他功能的比重，适度降低主要功能的比重；在功能区内部调整受到限制的情况下，可以通过在功能区周边建设混合功能区或者功能互补的功能区来疏解功能区的主要功能，同时能较好地解决由此产生的功能割裂问题。

功能混合区有以下几种主要表现形式：

(1)居住与就业的混合区

这种混合区打破了纯居住区的概念，将城市的居住功能与一些无污染的小型工业、手工作坊、服务业组织在一起，保持一部分居民就地工作，以减少市民在居住区与工作区之间的往返，从而减轻城市的交通压力。典型的实例如上海老城区中的混合街区，伦敦市郊的泰晤士综合区。

(2)居住与文化、商业、行政的混合区

城镇或社区中心的功能混合就是这种类型的，这类混合区在规划时常将各种不同功能和类型的建筑相互配置，达到功能互补的目的，以满足城市对文化、商业、行政等的不同需要，同时有意识地安排一部分住宅，以防止城市“空洞现象”，使城市 24 小时都充满活力。典型的实例如上海新天地、伦敦巴比干、华盛顿西南段改建区等。

(3)工业与商业、服务业的混合区

工业对居住功能总会有或多或少的干扰，而商业与服务业对环境的需要并没有居住功能的需要那么高，与工业的混合也是可以实现的。商业和服务业与工业也是互补的，方便工作的人们。

城市片区内的功能混合是被鼓励和提倡的，政府以及开发商都应该对城市片区的功能混合做出努力。

政府需要对城市功能混合进行引导：规划是定原则和方向的，在城市片区的原则性规划控制中，要对功能的混合有明确的鼓励和引导。城市片区内的功能混合是有一定的比例的，合理设置每个片区内城市功能的结构才能实现整个城市的平衡，片区内城市功能的具体的指标和结构要在规划管理的过程中去细化、平衡。开发商的开发计划，经济利益是开发商最主要的目的，在开发计划的制订和选择上往往会为了开发的速度和形象的塑造而进行大尺度的功能单一的片区的建设，这是应该极力避免的，对规划管理要给予约束和限制。从长远的效益讲，混合开发的片区会给城市生活带来活力，也会反过来促进开发的综合效益。

5. 城市街区的功能混合

街区是空间概念，通常是指由城市街道分割成的街块(大多为由街道围绕的区域，有时也为由其他边缘如河流和铁路围绕的区域)，街区有的时候是指一个地块，但有的时候它也可能是包含多条道路的几个地块。一个城市片区是由若干个街区构成的，这些街区之间存在着某种形式和社会特征的同质性，城市片区也可以被看成是一个街区体系。

城市街区内的功能混合方式，或者说街区内各项功能的布局直接影响着城市环境的建成质量，本教材主张多种功能在街区内形成精细的混合。街区是市民步行尺度范围内的，是最易于为市民感知的城市片段，因此街区的形态、规模以及功能混合的结构对于促进步行交通、提高街区活力有积极的作用。功能单一的大型街区是城市活力丧失的重要因素，是我们应该极力避免的。

城市街区最大的特点就是混合，这种混合对建筑的形态提出很高的要求。如果建筑不能承载多样化的生活或多样化的商业，就不能算是真正的街区。交往、娱乐、消费、居住、安全，只有功能齐备才是街区的概念。而且，绝大多数的城市功能都可以合理地包含在城市街区里，对于具有较长历史的城市建成区而言，街区内的功能因建筑业主的改变或者社会发展等原因，往往都已经改变了很多次。街区的混合形式发生了变化，但街区的丰富性与多样性被保留下来，并随着时代发展而前进。

街区朝着功能混合的方向发展是城市可持续发展的一个重要内容，也是城市街区发展的方向，然而，未来的城市中仍有可能存在单一功能的街区，比如整个街区都是住宅、商业或者是工业。但是应该尽可能避免在城市中心出现大面积功能单一的街区，街区越大，用途越单一，对城市社会、经济和物质网络的破坏也越大，总的原则是人口密度越大的地段，街区应该越小，混合程度应该越高；人口密度较低的地段，街区规模可以较大，功能可以相对单一，如城市边缘的工业区。另外，小型的城市街区构成的城市视觉和通行的渗透性更强，步行者去往目的地可以有多种不同的选择和路径，沿途景观的变化较多；对于大型街区而言，路径的选择可能比较少，沿途景观的变化较为单调。

相比较而言，城市片区的功能更为完善，片区是城中之城，它的用地平衡应当反映城市作为一个整体的用地平衡，应当主要以片区而不是街区来确保整个城市内用地的平衡分布。城市街区内也可以混合住宅、商店、办公、幼儿园、展览、旅店等诸如此类的功能，增进城市街区的活力，街区内仅仅在水平用地上的功能混合是不够的，尽管水平方向的功能混合可以减少汽车交通，但很难在白天、晚间的时间循环中保证城市街区活力的持续与安全。竖直向上的功能混合也很必要，传统的底层为商业、上面为住宅或办公的形式是街区功能混合的一种方式。但现在这种方式在国内很多地方因为开发管理不当而造成“品质不高、干扰居住”，遭到政府和开发商的片面排斥。好的城市街区是四维的，是不断建设、发展、演变而形成的结果，有历史性特征，不是一蹴而就的三维的产物，街区中的每一个片段都对应其特有的时间特征，即特定时间里的政治、经济、人文信息，而今天的街区是在短时间里造出来的，没有政治、经济、人文的时间积淀，缺少时间纬度的信息。现在街区已经被现代化廉价地复制，丧失了历史上街道发展带来的对人文精神和文化特色的保留，这是我们面对城市街区的改造和新街区的建设要思考的问题。街区功能混合的实现还要求在技术层面上很好地解决使各种功能得以正常运转的采光、通风等问题，在混合的比例及形态构成上要结合街区在城市结构中的物质和感官上的作用。只有那些充分融合了城市功能，既规划科学，又富有丰富人文特色的街区，才能成为真正的街区。街区内的功能混合是与城市生活最为密切相关的，我国城市有混合功能街区的好的传统，如北京的胡同里的四合院、上海的里弄等。在今天城市结构的大规模重组和改造中，我们应继承和发扬这种好的传统，积极探索新的城市建筑类型和混合功能街区模式。

6. 城市建筑的功能混合

建筑的功能混合通常是以多功能的建筑综合体的形式出现的，在综合体中功能的混合除有水平方向和垂直方向的混合外，还有水平方向和垂直方向的结合。建筑内的功能混合对于保持街道 24 小时的活力至关重要，这要求城市建筑具有较大的灵活性和适应性，以相对简单的布局适应不断变化的街区功能。前店后宅和下店上宅都是城市建筑的功能混合的最好例子。科技进步，特别是信息产业的大发展，使得家庭办公日渐兴盛。住宅和商务活动混合在一户内，这一变化使得办公室不只是白天办公的场所，住宅不只是晚上睡觉的地方，人们用不着每天为了工作，在交通上花费时间。当然，并不是所有的建筑都需要功能混合，尺度较大的建筑功能混合较有必要，而尺度较小的建筑功能单一也无妨。

居住和工作的混合是建筑中功能混合最常见的形式，不论是历史上的前店后宅或者下店上宅，还是现在的 SOHO，都是将居住和工作混合的实例。当然，随着社会的发展，社会分工的精细，建筑中功能混合的表现也日渐丰富，建筑综合体以城市整体为服务对象，它的主要功能包括四大类：零售商业、办公、居住和服务业等，以满足不同层次市民的多样化、全天候的需求。购物是城市居民物质生活的基本内容，因而零售商业是建筑综合体中最基本的功能。无论是否将零售商业的顾客定位为综合体内部人员，最终都将面向城市，并与周围其他的商业设施一起形成具有吸引力的消费场所。零售商业包括日用商品与特殊用品两类经营目标，前者面对城市大众，可以保持商业设施的繁荣；后者面对一定的消费群体，商品零售价高，单位面积获利大，如时装、家电等。零售商业是综合体内经济效益最佳的功能。办公是建筑综合体的重要组成内容。办公活动的实质是城市的信息交流活动，如政府机关、银行、证券、保险、会议、法律等机构以及私人性信息咨询活动。办公活动竞争性强，吸引力大，能提供大量就业岗位并易于管理。但是随着信息产业的进一步发展与城市的极度繁荣，其发展会受到限制。过度的办公功能，将使非工作时间内建筑无人使用，死气沉沉。服务业包括旅馆、餐饮、娱乐等内容。旅馆业为综合体提供大量的"流动人口"，保证餐饮、娱乐设施与夜间活动的良好运行。旅馆业极易赢利，它与零售及其他服务业相结合，起到繁荣中心区的主要作用。

住宅与公寓承担城市的居住职能，因其建设投资收益低，资金流动慢，常常受到其他功能的排挤。但是它们却容纳了固定的居住者与消费者，对综合体和中心地区繁荣与安全起到了保证作用，对城市交通紧张状况亦可起到缓解作用，所以国内外许多城市中心区的建筑综合体都配置有一定比例的住宅与公寓。

对于服务于城市的建筑综合体而言，其内部的功能设置必须遵循"全时服务原则"。城市中不同性质的行为集中发生的时间区段和峰值时间不尽相同，"全时服务"的概念就是分析各种功能特定运行的时间范围，将不同时间段内运行的功能组合在一起，保持综合体与城市全天候的繁荣。例如，在综合体内设置居住、娱乐项目，保证非办公部分在非工作时间内有相当数量的人员活动，避免在某些时段出现"无人区"。

功能混合的建筑形式很多，其中比较常见的形式是建筑物底层的混合使用，城市中大量的底层商业、上面办公，或者底层商业、上面居住就属于此类。这是建筑综合体中功能混合最简单的方式，底层的功能和上面的功能都相对独立，分别有各自的出入口。除商业住宅外大型公建本身也可混合，如纽约的旧火车站改造成为一个集旅游、商业为一体的混合交通设施。奥兰多机场候机楼则与一个大型酒店结合，酒店大堂与候机厅完全在一个空间内。随着城市的不断发展，很多大规模的建筑/城市综合体出现，功能混合建筑的形态以及功能构成也越来越多。

4.3.3 TOD模式

1. TOD模式的提出

在经历了并正经历着小汽车出行方式占主导地位的美国，其城市或地区经历了以郊区蔓延为主要模式的大规模空间扩展过程，此举导致城市人口向郊区迁移，土地利用的密度降低，城市密度趋向分散化，因此带来城市中心地区衰落，社区纽带断裂以及能源和环境等方面的一系列问题，日益受到社会的关注。

20世纪90年代初，基于对郊区蔓延的深刻反思，美国逐渐兴起了一个新的城市设计运动——新传统主义规划(New-Traditional Planning),即后来演变为更为人知的新城市主义(New Urbanism)。以公共交通为导向(Transit-Oriented-Development,TOD)的概念最早由美国建筑设计师哈里森·弗雷克提出。作为新城市主义倡导者之一的彼得·卡尔索尔普,1993年在其所著的《下一代美国大都市地区:生态、社区和美国之梦》一书中提出了以TOD替代郊区蔓延的发展模式,并为基于TOD策略的各种城市土地利用制定了一套详尽而具体的准则。目前,TOD的规划概念在美国已有相当广泛的应用。

TOD是国际上具有代表性的城市社区开发模式,目前被广泛利用在城市开发中,尤其是在城市中尚未被成片开发的地区,先期对规划发展区的用地以较低的价格征用,导入公共交通,形成开发地价的时间差;然后,出售基础设施完善的“熟地”,政府从土地升值的回报中收回公共交通的先期投入。

2. TOD模式的原则

(1)从区域层面上组织紧凑的有公交支持的开发。

(2)将商业、住宅、办公、公园和公共建筑设置在步行可达的公交站点的范围内。

(3)建造适宜步行的街道网络,将居住区各建筑连接起来。

(4)混合多种类型、密度和价格的住房。

(5)保护生态环境和河岸带,留出高质量的公共空间。

(6)使公共空间成为建筑导向和邻里生活的焦点。

(7)鼓励沿着现有邻里交通走廊沿线实施填充式开发或者再开发。

3. TOD模式的内容

TOD是指“以公共交通为导向的发展模式”(图4-5)。其中,公共交通主要是指火车、飞机、地铁、轻轨等轨道交通及巴士干线,然后以公共交通站点为中心,以400~800米(5~10分钟步行路程)为半径建立中心广场或城市中心,其特点在于集工作、商业、文化、教育、居住等为一体的“混合用途”,使居民和雇员在不排斥小汽车的同时能方便地选用公交、自行车、步行等多种出行方式。城市重建地块、填充地块和新开发地块均可以TOD的理念来建造,通过土地使用和交通政策来协调城市发展过程中产生的交通拥堵和用地不足的矛盾。

TOD从本质上可看作阻止城市无序蔓延的一种可供选择的方法,并在实际上营造了一种面向公交的土地混合利用社区;从地产和商业开发的角度更可将TOD看做一种特殊的土地开发模式及商业运营模式。综上,TOD是指在不排斥小汽车使用的前提下,以培育客流为着眼点,以提高土地价值为核心目的,在主要轨道交通枢纽沿线及站点适度进行高密度的土地开发,并应伴随着居住、办公、商业、公共空间等用地的混合使用设计,同时在宏观上起到兼顾引导城市空间有序增长、控制城市无序蔓延的作用。

4. TOD模式的实践

香港采取TOD模式的土地利用形态。香港约有45%的人口居住在距离地铁站仅500米的范围内,九龙、新九龙以及香港岛更是高达65%。香港岛商务中心内以公共交通枢纽为起点的步行系统四通八达,凡与步行系统相连的建筑,本身就是步行系统的组成部分,其通道层及邻接的楼层通常作为零售商业和娱乐用途,给行人提供了极大的方便。

东京是一个国际性大都市,仅距城市中心半径20公里的范围内就聚集着800多万人

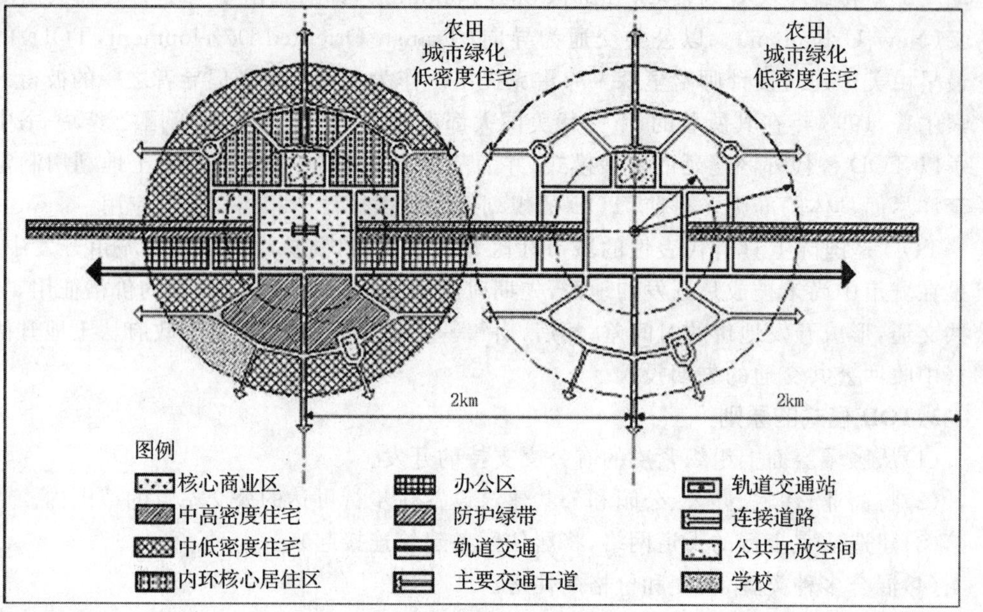

图 4-5 TOD 模式示意图

口。高密度发展的城市形态使城市内部交通量高度集中。铁路是东京最主要的交通方式,也是世界上少数能够盈利的城市铁路系统之一。由环形铁路向外放射的郊区铁路沿线更存在一系列典型的 TOD 社区。大型社区中心围绕车站布置,有景观良好的步行系统从中心通往附近的居住区,居民步行和乘公共汽车到铁路车站都很方便。在居民到铁路车站的出行总量中,68%为步行,24%乘公交汽车,仅有 6%使用私人小汽车。显然,这种用地布局在吸引人们远距离出行使用铁路的同时,还有效降低了社区内部的机动车交通量。

思考题

1. 城市系统如何协同发展?
2. 各国如何通过城市规划进行城市控制?
3. 试论述城市功能组织思想演变过程。
4. 简述城市功能混合论的核心思想。
5. TOD 模式的优点有哪些?

第5章 城市居住功能与组织

5.1 概 述

5.1.1 居住功能概念

居住是城市居民生活中至关重要的方面，《雅典宪章》把居住功能作为城市的第一功能来看待。现代城市居住功能是指提供令人满意的居住环境，同时应与居民生活方式和经济承受能力相一致，包括提供给水、排水、燃气、供电和电信等基础设施。居住功能是城市主要功能之一，居住要求安全、卫生、健康、美观的环境。随着人们生活水平的提高，对居住环境的要求越来越高。现在许多城市提出建设宜居城市的目标，同时向利居、乐居等更高层次的目标努力。

城市中的居住功能并不是单独存在的，而是以聚居形式，形成规模不等的地段。居住活动通常与工作、交通、游憩等活动一起进行组织。住宅是居住的物质载体，与其他居住设施、环境共同构成居住空间。

居住空间可从两个方面进行认识，一方面是指以居住用地为主的物质实体空间，这包括住宅区的地域分布、住宅区的组织形式、住宅区的空间分布与组合特征等在景观上的外部表现；另一方面是强调居民住房选择与居住社区的邻里关系。所以说居住空间是一个包含了住宅的区位特征、住宅的式样特征、住宅的主体自然和社会属性特征、住宅空间与其他城市空间相互关系等范畴的抽象化的概念。

城市居住环境的质量，不仅反映了城市发展水平、城市文明程度，也是城市建设成就的重要标志。

5.1.2 中国居住形态演变

居住形态是社会历史发展的产物，传统的城市居住形态因地理、气候、人文、习俗等因素在各个地区各不相同，从民居中也能够清楚地看出时代的特征。随着时代的变化，中国现代城市居住形态经历了单位住房、商品住房、老年住房、公寓式住宅等形态。

1. 单位住房

新中国成立之初，百业待兴，经济水平落后，人民生活水平很低，住房建设还处于满足人们的基本生活需要的层次上。在很长一段时期里，相同工作单位的人同住一个居住区内，居住区也自然以工作单位为单元，形成相对独立的区域。很大程度上，居民之间的联系纽带是建立在工作单位的基础上。在这段时期里，住宅都是由政府或企事业单位投资建造的，具有浓厚的社会福利色彩。同一个住宅区里的居民往往都是在同一个单位工作的同事，既是同事又是邻居。这种福利性的集合住宅有其特有的社会关系。

20世纪50年代，在同济新村中兴建了带有厅的教师住宅，有两个卧室还配有独立的厨房和厕所，每户的建筑面积达到75平方米。1959年的广州中山大学的归国华侨教工住宅中出现了约14平方米的厅，这之后虽然也出现了有门厅、小方厅的平面，但是，在当时特殊的社会条件下，每户按室居住，厅成为各户公共的门厅，厅失去了作为一户的公共活动空间的意义。直到20世纪70年代末期才出现真正为满足进餐、会客等需要的方厅，但面积较小，一般只有5～9平方米，主要用于过厅、进餐、接待客人、子女卧室以及放置餐桌、沙发、简易床等家具。如同济新村的79型住宅，每户的建筑面积是47平方米，带有一个8平方米的厅和两个卧室，独立的厨房和厕所。除了卧室兼作就寝和会客、进餐等场所外，还有一个相反的现象：把客厅作为卧室使用，客厅兼有会客、进餐和就寝的功能。在这种小厅住宅中，寝食分离虽然开始出现，但分离得并不彻底，根据人数和性质的不同，进餐的场所会发生变化，甚至会在卧室里进餐，虽然可以认为，在卧室中进餐乃至会客是由于缺乏足够的起居空间而造成的，但是事实上，就是在住房面积充足的住户里，主人也不介意在卧室里进餐、会客，也并不拒绝客人参观卧室。

这种现象一直到实施住房体制改革后才有了根本性改变。近年，大量由民间投资开发的住宅小区的建成极大地改变了城市的面貌，但同时也带来一系列弊病。

2. 商品住房

改革开放以来，住宅的建设一直是城乡建设的热点，住宅建设也从一开始对量的追求逐渐过渡到对质的追求，特别是住房体制的改革，人们对住宅的使用功能、舒适度以及环境质量更为关心。这就要求在商品化住宅设计中首先要建立商品价值观念，住宅的功能、质量都要与其价格相联系，与市场需求相适应，精心设计，反复推敲，力求住宅精巧与合用。纵观住宅设计与建设现状，存在着一些问题：

(1)与社会经济的发展不同步。多年来片面追求住宅数量，一味强调经济性，结果使住宅建设落后于现实发展，缺乏长远考虑，反而造成了居住质量的恶化和社会财富的浪费。

(2)与居住行为脱节。片面理解住宅的面积指标，忽视了居住行为的基本空间尺度和面积的实际使用效率，造成居住空间的不合理配置，使居住行为不能有效地进行。

(3)缺乏弹性和选择性。不同时期住户对空间的使用有不同的要求与选择，僵硬呆板的空间划分阻碍了生活质量的提高，造成空间的不合理使用。

(4)缺乏住户的自我参与。住户作为居住行为的执行者，是一个群体概念，具有不同的审美意识和价值取向，把住户生硬地塞进雷同的居住容器内，是一种缺乏对人本身尊重的表现，住户的自我参与才能体现个人价值的高层次实现。

正是城市居民生存形态的改变，促使居民居住观念、理念的改变和提升，促使人们的某些行为方式发生改变。人们在对居住空间行使选择权的同时不自觉地承担着城市形态和形象的审美责任，时刻关注着生活环境的变化，关注着城市建筑的美与丑。建筑审美不仅仅是一个城市的“脸面”问题，更关系到城市居民甚至一个民族后代的审美教育问题。

我们不得不承认，在城市的发展、成长过程中，人类正以居住场所的选择方式在划分阶层，形成新的人居群落，且其趋势越来越明显。因为每个人都在行使个体的充分选择权，寻找符合自己个性特征的社区，在不停地寻找自己"生命空间"的同时也在认识着自己。

人们对住宅的要求，已从过去着重解决有无问题(生存型)逐步转变为解决优劣问题(享受型)，要求以舒适、健康、实用、安全为目标，对住宅内部功能区进行优化和细化配置，合理分配各功能区的面积以及私密性的保障等。目前，住宅的功能分区越来越细。在大量建造的商品房里出现了厅的面积越来越大的趋势，同时，厅的功能也开始进一步分化，含有门厅、餐厅、客厅名称的平面渐渐多起来。餐厅从以前的客厅或卧室中独立出来，面积也扩大了，设置了固定的餐桌，形成安定的进餐场所。在大量涌现的商品房的平面中，"客厅"一词几乎必然出现。从词义上讲，所谓客厅，是接待客人、进行谈话交流的场所，其主要使用对象是客人，而不是家庭成员。一般来说，客厅接待客人的频率不会超过家庭成员的使用频率，因此称之为起居室或起居厅似乎更恰当些。但是，从开发商到建筑师到业主，无一例外地喜欢用客厅一词，而不用起居室或起居厅，这反映出人们对礼仪性要求的重视程度要超过内部家庭成员的日常使用。至此，在设计阶段上，实现了寝食分离，保证了作为私室的卧室的私密性；分别设置作为公室的餐厅和客厅，各有充足的面积；就寝、进餐、起居等生活行为的发生场所被分别限定，明确地划分出公室和私室。

3. 老年住房

21世纪的中国，老龄化是一个相当严重的问题。在中国传统的观念里，居家养老模式占有主导地位。然而随着老年人比例的增加，由此引起的社会问题也日趋严重。对于城市而言，解决老龄化问题的一个有效方法是建造适合老年人居住的住宅区。改革开放后商品房大量开发，每年竣工的有两亿到三亿平方米，城镇居民人均居住面积从20世纪80年代的3～5平方米逐步提高到2005年的26平方米以上。一批以中年人为主的购房者买到住房后使两代人分居得以实现，老年家庭人均居住面积也相应增加，随之而来的就是陆续出现的空巢户。不久，当一代独生子女的父母进入老龄阶段后，特别在城镇中，空巢家庭将成为老年家庭的主要形式。我国这种以"居家养老"为主的养老模式，给当今的住宅设计提出了课题，应在住宅设计中考虑一个家庭中中年人和青年人的相对独立性，同时又对老年人的行为及生活习惯加以考虑。

从建筑的角度剖析老龄化问题的某些根源。城市空间尺度的扩大使得人与人之间交流减少，产生了人情冷漠、缺乏关怀等社会问题。同时，生活方式的差异也造成了老年人与青年人的代沟。中国的传统住宅，子孙与老人共住，形成一个大家庭，照顾老人的起居饮食，营造了热闹的家庭气氛，有利于老人颐养天年。当前的居住模式，虽充分尊重个人的自由，但缺少对家庭或邻里生活的关注。能否从改变居住模式开始，拉近人与人之间的距离，使老年人的生活自然而然受到关注呢？

最典型的数代同堂的居住模式是传统的四合院模式。这种居住模式以四合院为大家庭活动和交流的中心，以此组织多个居住空间。空间的顺序为入口—合院—各居住空间，开放与私密的变化顺序为外部空间—过渡空间—半私密空间(大家庭活动空间)—私密空间(小家庭活动空间)。以这种顺序组织的居住空间群体，既有热闹融洽的大家庭生活气氛，又能保持独立自由的小家庭生活方式。然而在现代城市的规划建设过程中，合院的居住形式因不能适应现代城市规划的要求而逐渐解体了，主要原因有：

(1)容积率低，不利于高效利用土地。

(2)街巷密度过大，难以适应现代化的交通方式，而且停车问题难以解决。

(3)消防问题难以解决，建筑之间的间距、消防通道等难以达到现代城市规划的要求。

(4)公共空间缺乏，集中绿地不足。

传统居住模式的解体标志着大家庭生活模式的解体，现代生活中三代同堂的生活模式已经不多见，这是导致老龄化问题凸显的重要原因。然而对我们来说，能否有一种新的居住模式，既可以沿承具有中国特色的生活方式，继承四合院的人文精神，又可以适应现代化的城市发展需要呢？“三代居”的居住模式，是为当代中国的老人而设计的。设计概念是以传统的四合院精神适应当代中国的老龄化问题。首先，“三代居”是一个现代化的生活小区。它符合现代居住小区的设计概念，拥有充足的公共空间与中心绿地，采用组团式的空间布局，形成了社区型空间；解决了交通、停车、人车分流、消防等问题；公共空间充足，绿化率高；容积率达到城市规划的要求，对空间利用充分，合院由传统的半私密空间转向半开放空间；建筑充分适应了气候的特点，南北对流，花园可调节室内温度，组团的格局向东南方开口，与东西向成15度倾斜角，更适应风象、日照等要求。

首先，由两种基本户型组合成变化丰富的小区，符合工业化生产的要求。其次，它继承了传统“三代同堂”的人文精神，继承了合院居住形式的核心精神。现代建筑发展了场所理论，而对于家庭而言，场所感是甚为重要的。场所感是传统四合院的精粹，场所的核心不在于实体的建筑，而在于合院，这个空间才是四合院这种居住群落的中心。所以，我们要营造这种场所感。“三代居”以每层的空中花园承继了传统的合院地位，形成强烈的场所感，达到与传统四合院异曲同工的效果。这种居住模式具有极大的灵活性，既可作为一梯两户，也可作为一梯四户；既适用于三代同堂的家庭，也适用于承受能力中下的家庭。当它分拆作为四个单位时，其中有中等收入居民的适用住宅——一厅两房，也有低收入或单身居民的适用住宅——公寓式住宅。这种形式十分有利于发展睦邻友好关系。

中国当代的国情，老龄化问题最为严重的是占城市中大部分的中低收入阶层居民。所以，第一代的“三代居”的每套房间包括平台花园的建筑面积大概为100平方米，在此建筑面积内解决老人与子女的共住问题应该是合适的，这也是大部分居民有能力承受的。这是一种较基本的形式，其核心内容是以庭院组织大家庭的居住空间。

面对当前家庭结构的不断重组，少子(女)化、妇女职业化以及就业结构多样化等发展趋势，对住房需求的预测往往与实际需求有较大偏差。同时人们随着物质文化生活水平的提升，住户的个性化需求也越来越强烈，再加上住宅是供家庭跨代使用的商品，这就决定了住宅必须具有可选择性、可改造性。

4. 公寓式住宅

公寓式住宅区别于独院独户的别墅，更为经济实用，一般建筑在大城市里，多数为高层大楼，标准较高，每一层内有若干单户独用的套房，包括卧室、起居室、客厅、浴室、厕所、厨房、阳台等；还有的附设于旅馆酒店之内。公寓式住宅的主要作用是：①供一些常常往来的中外客商及其家属中短期租用。②现在有很大一部分年轻人租住在公寓式住宅里，其独立的私密性符合现代年轻人独立自主的个性，自由开放的住宅结构也顺应了他们改造环境的能动性。③总造价在年轻人经济所能承受的范围之内，并且公寓式住宅所形成的是一种比较轻松、年轻化的环境。④选择自由职业的一群人大多利用公寓式住宅形成一个小型的SOHO，住家和工作集合在一个住宅空间里，最大限度地发挥了其功能性。

我国早期的公寓式住宅已经具备现代城市单元式住宅的雏形。新中国成立前在一些大城市都建有欧美风格的公寓大楼，如上海的百老汇大厦、海滨公寓等。我国住宅建设理论从20世纪50年代学习苏联经验开始。当时住宅的特点是一套单元内房间多，通常3～4间；面积大，每间14～18平方米；净空高达3～3.4米；功能全。但这种住宅与我国居民的居住水平不符，户型规模不符，以后逐步演变成几家合住，共用厨房的居住模式。目前，20世纪50年代的公寓式住宅在建筑设计形式上属于淘汰之列，但由于这类住宅建设较早，市政设施和公共配套水平高，又多位于市中心区，在住宅市场上仍比较抢手。这类住宅室内空间大，可以通过装修来增强使用功能。当前，住宅设计更加关注居住与环境、建筑与环境、人与环境的关系，注重共享空间的实用价值和精神价值，注重生活环境的文化实质，"人以群分"也将是社区的一大发展趋势。

5.1.3 现代居住组织形态

改革开放以来，作为我国城市居民居住空间形态单元的社区呈现出多元化的态势。多类型城市住区并存是当代城市住区的主要特征。

1. 按状态划分

(1)传统式街坊住区

以城市旧街和老街区为主，具有某种"城市中的乡村的特点"。居民住宅与商业、工业用地混杂，住区内的居民职业构成较为复杂，居民之间形成了复杂的社会纽带，邻里人际互动较强。

(2)单一式单位住区

这类住区由一个或几个单位筹建，自设各类服务设施。居民职业构成比较单一，居民用地与生产用地有明显的界线和隔离带，生活环境质量较好，社区互动与单位互动合二为一，单位的级别关系也表现在社区活动之中。

(3)混合式综合住区

这是20世纪70年代末以来在独立的地段和城市边缘兴建的居住功能较为单一的大型住区，居住环境较好，生活设施配套，往往具有多功能的小型商业中心，但是由于建设历史较短且缺乏半公共空间，居民之间的互动性不强。

(4)演替式边缘社区

这类住区以城市扩张和乡村向城市渗透为特点。城市边缘地带是属于农村向城市演替的社区，由于受城市功能辐射，农业用地渐渐地转化为建成区，住区功能混乱，居民职业结构复杂，各种服务设施匮乏。住区内生活和生产功能紧密交织，体现了初级的"前市后坊"的空间特点，是当今最为活跃也是最为混乱的社区。

(5)房地产物业管理型住区

以房地产开发为主体的新型房地产物业管理型住区可以进一步细分。第一类是封闭型，人口具有某种同质性的高级住宅区或别墅区，如居住者都是高收入群体等；第二类是封闭型的混合生活住区;第三类是中低档的经济开发型的物业管理住区,其同质性表现为居住者是低收入群体。

(6)移民区

城市社会变迁中形成的“自生区”或移民区。如全国各地的“温州村”等。

2.按规模划分

(1)居住区

居住区泛指不同居住人口规模的居住生活聚居地和特指被城市干道或自然界线所围合,居住人口30 000～50 000人,配建有一整套完善的,能满足该区居民物质与文化生活需要的公共服务设施的居住生活聚居地。

(2)居住小区

居住小区指被城市或自然界线所围合,并与居住人口(10 000～15 000人)相对应,配建有一套能满足该区居民基本的物质与文化生活需要的公共服务设施的居住生活聚居地。

(3)居住组团

居住组团指被小区道路分隔,并与居住人口规模(1 000～3 000人)相对应,配建有居民所需的基础公共服务设施的居住生活聚居地。

5.2 居住组织的影响因素

5.2.1 自然条件

每个城市的居住空间形态都受当地自然条件的影响,是对当地气候、地形等条件长期适应的产物。自然条件对居住空间的影响是先天的,也是明显的。北方的居住空间和住房设计较封闭,而南方的居住空间较开敞,底层架空,这些无不与当地的自然条件,特别是气候条件密切相关。同时,地形条件对居住形态的影响也是十分显著的。山地城市阶梯状的居住空间布局、陕北的窑洞、江南水乡的居住形态,都深深地打上了当地自然条件的烙印。另一方面,随着人们生态意识的觉醒,对良好的生态环境越来越重视。于是,郊区环境优美的地段兴起了许多新的居民小区,一定程度上迎合了居民的生态需求,引发了居住郊区化的潮流,但只有较高收入的家庭才容易入住,这也在一定程度上造成了居住空间分异现象。

5.2.2 经济发展水平

经济发展是城市空间结构演变的根本动力,也是影响城市居住空间发展演变的首要因素。一方面,经济发展可以增强城市的综合经济实力,提高居民的收入水平,这样居民才有能力选择新的居住区位,不断改善居住条件,优化居住空间结构。另一方面,城市经济的快速发展可以促进产业结构的升级与优化,不断提高第三产业比例,吸纳更多的人口到城市就业,推动城市化水平的快速提高。城市化的快速发展可以扩大城市用地规模和人口规模,由此会产生更多的住房需求,促进居住区的建设和居住空间的优化。

5.2.3 人口政策

我国在计划经济时期，严格控制城乡人口的自由流动，乡镇企业吸纳了数量可观的农民到工厂务工，政策鼓励离土不离乡，严格的户籍制度限制了人口的自由流动，影响了我国城市化的进程，长期以来，形成了城市化落后于工业化的局面。进入20世纪90年代以来，逐步放宽了户籍政策，大城市优越的工作环境吸引着大量劳动力，农村劳动力迅速向大城市转移，同时，中小城市劳动力也向大城市转移。高级知识分子进城后，可以获得理想的岗位和薪资待遇，一般会在大城市买房定居，这在一定程度上刺激了房地产业的发展。但更多的农民工进入大城市后，很难找到像样的高收入的工作，无力支付高昂的房租，只能在大城市边缘建设一些简易住房或者在"城中村"租房，形成了大片的流动人口聚居区，成为大城市一种新生的居住现象，城市中出现两极分化的现象，从而也不断改变着城市的居住空间结构。

5.2.4 居民收入水平

居民收入水平是影响居住空间区位变化的直接因素。不同的收入阶层选择不同的居住区位，而相同收入水平的家庭具有相似的购买能力，往往会聚居于同一区域，从而导致收入阶层的分化和居住空间分异现象不断明显。居民收入水平的巨大差别，直接限制了众多居民的购买能力。特别是一些较高档的居住区，昂贵的住房价格形成了一道较高的进入门槛，只有高收入阶层才有支付能力，一定程度上导致了居住空间分异。一般来说，一个家庭的收入越高，越追求宽敞安静的居住环境，越追求豪华的住宅，以实现对自身价值的体现和肯定，因此常选择离市中心较远的郊区居住，而最贫困的家庭就住在靠近市中心的嘈杂混乱的旧城中心区或低矮棚户区。由于城市的外向扩展，富裕阶层迁往市区边缘的较高档的新居住区，而原来的住房由收入较低的家庭居住，由此类推，最破旧的住房由收入最低的家庭居住。

居民家庭收入水平的提高增强了自身的购买能力，在基本的生活需求得到满足后，便追求高层次、高档次的消费，私人汽车也悄悄走进普通家庭。许多学者认为我国也正进入"汽车时代"。汽车的普及进一步增强了居民的活动能力，拓展了居民的活动空间，推动了大城市居住郊区化的趋势。

5.2.5 现代交通通信技术

交通通信技术的提高突破了居民居住原有的时空限制，距离已经不成为影响居民选择居住区位的重要因素，这使得广大居民可以在更广阔的城市地域范围内选择适合自身的居住区位。纵观经典的城市空间结构模型，无不考虑交通可达性对空间区位选择的重要影响。在现代交通高度发达的社会，特别是环城高速公路的建设、地铁和轻轨的兴建，为居民提供了更加方便快捷的服务，大大降低了距离对居民行为的空间限制，也缩短了居民的通勤时间。随着家庭轿车的逐渐普及，人们可以在较短的时间内从城市的一侧到达另一侧，这在无形中提高了居民对居住区位选择的能力。

通信技术的日臻完善，手机成为居民随身必备品，人们可以随时进行对话，大大减少了因空间阻隔而形成的交往障碍。网络已逐渐进入普通居民家庭，人们可以在家办公(SOHO)、学习，极大地改变了人们的工作和生活方式，因此，家庭的功能呈现多元化趋势。居住空间、工作空间、休闲空间等各种功能空间在居住区复合，进一步引导了居住空间的复合化趋势，并对未来居住区建设提出了更高的要求。

5.2.6 居民空间偏好

居民属性和家庭结构决定着居民的空间选择偏好，进而影响居住空间的重构与演变，社会学家、行为学家对此做了大量的研究。不同年龄、不同职业、不同社会背景的居民有不同的居住需求。一般说来，年轻人喜欢热闹的都市氛围，倾向居住于市中心附近，以享受便捷的服务和娱乐休闲设施，由此新婚家庭多在市区中心繁华地段或CBD周围购买住房。人到中年，考虑问题趋于理性，选择居住区位主要满足实际生活的需要，所以一般居住区位多选择在工作地点附近或方便子女上学的地方，由此三口之家多选择在交通便利、有良好受教育条件的市中心周边地区居住。而老年人多依赖于已有的社会关系，倾向在原居住地或安静清闲的环境颐养天年，因此多选择在社会交往联络多的地区或郊区居住。从以上分析看出，不同的居民属性和家庭结构具有不同的空间选择偏好，形成了特定的居住空间布局形态。

5.2.7 城市土地使用制度

随着我国社会主义市场经济体制的确立，我国的城市土地使用制度也发生了根本的变化。改变了原来计划经济时期政府无偿划拨的土地制度，实行土地有偿使用，土地竞标、拍卖成为最主要的形式，这也给我国传统的居住区建设带来了强大的冲击。原来政府部门不尊重土地使用的经济规律和区位地租的差异，依靠政府领导的主观意志和行政力量随意划拨土地，造成土地使用异常混乱的局面，出现了许多单位大面积“圈地”现象，极大地浪费了土地资源。各种功能空间布局混乱，一般工作区和居住区混杂的现象普遍，形成了单位大院式的居住空间格局。随着土地有偿使用制度的实行，刺激了土地市场和房地产市场的发育，人们开始尊重土地经营使用的价值规律，考虑经济地租的等级差异，按照市场经济的运行机制办事，促进了土地使用的合理化，逐步优化了城市的空间结构，提高了土地使用效率，居住区的选址和建设以城市规划为依据，纳入正常的经济运行轨道，居住空间结构不断优化。

5.2.8 住房制度

住房制度改革彻底改变了我国计划经济时期形成的“单位大院式”的居住空间形态，促进了多种居住空间类型的发展，形成了目前多样化的居住空间形态。一方面，住房商品化制度的实施使居民脱离了对原单位的依赖，尽管这给居民的生活带来了一定的压力，但由于居民可以根据个人的需求和喜好进行居住区位和住宅选择，不但满足了不同家庭的多样化需求，也推动了多元化居住空间格局的形成。如今，各单位通过补贴、集资建房等措施鼓励本单位职工购买住房，由此减轻了市政单位的财政压力，增强了企事业单位的活力。另一方面，住房商品化制度的发展和城市化水平的快速推进产生了大量的住房需求，房地产业异军突起，住房消费成为带动经济发展的新的增长点。这不仅有利于促进经济的发展，更有利于改善居住环境，可以根据居民的多样化需求设计住宅，从而也促进了居住空间结构的优化。目前，城市住房的投资主体呈现多元化的趋势，中央政府、地方政府、企业、事业和个人都积极投资于住房建设，形成了一股合力，极大地推动了居住区的更新改造与建设。越来越高的建设标准和要求，独具匠心的住房和环境设计，不同房地产集团的竞争，都大大促进了居住环境的改善和居住区建设的健康发展，居住空间结构呈现出合理化、多样化的发展势头。

5.3 城市居住空间组织

5.3.1 各种居住形态在城市空间上的分布

中国城市与西方城市的不同在于中国城市的建设和发展不仅仅由经济力量推动，更主要的是受到政治与城市管理体制的制约并且随之变化。同时，中国城市住宅的建设与分配体制在整个城市现代化的进程中也不断发生改变，很多时候居住形态不仅反映居民的经济与文化的需求，还反映居民在社会结构中所处地位的变化。即使在住宅商品化的时期，由于城市土地完全公有，土地的功能用途与建设方式的制定完全掌握在政府手中，经济杠杆作用下形成的居住形态在城市空间上的分布不能完全自由发展。

1. 城市核心区

城市核心区是城市功能最为复杂的区域，同时显现的居住形态的类型组合也是最多样的，无论在住宅建成的时间上还是住宅的形态来源以及使用状况都是一个城市总体居住形态中最多样化的。城市核心区一般包括城市在历史上形成的传统区域，在近代化发展过程中形成的近代区域，以及在此基础上形成的融合城市行政、经济、文化和其他综合服务功能的综合性区域，其特征表现为高密度的交通网络和形成历史的复杂性。在此区域的城市住宅表现为多种时期、多种形态的叠合与穿插，包括保留的和待改造的历史性住宅，以及在近代城市发展阶段遗留的具有特殊文化意义的住宅，在建国后形成的行政与社会单位的自建居住区，在住宅商品化背景下产生的高密度的群体住宅区，以及融合居住与工作的高容积率下的建筑综合体。在居住形态的行为模式方面，城市核心区的住宅的居住功能受经济活动的影响较大。城市核心区是长期建设沉淀的成果，在经济活动占主导的新时期，城市核心区的住宅的改造和功能置换的频率大于其他区域，同时居住人群的变更频率也较大。在城市核心区的住宅的使用方式上，历史沉淀所造成的住宅内居住方式的复杂多样，使得在建筑内住宅功能与工作功能的转换更为常见。

城市核心区的住宅形态的发展表现为：一方面，随着城市经济的发展，在核心区需要更多的建设用地来建设服务于整个城市的经济、文化与服务的设施，而低密度的住宅则在此条件下被置换为公共功能聚集的场所；另一方面，城市核心区由于城市内部发展的不平衡，相对于其他区域在生活和工作条件上有着不可比拟的优势，使得城市核心区的新建住宅呈现高密度的特征；同时城市核心区的历史沉淀性，又使得建设用地的情况较其他区域复杂，新建住宅区不可能获得较多的建设用地，从而出现群体规模小而密度高的住宅群体。在大城市的核心区，商业服务设施的高度集中，更加挤压了原有的居住区域，使原有住宅被迫改变为商业用途以及新建的高密度住宅，但是由于大城市一般都具有复杂的发展历程，在核心区保留的牢固性住宅也较多。这些住宅通常包括历史遗留下来的高质量住宅和政府以及社会强势机构本身的住宅区，由于住宅的土地所有权归于政府，因而这些住宅较少受到商业势力的冲击而得以保留。

在城市核心区，表现出不稳固的居住形态通常是一般意义的历史街区以及低密度的普通住宅，由于城市的持续发展，这些住宅及土地随时有可能被置换为其他用途，住宅的使用前途具有不可预期性，属于不稳固的住宅形态。这种不稳固的形态加速了住宅建筑的折旧和老化，因为住宅的使用具有不可预期性，所以用于维护建筑的费用成为一种无法预知回报的投入。另外一种加速核心区普通住宅老化的情况是这些住宅由于建设年代的经济条件的限制，住宅的标准已经不适应现代生活的需要，但由于其具有靠近城市核心区的便利条件，因此成为户主对外出租的对象，住宅的所有者和使用者逐渐分离，削弱了住宅维护保养的可能。再者，在普通历史住宅区域，经过长期的积累，已经形成人口高度密集，居住面积和公共设施已经无法满足居民需求，不可避免地成为改造的对象。所以在城市核心区，会出现条件最好的住宅与条件最差的住宅比邻而居的状况，是一块异质形态表现最为密集的区域。

中国城市发展历程的特殊情况，更是增加了这种形态异质的集合。中国城市发展的阶段性远大于连续性，各个时期建造的住宅很难在下一个时期找寻到合理的利用方式，因为在经过社会的剧烈变革后，每一时期建造的住宅的使用意图往往会随着社会的变化而在下一时期没有与之对应的使用人群。城市核心区，正是集中反映这种形态变迁与错位使用的场所。这种形态的多样性对于城市来说是一种特殊的人文景观，但是在最近20余年，随着中国城市在规模和聚集程度上均有迅猛发展，城市核心区进行了大规模的再建设，使城市核心区的形态类别逐渐减少，并逐渐趋同。

2. 城市次核心区

城市次核心区包括核心区的外围、城市的次中心区、特殊城市或自然环境区及其他特殊依托体，表现为除市中心集商业、办公与服务、文化等设施为一体的高度聚集区域之外的具有上述功能的并有一定聚集规模的地区，这些城市空间区域也表现出不同于城市普通区域的空间及行为的特征。

城市核心区的外围居住形态特征体现的是核心区特征的衰减，通常核心区的外围在城市近代化的阶段是作为城市普通区域出现的，但是城市在空间上的逐渐扩张将普通区域向城市外围挤压，同时城市规模的扩大使各种公共设施向核心区外围渗透，逐渐将普通区域改造为具有核心区空间形态特征的城市空间。

核心区外围保留了历史上普通区域的住宅形态，同时产生了大量的新建的高密度的小群体住宅区，并将此作为中心区域高密度的延伸。在现今中国城市的发展中，由于次核心区发展受经济发展规律作用的时间并不很长，同时城市的规模在将来的时间里随着中国城市化程度的逐渐提高将进一步扩大，商业服务空间的扩展在目前的阶段还是在城市核心区内扩展，但是在不远的将来必然向核心区外围扩散。这样，城市核心区外围的牢固性不足的住宅，在未来的时间里，与核心区的非牢固性住宅一样，具有被改造为商业服务区域的可能。上海浦东地区，原是作为城市普通区域存在的，但随着陆家嘴金融贸易区建设的开始，大规模的商业办公建筑和高密度的住宅出现在原来以多层行列式住宅为主的普通区域，同时这种建设的规模在不断地扩大并有持续进行的可能，使周边的普通区域处于一种不稳固的状态，产生一种必将被同化的意识，使这些普通区域的居住行为和建筑的维护产生一种临时性心理，在未来核心区化的状态里不能被保留的建筑必将被限制，从而加速这种地区的老化和改造进程。

当城市的发展规模达到一种程度时，由于空间距离的限制，城市的单一核心不能对城市的运转进行有效的服务，城市核心区的功能将跨越普通区域在城市的外围产生新的次核心区，以此作为城市发展在空间上的新的带动点。城市次核心区的产生有两种情况，一种情况是在普通区域的空间节点和公共行为聚集的区域逐渐发展，商业服务空间在原有节点的基础上逐渐渗透到周边的区域，将普通住宅改造为公共设施；另一种情况是在城市的外围，作为城市功能空间的延伸而规划建设的商业服务区域。中国城市的次核心区一般都是在城市的大规模现代化开始以后形成的，缺乏历史形态沉淀，即使有已经形成的住宅也大多为近期建设的成果，所以无论是在城市普通区域发展起来的次中心区还是新建的次中心区，在居住形态上都很少具备形态的多样性，与城市普通区域的建筑形态差异更多的是表现在密度上。

与城市中心区及次中心区的商业服务设施不同的是，城市住宅区也有相应的服务设施，如特定的文化教育卫生场所以及某些工作单位。这些住宅区，表现出与城市普通区域不同的形态特征，在住宅的建筑形态、组合方式以及建筑的朝向和密度上都具有与城市普通区域不同的表现。这些特殊的设施使其周围的住宅拥有优势资源，同时表现为行政强制力作用下的密度减小以及商业作用下的密度增大，或者这两种作用呈反方向。

城市中的开放绿地、自然风景区域以及具有开放界面的山林江湖海岸线等，对于拥挤的城市环境来说，是一种稀缺的资源，相对于城市普通区域更具有居住的吸引力。在此种环境中的住宅存在两种不同的情况，其一是作为历史文化遗产而保留的历史居住形态和具有行政强制力保护的特殊居住形态；其二是在商品住宅开发的过程，因为资源的稀有性而产生的高密度住宅形态，以使更多的住宅能够享有景观资源和开敞的视觉空间。但是由于土地开发制度的限制，以及对住宅建筑之间的景观遮挡问题的规范和规划法令并不完善，在城市的景观开放界面周边的住宅建设中，景观的利用效率并不充分，少数居住区所形成的高大的连续界面割断了城市空间与开放景观之间的联系。由于城市住宅的朝向问题，除少数高档住宅在面临景观与朝向的取舍上会偏向景观，一般的城市住宅仍倾向于南北向的行列式布局，这使得景观的利用更为不充分。一块面积很大的开放绿地只有在南北界面上才会产生真正意义上的景观住宅，而东西界面实际上是由很多的住宅的侧立面构成，这种行列式布局的居住区的东西方向上的立面很少有利于构建城市的景观空间，产生的是非连续性的消极空间。同时城市绿地的空间范围过于明确，一般是由围墙和宽阔的道路围绕，绿地作为城市休息空间的目的性和界线性过强，没有与城市的活动行为性空间融合在一起，即使是紧邻城市景观的住宅，也很少能与景观绿化空间直接相联系。

在城市中还有一种类型的次核心区域，它包括以大型或特殊的文化教育与卫生设施为依托的区域，以及城市的对外交通枢纽的周边区域。这些区域与以商业服务和行政办公为主的城市核心区和次核心区不同的是，它反映的是城市中某一类行为的高度密集，呈现的是单一行为的核心形态。以此种类型核心为依托的住宅形态也表现出一定的建筑与行为形态的特异性。中国城市的快速发展，并不是一个均衡的过程，不仅各个城市之间，就是城市内部也存在着发展的不平衡。城市中的各个部分对于城市基础设施与环境条件的享用是不均衡的，而且在发展的过程中这种不均衡的状态还将长期存在下去，所以城市中各种功能的核心区仍是吸引居民居住的场所，城市交通条件的不发达及市内交通环境的改善受到限制，使这些区域能吸引更多的居民居住。

由于对教育条件的重视，城市中各种具有优势教育资源的地区的住宅常常更能体现出竞争优势，同时高校科技研发功能的推动使高校周边出现大量混合居住与办公功能的住宅，以及适应教育培训特点的短期和临时居住的小户型住宅。在城市的对外交通枢纽的周围，由于具有很多的商业机会，居住建筑很少形成大区域的形态，而是以整体式或者小群体的住宅形态出现，使城市的街道面积增加以扩大商业设施的面积。同时，这类功能设施的建设也改变了城市发展的方向和速度，在城市边缘和外围地区建设具有吸引力的公共设施是吸引城市人口外迁的一个重要手段。当今中国城市建设的大学城、机场、海港以及高新技术园区等，在一定程度上吸引了居住人口，改变了周边居住形态。由于中国城市长期存在城乡二元化局面，城市与周边区域在各方面条件上均具有不可比拟的优势，这在某种程度上制约了城市居住用地向城市外围扩展的趋势，但这些功能设施所形成的局部核心区功能在居民的就业与享用设施上体现了一定的优势作用，故而可以起到城市居住空间的作用。

核心区和次核心区形成高密度住宅聚集的情况实际上是由中国城市的各种公共设施和交通条件长期供给不足造成的，这使得城市居民对于资源提供点周边的居住生活产生依赖性，在住宅商品化的状态下，这种居住区域的住宅也成为热门商品，这样各种核心区成为高档次住宅聚集的区域，同时还有很多等待被改造的弱势形态。由于资源的吸引形态更迭的速度加快，各种核心区的住宅形态呈现出一种动态的变化，这种变化不仅表现在空间区域的扩张与收缩，还表现在住宅形态之间的更迭与比例变化。

3. 城市普通区域

城市普通区域是指城市中以居住为主的区域，这种类型的区域在行为上的表现几乎完全以居住行为为主，其他功能设施的分布仅以居民日常所需为主，且并不具备专业的聚集性和类型的复杂性。城市普通区域是在城市内部无特殊设施和环境优势相依托的区域，是承载市民居住的主体，反映了一个城市中存在最多的居住形态，同时也是城市空间肌理的最主要的组成部分。

城市普通区域是在城市快速发展时期形成的，奠定了城市居住空间的基调。但是由于城市发展的阶段性，在历史上形成的城市普通区域，在新的发展时期里实际上是作为城市历史街区而存在的，同时由于城市在不同发展阶段在城市建设的量上的变化实际上呈几何增长的状态，所以从量上来说，历史上城市普通区域的居住形态在新阶段呈现的是一种特异形态。在中国城市中，传统社会的住宅无论在当时是何种形态，遗留至今的都属于城市中特异的居住形态；近代社会发展时期的城市住宅形态，表现为城市各种核心区的特异的住宅形态和普通区域的大规模的普通的居住形态，这种普通形态在城市内部相比差异性不大，但是在城市之间由于各城市的发展情况和自然条件的不同而使差异性较大。

现在中国城市的普通区域，是由建国后大量建设的单元住宅的居住区形成的，经过20世纪50～80年代住宅区建设的经验总结和规范的日益成熟，以及由政府主导的大量示范性居住区的建设和由此形成的城市居住区与规划设计思想，八十年代已经形成了城市普通区域居住形态的稳定性态。但是由于城市土地的非商品化和整体经济发展的不成熟，城市中核心区与非核心区的居住形态没有本质的区别，城市建设的趋势表现得比较均质。由于城市核心区的旧城改造没有考虑经济因素而成为费用高收益少的行为，甚至在城市边缘区域新建的居住区表现得更具规模化和现代化。从九十年代开始的城市土地的部分市场化和住宅的商品化，城市普通区域延续了原有的形态并逐渐扩大规模，而各种核心区呈现了以高密度为主的特异形态。

中国城市普通区域的居住形态由中高密度大群体住宅区构成，且以单元式住宅形态为主要表现形式。由于没有景观因素，所以住宅的朝向以及在住宅区内布局中环境的均好性成为考虑的重点，这种趋势在住宅商品化之后更为明显。在政府主导的计划经济时代，建设居住区时会根据城市建筑景观的意图组合各种住宅形态以形成丰富的城市天际线，因为土地所有权为公有，住宅又是无偿分配的，所以在住宅的建设中无需考虑住宅密度等因素反应的经济问题，可以形成各种形态相互错落的居住区域。而在商品住宅的建设中，由于土地价格和规划条件的限制以及居民所能承受的单位面积的住宅售价，住宅趋向于匀质的高密度布局。形态组合的变化在规划条件对每一个居住区域均有密度限制的条件下，只能向低于规定密度的方向发展，或者在居住区内通过增加部分建筑的层数来营造区内的密度环境，这两种做法分别提高了单位面积住宅的分摊地价和土建造价，但造成区内产品线过长的问题，给居住区的开发建设增加不必要的建设和销售成本。即使是在少数居住区内形成的形态变化，但总体上仍是匀质化的。

城市普通区域的居住形态反映的是城市居民普遍认同的居住形态，实际上也是居民在经济和当地的土地人口条件下所能提供的住宅类型。在中国城市的近代化时期，各个城市普通区域的城市住宅的形态呈现很强的地方性，但是在现今的城市中，不同城市的普通区域则逐渐趋向相同的形态。

城市普通区域向其他功能区域转变在中国城市中主要表现为向以商业服务为主的公共设施和高密度的居住区演化。由于中国城市将在很长的一段时间里表现为城市化进程的加深和城市聚集度的提高，所以西方城市中出现的城区衰落现象在短时间里不会出现。城市功能的日益完善，不断扩大的城市核心区和专项核心区将不断替代城市的普通区域，并在城市外围扩展城市普通区域的范围。

4. 城市边界区域

城市边界区域本身就是一个动态的空间范围，表现为城市空间的拓展区域，包括几种不同的区域类型。第一种类型是由城市普通区域的逐渐扩展所形成的城市空间增长的边界，常出现在城市建成区的边缘以及城市外围的卫星城和近郊大型居住社区，是城市空间形态的同质增长。边界区域的城市住宅由于建设的大规模和形成社区时间的快速性，往往集中反映建设时期的城市普通区域的居住形态的典型特征，缺乏因不同时期建设成果沉淀所形成的形态差异，具有比一般普通区域更强的同质性。城市的新发展区并不是新形态体现最多的地区，主要是因为住宅在建设时受到的地形条件等限制较少，且建设形成居住区的时间很短，居住区的规模较大，所以常常是城市中较成熟的居住形态的一种大面积推广。不过由于建设时所受限制较少的缘故，城市边缘区所建设的住宅区在密度上和微观环境质量上要优于城市中的住宅区，居住形态更为完善，更加符合规范。

城市边界区域的第二种类型是由于城市的拓展而包含的原有的乡村住宅，城市的发展占用了城市边缘的农业用地，使其建设成为城市空间，但是由于城乡二元体制的存在，乡村的居住用地仍然作为非城市人口的住宅区。失去了土地的农业人口的居住形态一般是在城市的新拓展区域内形成自己独立的形态，而不与城市住宅形态发展建设的进程相联系。一类是在经济发展较缓慢以及政府行为作用较弱的地区，原有的乡村得以完整保留下来，内部的住宅仍表现为自然生成的形态，与城市拓展的住宅区在空间形态上有着很大的差异；另一类是失去农业用地的村庄集体建造集合住宅，供原有村庄的人群居住，这种集合住宅的形态往往仿照城市的居住形态，并结合乡村人群所习惯的注重各户自有空间的居住方式。根据土地与经济的条件采用单元式住宅或者紧密型独栋住宅，有些还呈现出别墅区的形态。在经济较发达的地区，这类乡村住宅与周边的城市住宅在建筑形式与群体住宅上已经十分接近，但是这种居住区对外呈现特定的封闭性，且以原有人群的户籍为标准确定居住对象，但在基础设施和社会服务上却从属于两个不同的范畴。在沿海经济发达的城市的郊区这种住宅与周边的城市住宅比邻而居，但商品售价的差距悬殊，两者即使在建筑质量与环境质量上相差无几，但这种情况的出现体现了极具中国城市发展特色的形态落差。

城市边界区域的第三种类型是低密度的高档社区，以别墅及连排住宅为特征体现出环境的优势及居住密度的舒适。这种居住区域以自然环境和便捷的快速交通作为依托条件，同时对周边的城市空间和商业服务设施的依赖性较小。与发达国家的郊区化居住形态不同的是，这种低密度的郊区住宅并不是在城市边缘沿着交通线自然延伸的，在群体组织形态上仍体现着城市居住小区的形态。每一个郊区化的居住小区无论其内部的居住密度和建筑形态有怎样的差异，在空间上都具有明确的空间界限，并且这种界限的封闭性甚至远大于城市居住区。每个居住区内部形成自成一统的交通环境，仅通过少数道路与城市道路连接，这种道路的交通目的性很强。高档社区与周边普通住宅及乡村住宅之间售价的差别实际上是城市生活设施与管理服务上的保障，是城市住宅在边界及城市外的飞地，与所在地的居住形态及生活方式没有联系。

城市边界区域的第四种类型是城市的边缘化社区，它是城市主流居住方式之外的城市居民聚居区，相对于城市中的居住形态，体现的是某种弱势群体的居住行为。边缘化社区有两种形式，一种是城市外部移民在进入城市谋生的同时因为不能负担城市居住的代价，而在城市边缘利用乡村住宅和城市废弃的设施改造成为居住社区。由于经济上的弱势及地缘人缘优势的缺乏，这种边缘化社区的居住质量十分恶劣，很少能够获得城市的各种公共设施的服务，又因为该形态的居民在户籍和社会归属上游离于城市管理体系之外，所以住宅建筑的搭建方式和群体关系，完全不会体现出城市居住形态的任何特征。较好的情况是依托于乡村住宅，由于原有乡村的道路和生活设施的存在，以及乡村特有的亲缘关系与管理体系，社区生活依然存在。通常乡村住宅的所有者在自己拥有的土地上自行建设，将出租住宅作为谋生的手段，有时原住宅的居住者仍在此地边缘居住，而当原住户的经济条件允许时，可能在城市中另外购置住宅，则此地逐渐演化为完全由外来移民构成的居住区。由于面对的外来住户在经济上条件较差，无力负担具有良好设施的住宅，所以这些自建出租的住宅密度高。这种居住形态还体现了完全临时性的居住状态，居住的人群流动性较大，同时住宅的所有者和使用者分离，在住宅的维护和管理上完全缺乏主动的行为措施。当城市发展的速度逐渐加快时，城市的空间范围也逐渐延伸，甚至将这种乡村住宅完全包围在城市之中，但是土地制度的限制以及在这种"城中村"的发展中所形成的很高的建筑密度和居住密度，使其的改造代价很大。在城市的废弃设施和尚未进行建设的土地上，完全由外来移民自发建设形成的生活社区，缺乏任何体系与设施的辅助，所有的住宅建筑质量低下并且杂乱无章，同时由于完全处于无管理状态，社区的社会生活质量根本地处于一种原始状态。

边缘化社区的另外一种形式是在城市建设中，对城市原有住宅区进行动迁改造，将原有的城市居民整体迁移至城市外围，建设专门供动迁户居住的集中安置区。城市改造的区域往往是历史上形成的社会底层居民聚集的地区，这些区域经过长期的沉淀形成了高密度低质量的聚居状态，这些区域的住宅经过长期使用和后来的搭建，已经逐渐脱离了原有的建筑形态，并且虽然存在着居住建筑中人口密度高的现象，但是单位面积的城市土地的利用效率并不高，而且城市的基础设施由于老化而供给不足。

在这种低质量的聚居区域内，有条件改善自己居住条件的住户已经逐渐通过分配或购置住宅而脱离此种区域，这些都使该类地区形成低层弱势群体聚居的社区。在城市的改造过程中，需要为失去原有低质量住宅的居民提供新的居所，而原有居民的经济条件和城市土地的使用制度，使得在城市中为其提供新的住宅成为一件高成本的行为。所以在城市的边缘地区建设专为安置动迁居民的居住区，这种居住区的住户完全来自于城市中被改造区域，有时某一改造区域对应于特定的郊区的安置区，有时城市集中建设安置区来安置来自于不同改造区域的居民。

城市的动迁安置区的居住形态呈现的仍是城市集合居住形态，但是相对于同期建设的城市中的商品住宅，单位住宅面积较小，这是因为目标住户的原有居住面积较小，而安置区的住宅是作为对原有住宅的补偿而出现的。同时住宅建筑的土建质量相对较低，住宅区的群体组织对区域环境的营造明显没有商品住宅区的重视程度高，这主要是因为居住区的目标对象已经比较明确，不需要在住宅市场上进行竞争。

5.3.2 居住区域与城市空间的关系

1. 城市居住区域级别

城市居住区域的划分是以城市的整体功能分区作为参照的，城市居住区域不再着眼于住宅建筑之间在空间组合方式和规模上的问题，而是城市中各个空间功能类型的一个组成部分。城市居住区域包含着多个住区，以及为住区服务的各种设施，虽然存在各种异质空间，但从总体上来看主要承担的是居住功能。在城市居住区域中，同区域的空间形态同质化问题严重，特别是对城市建成区的功能调整和城市新建区域的功能主义规划，进一步强化了这种居住功能空间的相对集中和与其他功能空间的分离。居住区域的规模越大，空间的城市行为属性就越弱，城市所具有的行为复杂与混杂的状态在空间上被肢解开来。

城市中大规模居住区域的形成，使距离城市中心区越远的居住区居住的人口越多，大量的人口每天在各个功能区与远距离的居住区之间往返。规模越大、功能区域分离越清晰的城市，方便与多种功能区域联系的居住用地也就越缺乏，造成的结果是部分人行为便利而大部分人不便利，这种便利的选择主要是靠经济手段来平衡的。各功能区域之间的行为联系的不平衡，加大了城市对交通的依赖，使城市的建设和运行成本增加，并且在宏观的资源利用和环境保护层面上产生不利的影响。城市的总体行为在内部运转上的消耗达到一定程度时，削减了城市的总体经济产出，并最终影响到城市的可持续发展。

2. 城市居住区域的空间分异

过于明确的功能区设定使城市空间中居住区域和工作消费区之间形成了某种程度的对立。而同类功能区域的进一步分化和隔离又使同类功能分化为更细致的具体区域。规模越大的城市中的功能的空间分异越明确。就城市工作区域来说，工业与办公、商业、交通、仓储、娱乐等种类的功能在城市中均占据不同的空间领域，而且在各类工作区域中仍然存在进一步分化。不同种类的工业对交通环境的相异要求，专类的商业和普通的商业服务区，不同档次类别的办公场所在大城市中均占据不同的区域并对外具有明确的空间领域的界限和身份识别。甚至工作场所的划分还具有文化上的差异，如在上海的高档次办公区域中，小陆家嘴和南京西路就具有一定的文化上的差别，小陆家嘴作为浦东区域的形象代表，入驻的常是外来企业，包括外埠企业和境外企业的各种代办处以及各种迁入上海的企业总部；而南京西路由于靠近本土文化所认定的高档次区域，往往成为本土企业发展的区域。城市中各种具体空间区域的形成必然使从属于这些区域的居住人口与这些区域建立直接的联系，使城市交通中存在大量的定向交通，城市道路在时间上和空间上形成特定的高峰使城市空间区域之间的行为不平衡。城市功能空间区域的确立，一旦形成就很难更改，并且随着不断地发展使各功能空间的特征越来越明确、规模越来越大，最终在城市中形成一个个空间堡垒。城市住宅的发展，只能在这些空间区域之外进行，人口的增加和居住标准的提高使城市中居住空间的领域越来越大，而空间的限制只能使这些新增空间区域向城市中无功能区域延伸，形成的结果就是在城市外围形成大规模的居住区域。

居住空间的分异还表现为不同住宅形态所代表的不同层次的居住行为在城市空间中的差异化。城市中的不同区域，根据其环境和设施以及其他资源的不同分配，在市场上形成不同的价格，通过市场的分配和调控形成不同社会阶层的居所聚集地。中国城市经济的快速发展促使了城市社会阶层的快速分化。这种分化所发生的速度相当之快并且表现出一种不可逆性。在将来相当长的时间里，各阶层的分化将更为明显。城市市民的各阶层的分化不仅表现在经济上，还表现在城市化进程中城市对不同居民的接受程度，以及不同文化政治群体在城市中占据居住区域的能力差异。城市中各阶层的分化，使城市中环境资源较好的地区，必然被各种优势人群所占据，反之城市中各种条件不好的区域则由城市中的弱势人群填补。这种区域的划分是一个动态的过程，城市的发展不是一个均衡发展的过程，城市中特定区域的资源优势并不是一成不变的，原有的优势区域可能因为其他区域的快速发展成为劣势区域。而城市规模的快速扩大也可能在原有的劣势区域中形成新的优势区域。

城市居住空间的分异建立在市场占主导的对资源利用的经济效益最大化的基础上。城市作为一个独立的经济体来说，空间的分异体现了经济体自身运转的合理规律，并且这种规律在现今城市建设中正在贯彻实施。但是在城市内生活的人群并不是一个单纯的经济体，而是一个需要内部协调和平衡的社会共同体，社会共同体的价值评价并不是仅由经济效益的最优和经济效益的最大化构成的。城市空间分异的形成和加速发展，在城市社会中形成了各社会阶层的分离，而社会各阶层在城市空间中的分离，必然强化了各阶层所占据的空间区域差异，使各区域内形成高度的同质性并与其他区域形成高度的异质性，并最终形成城市中各社会阶层之间的矛盾在城市空间上的反映。整个城市不在一个均衡的体系上同步发展，某区域的发展形成了对另外区域的遏制和挤压，各阶层的矛盾形成了城市空间上的矛盾，并最终遏制城市的发展。

城市空间区域的适当混合，不仅指保持城市基本活力的各功能区域之间的混合，还包括城市中各阶层空间区域的适当混合。城市本身就是一个容纳各种人群和行为的综合体，是一个社会生态系统。在这个社会生态系统中，不同的人群不仅通过社会生产交换获得在社会生态系统中的存在，更主要的是人群之间的相互共生的关系应该延伸到不同人群之间的社会交往和文化共享中，从而使局部的发展不以其他部分的衰败为代价，而是对其他部分的发展起到积极的影响。各阶层的混合居住在城市中能够达到住区级别的空间范围内的混合，不同的居住小区面对不同的市场对象可以选用不同的形态和住宅建筑标准，但一个完整的住区就应该在城市规划和建设管理中保证面对不同居住对象的居住小区的同时存在。这样避免形成过度隔离的社会状态，同时对居住区域的生活服务设施和文化活动的充分利用也将起到积极的作用。

在城市建设中还应该注意到社会资本的运用，社会资本就是人与人之间的互助关系对社会良性发展所产生的推动力。与城市建设中的普通资本投入不同的是，社会资本并不需要具体的资金进入，而良好的居住形态模式和居住区内部的空间关系就可以产生一定的社会资本，从而使城市社会协调发展。

5.3.3 城市居住区空间结构

1. 西方城市居住区空间结构

居住区空间结构是指人类的居住活动及其空间组织在城市地域上的空间投影，是城市居住区社会空间和物质空间复合所表现出来的空间形态。城市居住区空间既是一种“地理空间”，同时也是一种“社会空间”，前者是外表形式，后者是内在实质。城市居住区空间的“分化”与“隔离”主要是城市社会等级结构的外在体现，实质上是对人与人、社会群体与社会群体关系的反映。

(1)工业化初期城市居住区空间结构模式

大约从18世纪后期到20世纪初(1760～1910年)西方城市居住空间大多属于工人居住区,"工厂"取代中世纪的"行会"。机器生产使工人的工作地点与生活地点相分离,家庭只剩下基本生活职能。由于城市交通还以步行为主,马车只是少数社会上层人员的私人交通工具,人们只能居住在工厂周围,城市居住区整体上呈现出围绕工厂密集分布的特征。

"郊区"还没有实质性产生,工作地点与生活地点虽然分离,但都只局限在"中心城市"范围里。城市居住区空间结构在很大程度上还保留着前工业时期的特征,比如大部分社会上层阶级还居住在中心城市,城市更加拥挤等;由于工业污染,富人居住区主要集中在城市的上风地带,比如当时伦敦的工厂业主生活在地势较高、远离工厂的两个街区,不受工厂排出废气污染的影响。

(2)工业化中后期城市居住区空间结构模式

大约从20世纪初到"二战"结束后(1910～1950年),产生了建立在电车与通勤火车基础上的都市居住区空间结构模式(图5-1)。这种结构模式使"中产阶级"产生内部分化,上层"中产阶级"开始外迁,出现与"中心城市"具有日常通勤联系的"郊区"地域单元。这时城市居住区空间结构已从原来单一的"中心城市"内部分化,发展到包括"中心城市"与"郊区"在内的整个大都市区居住空间分化。

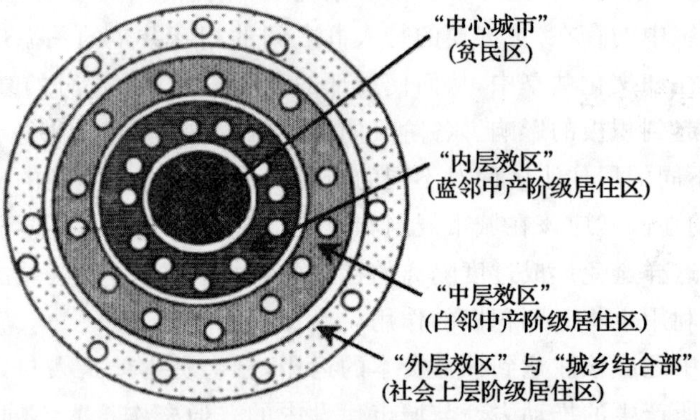

图5-1 "二战"后都市居住区空间结构模式

在整个城市居住区空间结构中,从城市中心区向郊区居民社会经济地位不断递增,旧城区逐渐沦为"贫民窟",中间地带是普通中产阶级住房,远郊则居住着上等阶层,同时中央商业区已建设完毕并得到不断发展。城市居住区空间结构已从舒伯格传统同心圆模式,转变为"伯吉斯"现代同心圆模式(图5-2)。

20世纪中期以后,西方国家小汽车迅速普及,同时进入高速公路网络时代,人们可以自由地生活在更广泛的区域,加上种种城市问题,从而导致强烈的人口"郊区化"运动,即"职住分离"现象出现。各社会阶层在城市居住区空间的分布发生重大变化(图5-3)。

(3)后工业化时期城市居住区空间结构模式

20世纪70年代末,美国不少大都市郊区开始改变原有单纯"卧城"性质,新增不少原

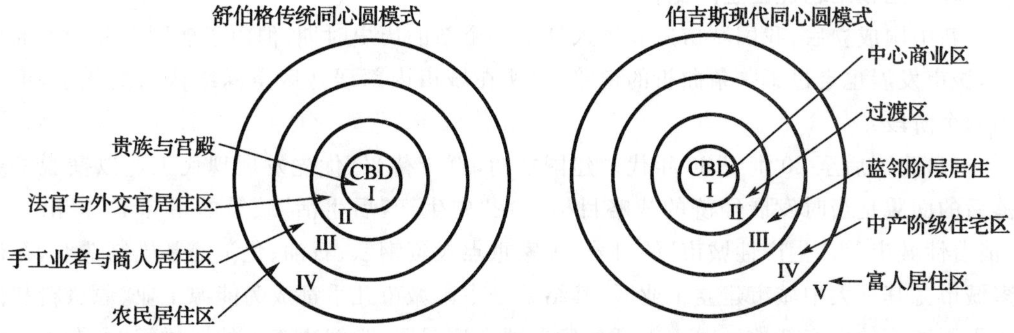

图 5-2　舒伯格传统同心圆模式与伯吉斯现代同心圆模式

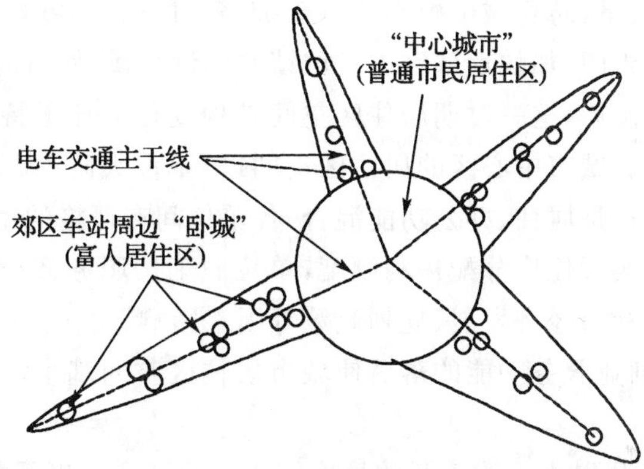

图 5-3　20 世纪中后期工业城市居住区空间结构模式

来中心城市才具有的职能，比如大型商店、电影院、图书馆、邮电所、医院以及高档旅馆和娱乐场所等。从而形成一种规模小、没有工业污染、宜人居住、工作生活两不误的新型郊区居住空间，称为"边缘城市"。

20 世纪 80 年代中期以后，随着电子计算机、互联网等先进通信技术的普及，大多数都市区新建的办公室高新工业园区都倾向于建立在环境幽静的城乡结合部，从而形成另一种新的城市空间结构类型，即"无边缘城市"(图 5-4)。

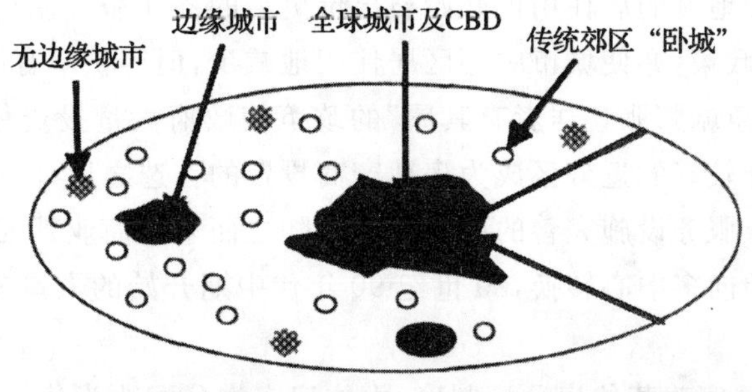

图 5-4　后工业化时期"全球"城市居住区空间结构模式

2. 中国城市居住区空间结构

新中国成立后，我国城市发展进入到了一个新的历史时期，但由于建国后政治上的变化，城市发展也走过了一条曲折的道路，反映在城市内部居住区空间结构的变化上，可分为两个阶段：

(1)建国后至20世纪80年代。建国之初，百废待兴，优先发展现代工业以摆脱贫穷落后的面貌是当时发展经济的战略目标。在“先生产，后生活”政策的指导下，提出了变“消费性城市”为“生产性城市”的口号，国家重点投资钢铁、石油、化工等基础制造业，在许多城市尤其是大中城市建立工业区，其结果是中国城市几乎都成为能源工业、原材料和低水平制造业的生产基地。由于工厂多建在城市近郊区，为解决工人的居住问题，在工厂周围由单个企业或几家企业联合建设了大量工人新村。这样做的目的是减少工人上下班的通勤时间，减少交通流量，防止城市中心区过于拥挤。同时，一些特大城市如北京开始在近郊区规划建设边缘组团，加快远郊区卫星城镇的建设步伐，使新的居住区开始向面积较大的近郊区和远郊区发展，这一时期居住区空间结构变化的显著特点就是居住边缘化和居住用地的向外扩展。城市中心区的居住区空间以“单位大院”为基本的居住单元，这些单位制居住区空间往往是居住、办公功能混合，各单位间有严格的用地界限且多以围墙分隔。各单位内部由于实行住房分配福利制度，单位职工按职务、级别等分配住房，居住区空间格局主要受城市社会经济发展、规划政策等因素影响。“先生产，后生活”的理念使城市的商业服务滞后，商业服务功能的落后使城市居住区空间基本以单一的政治中心为核心，呈同心圆状布局。

(2)20世纪90年代以来。改革开放虽然使我国的经济发生了翻天覆地的变化，但由于城市土地使用制度和住房分配制度的沿袭，改革开放之初城市居住区空间结构没有发生很大变化，这种情况直到1987年城市土地有偿使用制度出台后才发生改变，而1998年后实施的货币分房制度，则加剧了社会阶层趋向性的城市居住区空间分异现象。可以说，20世纪90年代以来是我国城市居住区空间结构变革最快的一段时间，具有以下两个特点：

首先，城市土地的有偿使用使城市内部土地开始按地价高低进行功能置换，社会主义市场经济体制的建立及城市经济体制的转轨使城市商业服务功能逐步完善，原来占据地理位置好、交通方便地带的居住用地开始被出价更高的商业服务用地替换，20世纪90年代开始的旧城改造政策，亦使城市中心区居住用地减少，但容积率有所提高。城市化速度的加快使城市人口急剧膨胀，“居者有其屋”的政策使政府大量投资住宅建设。地价相对低廉，城市基础设施较好的近郊区成为房地产商投资的首选之地，因而在城市边缘地带兴建了大批环境优雅、服务设施完善的商品住宅。随之而来的商业郊区化使大城市(特大城市)由单一中心开始向多中心转换，20世纪90年代中期开始的人口郊区化亦加剧了居住郊区化的进程。

其次，1998年国家改革住房分配制度，由住房实物分配改为货币分配，居民在选择住宅时有了极大的自主权。因家庭收入、职业、文化教育程度等因素决定的不同社会阶层，在选择住房时必然要离析、组合、再生，由此导致的居住区空间分异现象越来越明朗化，表现在居住区空间结构上，就是同等价位的商品住宅在空间分布上的向心集中，城市内部既有面向社会中低收入者的经济适用房（如北京的回龙观文化居住区），又有面向社会高收入者的别墅区（如北京机场高速路西侧和小汤山附近的别墅群）。城市居住空间布局在总体上可分为：①以高档住宅为主的中心区；②以中档住宅为主的近郊区；③以低档住宅为主的远郊区；④以别墅区为主的交通好、环境优的远郊地段。

思考题

1. 简述居住空间的含义。
2. 中国目前的居住形态主要有哪些？
3. 城市居住组织的影响因素主要有哪些？
4. 简述城市居住区空间分异的原因。
5. 简述西方城市居住区空间结构演变。

第6章 城市工业生产与物流组织

6.1 城市工业生产组织

6.1.1 工业生产概述

1. 工业生产概念

工业是人们利用农业提供的产品，以及人们直接向自然界索取的矿产、水资源、空气、动植物等自然资源，进行加工再加工的过程。工业为国民经济各个部门提供多种能源、原材料和几乎全部的生产资料——生产工具和技术装备，并且也为满足人们物质生活需要提供大量的生活资料。

工业就其产品性质，可以分为重工业和轻工业两大类：重工业是主要生产生产资料的各工业部门的总称，如采矿、冶金、机械、电力、建筑材料、化学工业，以及新兴的电子计算机工业、核工业、航天工业等。重工业产品大部分用于满足生产的需要，也有一部分满足生活消费需要，如生活用的电力、煤炭等。轻工业是主要生产消费资料的各工业部门的总称，如纺织、食品、皮革、造纸、化学药品、钟表、家用电器、自行车等工业。轻工业产品大部分是生活消费品，也有一部分用于生产方面，如工业生产用的织物、纸张等。

2. 工业生产的主要特点

(1)工业生产同农业生产的生物生长过程不同，工业生产主要是物理和化学变化过程，以及少量的微生物作用(如食品工业的发酵)过程。工业生产不像农业那样受生长季节和自然地理条件的严格限制，只要具备资金、原材料、设备、能源、技术和劳动力等条件，就可以根据需要选择适宜厂址进行生产，或是调整生产规模。工业生产受自然灾害的影响也小，生产比较稳定可靠。只有少数以农产品为原料的加工工业(如制糖)的生产有一定的季节性和地带性。但是，工业生产都需要占有一定的地域空间，都需要原料、动力和水，同时土地、矿藏、水等自然资源，也是工业生产的必要条件。

(2)不断发展的社会生产力是促进工业发展的巨大动力。自然条件为工业生产准备了必要的物质前提，但是对工业发展具有重大推动作用的，是不断发展的社会生产力，其中包括生产工具的革新和应用，以及劳动者的科学技术水平。从历史上看，科学技术上的每一次重大发明和革新，都会促进工业生产的飞速发展，并从而引起工业地区分布的重大变化。

3. 现代工业生产的组织方式

当今世界正处在一个新技术革命的历史时期，科学技术飞速发展，生产的技术基础急剧变革。在发达国家和地区的工业生产中,计算机辅助设计和制造(CAD/CAM)、柔性生产系统(FMS)、自动化制造技术(AMT)使传统工业发生了很大的变化。以新技术为基础的新工业与以简单的电力机械原理为基础的传统工业有明显的区别。前者强调研究、开发和重视人才资源,相对来说,后者生产周期长、技术要求低、劳动作业重复、产品标准化、能源消耗大、环境污染严重。

在发达国家和地区,新的精干灵活的生产组织方式正在逐步取代传统的标准化大批量的生产组织方式。前者又称"福特制",后者又称"新福特制"。传统的"福特制"流水线生产实质是工序分解和大批量生产标准化产品,大量工人集中在较大规模的郊区工厂里,零部件集中在一个固定地点,由单一型劳动进行统一的大规模组装。"新福特制"则是信息化生产,其实质在于灵活性和逐步个量化。零部件网状地分布于全球各个劳动地点,由综合性劳动通过电脑程序对产品进行个量化的定制。例如,丰田汽车公司的工厂一条生产流水线上出来的汽车,其颜色、形状、内装、车种、牌号都不相同,月产数万台,细分有上百万种,不仅原材料来源地多,而且市场遍布世界。

标准化大批量生产与精干灵活生产的主要区别见表6-1。

表6-1　标准化大批量生产与精干灵活生产的比较

标准化大批量生产	精干灵活生产
大批量均一化产品	小批量定制产品
统一化、标准化	灵活自动化
以规模经济为基础	以范围经济为基础
大量仓储	零仓储
生产结束后测试产品质量	生产过程中控制质量
在仓库中处理残、次产品	在生产中及时处理残、次零部件
消耗时间	节省时间
原料导向	市场导向
垂直和水平一体化	垂直分离;转包
工人从事单一工作	工人从事多种工作
以产出率定工资水平	个别工资制(奖金制)
工作高度专业化	消除作业界限
无时间在岗训练	长期在岗训练
以推动性工业为核心	以研究与开发机构为核心
工业空间集聚	新工业集聚
以减少运输费用为基础	以减少交易费用为基础
企业间以物质联系为主	企业间以信息联系为主

6.1.2　城市工业生产布局的影响因素

城市工业布局的影响因素是多方面的,既有企业发展自身的因素,也有企业外的因素,通常会与现状基础、资源禀赋、区位条件、劳动力素质、综合交通、产业政策、城市结构、土地潜力、生态环境等有紧密的关联。既包括一般性的市场因素,地方性的自然资源、基础设施与环境因素,也包括具有时代性的技术、信息因素,这些因素共同决定城市工业生产布局。

1. 产业政策

在城市的发展历程中,不同时期采取不同的产业政策能决定一个城市的产业发展和布局。比如我国目前重视高新技术产业、战略性新兴产业的产业政策,必将对一个城市的产业结构调整和产业升级产生重要影响,起到十分重要的推动作用。因为每种产业都有着它自身的布局要求,如高新技术需要良好的环境、与科研院所相结合,化学工业污染严重,要远离城市,钢铁、化工等重化工业占地面积大,这些都影响城市工业布局。

2. 区域协作

在产业的区域协作发展中,一个城市无论是处于产业链条的哪个环节,都要找准自己在区域产业链条中的位置,走适度高端化的发展道路,进一步强化自身的比较优势和竞争优势,实现与相邻城市的错位或对接发展,避免恶性竞争。一个城市产业参与区域协作的程度如何,决定了该城市发展什么样的产业,从而决定该城市的工业布局。

3. 城市结构

城市是集中还是分散,是组团结构还是单中心的城市空间结构,决定一个城市未来产业布局的基本框架,城市各个功能地域的定位及其用地规划是进行工业布局的重要基础。城市中心既是生活服务中心,同时也是生产性服务中心,对于生产要素的空间流动、生产与服务之间的距离都会产生重要的影响。

4. 土地开发模式

不同的土地权属,往往具有不同的土地开发利用模式,基础设施配套条件也相差较大,附着在其上的企业类型也不相同(图 6-1)。一般而言,国有土地上的工业区,多以企业自建厂房为主,配套条件相对较好,土地固定投入较高,企业的规模较大,根植性也较强;村镇在集体土地上自行开发建设的工业区,以统一建设和出租厂房为主,配套条件相对较差,生产企业对土地的固定投入很少,多以中小企业为主,根植性相对较弱。产业根植性是影响工业经济和产业集群化发展的重要方面。

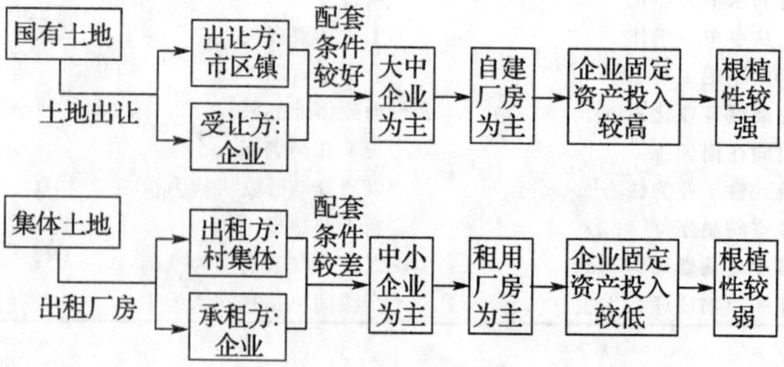

图 6-1　用地权属与土地开发模式及企业类型

5. 土地开发潜力

在市场经济条件下,土地开发潜力直接影响到未来的工业布局。城市国有土地配套条件一般比较好,土地价格高,一般会被大企业获得;城市集体土地配套条件一般较差,土地开发潜力小,土地价格相对较低,一般被小企业获得。大企业通过自建厂房,企业固定资产投资较多,根植性强。小企业通常租用厂房,其他固定资产投资少,根植性弱。这使得根植性强的地区的产业布局比较稳定,而根植性弱的地区的产业布局变动频繁,这直接决定了城市工业布局。

6. 交通因素

交通设施不仅是工业布局的重要依托，而且是影响产业发展的主要因素。如海港的建设，凭借区位优势，与物流相关的加工工业将会在港口附近得到较快发展；铁路枢纽、高速公路都会直接影响沿线及周围的工业发展与布局；同样，机场也能发挥其对“临空型”产业的带动和集聚作用。

7. 环境约束

工业布局必须符合环保标准以及有关规划等要求，如水源保护区、海洋环境功能区划等等。一级水源保护区内禁止建设；基本生态控制线外的二级水源保护区和准水源保护区内，禁止新建、改建和扩建对饮用水源造成污染的工业项目。环境保护的约束会在很大程度上决定城市的工业布局。

6.1.3 城市工业生产组织类型

城市工业生产组织的地域结构就是工业布局的地理空间组合的表现形式。工业生产组织的基层单位是工业企业，工业布局的地域表现形式多表现为群体组合布局。

根据工业布局的地域形态呈现出的不同性质特点和不同规模水平，工业生产组织类型按规模大小可以划分为：工业点、工业区、工业枢纽、工业地区、工业地带。

1. 工业点

工业点，是由一个或为数不多的小型工业企业所组成，是工业布局地域类型的“基层细胞”。其特点是小型、灵活、分散（只具有地方和局部意义）。工业点布局要与乡镇县市（县级市）域规划有机结合。

2. 工业区

工业区，是以一个或几个大中型工业企业（包括联合企业）为骨干，由若干大中小型企业组成的工业企业群体。其特点是大型、稳定、集中（具有全国、国际意义）。工业区企业之间在生产、工艺技术和经济上协作关系密切，并使用共同的市政工程设施。工业区的形成、发展和演变，同城市（我国含镇）的形成、发展和演变息息相关，研究工业区必须同城市规划相结合。

3. 工业枢纽

工业枢纽，是由若干个工业区和众多的工业点所组成。工业枢纽矿产资源丰富（大型煤、油、铁矿所在地），地理位置优越，并配有交通枢纽以及政治、经济、科学、教育、文化中心。

工业枢纽是由工业区组成的，是工业地区的支柱。其特点是工业区数量多、规模大、工业门类复杂，具有较强的辐射、凝聚的枢纽功能。

工业枢纽多为综合工业城市，由于工业枢纽的功能加上其他产业的作用，工业枢纽城市往往是全国高层次（如一、二、三级：北京、上海、天津、沈阳、武汉、广州、重庆、西安）经济区的中心城市。其他计划单列市、特大城市以及部分省（区）会城市等，也是重要的工业枢纽。工业枢纽是全国工业和经济的基石和支点，为国家提供重要的产品和成套设备，是国家重要的工业基地。

4. 工业地区

工业地区，是两个以上的工业枢纽聚集在几千到几万平方公里范围内的城市群所组成的一种工业地域结构类型。工业地区的形成，同蕴藏极为丰富的矿产资源，特别是煤、油、铁、有色金属、水力等关键资源的富集和组合地区，或工、农、商发达，经济富庶的江河下游三角洲、河湖交汇、铁路枢纽密集地区等密不可分。如美国纽约、日本东京、英国伦敦、法国巴黎、德国鲁尔等以及我国长江三角洲、辽中城市群等，均为典型的工业地区。

5. 工业地带

工业地带（或称走廊、长廊等），是重要交通干线（沿海、江、湖、铁路、高速公路等）联结起来的若干工业地区、工业枢纽等形成的带状工业地域系统，这是最高层次的工业地域结构类型。如美国的大西洋和五大湖沿岸，日本的太平洋和濑户内海沿岸，西欧的莱茵河沿岸，苏联的西伯利亚铁路（主要是西段）沿线等，我国的沿海、长江沿岸、陇海铁路沿线等均属较大的工业地带；又如京山、沪宁、胶济、哈大、成渝、同蒲等铁路沿线和珠江、湘江、汉江、大运河（南段）等沿岸，也已经形成或即将形成工业地带。工业地带比工业地区地域范围更广，且工业门类尤为错综复杂，功能涉及省（区）、大区甚至全国。应通过较大范围国土规划的综合平衡、统筹协调，才能实事求是、因地制宜解决各种矛盾和问题。

总之，上述五种工业布局地域结构类型，都反映了城市工业布局的地域形态，但是它们在性质、规模、内在联系、功能等方面存在很大差异。

6.1.4 城市工业园区组织

1. 工业园区的类型

（1）按照城市中工业园区的区位

依据城市中工业园区区位不同，把工业园区分成四类地域类型（图 6-2）。

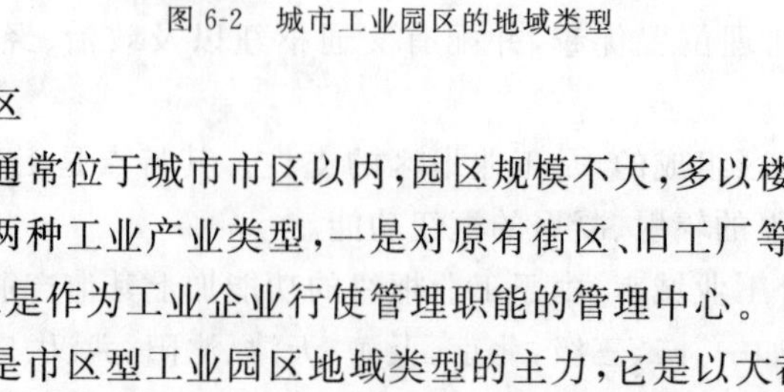

图 6-2 城市工业园区的地域类型

①市区型工业园区

市区型工业园区通常位于城市市区以内，园区规模不大，多以楼宇形式出现。市区型工业园区主要表现为两种工业产业类型，一是对原有街区、旧工厂等的功能调整发展起来的都市型工业类型，二是作为工业企业行使管理职能的管理中心。

都市型工业园区是市区型工业园区地域类型的主力，它是以大都市独特的信息流、人才流、现代物流、资金流等社会资源为依托，以产品设计、技术开发和加工制造为主体，能够在市中心区域生存和发展并与城市和生态环境相协调的有就业、有税收、有环保、有形象的现代绿色工业园区。这里的“园区”一般指占地面积和建筑容积率较大，配套设施较全的“楼宇”。在市场经济条件下，许多城市工业园区的发展都有一定的雏形或规模，从城市布局实例看，北京市城区重点引导发展集成电路设计、软件及动漫设计制作、时装设计、工业产品设计、包装印刷设计等创意型产业，上海市打造的包装设计制造业、信息加工制造业、软件业、钟表设计与装配业、钻石设计加工贸易业、工艺美术旅游品开发制造业、绿色包装产品与现代精美印刷业、玩具设计制造业、食品开发加工业等，哈尔滨城区发展的劳动密集型无污染低耗能的服饰布艺、装饰装潢、体育用品、商标广告印刷、软件研发、电子产品组装、旅游用品加工、文教办公用品加工等都市工业等，各城市都把以都市工业为代表的都市型工业园区的发展作为重要的发展内容之一。都市型工业园区发展时间短，工业产业在城市中所占的比例不大，但其有较好的产业发展前景，而且都市型工业园区对弥补城市“空心化”，调节城市产业空间结构有重要的作用。

城市工业管理中心也是都市型工业园区发展的方向。随着工业企业内部分工的不断细化，很多企业按照产业链的要求，对企业的生产活动进行了重新布局，将处于产业链中间环节的大规模生产活动向大都市区外围或其他地区转移，同时把公司总部、研发、设计和销售中心留在市中心，市中心的工业管理中心更多地表现为研发、设计中心，而不是生产中心。

②边缘型工业园区

边缘型工业园区通常位于主城区边缘和近郊地带，与城市建成区连绵成片，是可以依托城市道路和基础设施的工业园区类型。城市边缘区与城市近郊区在内涵上具有相似性，空间上已基本相融合，本书把它们统称为城市边缘区，把此处的工业园区称为边缘型工业园区。

边缘型工业园区由于在老城区的边缘，受中心城影响相对较大，能充分利用老城区的基础设施和生活服务设施，使工业园区与建成区融为一体，从而节约开发初期的投资，所以在城市扩张中，此区域重点发展的是从城市转移出来的支柱产业，以加工制造型的劳动密集型产业为主。这里既可减少开发和经营成本，取得较好的经济效益，也有一定的发展余地，反过来还可带动城市周边建设薄弱、急待开发地带的发展，加快其城市化的进程。由于城市外环的边缘区成长性好、吸引力大，又被形象地称为“甜甜圈”，可见城市边缘区是工业发展最主要的直接“栖息地”。另外，依托市区的高校、科技街、科技园等科技、人才资源等优势，所以绝大多数科技工业园区也属于边缘型工业园区，而且随着城市的扩张，边缘区逐渐与市区融合，原有的制造业、城市支柱产业还需进一步向周边拓展，所以，从发展的角度看，科技工业园区将成为边缘型工业园区的主力。

边缘型工业区是城市工业园区的主力军。北京市中关村打造的“一区七园”的高科技园区群是科技型的边缘型工业园区的发展典范，南宁市重点建设铝加工产业园区、纸业相关工业项目和电子信息、电力电器、食品加工、精细化工等工业园区项目则属于加工制造业型的边缘型工业园区。

③卫星城型工业园区

所谓卫星城是指位于中心城市周边，依托中心城市并与中心城市保持产业发展上的相互联系和相互补充关系，承接中心城市的产业转移，为中心城市的正常运转提供必要支持，同时与中心城市构成完整产业区域的县(市)。

卫星城是顺应工业化、城市化的产物，是城市发展的必然趋势。逆工业化和制造业的扩散是国际大都市工业布局演变的重要特征。因此，在城市中心城区的周围，选择区位好、有基础、有特色的城镇，发展若干个卫星城。一方面，顺应工业外迁的趋势，积极进行中心城区产业的疏解，承接城市工业产业的转移并培育新的经济增长点，并借此实现中心城区产业结构的升级和优化。另一方面，卫星城不能脱离大城市孤立地发展，两者存在一定的作用机制。卫星城镇数量要合理，数量过多将造成分散建设和资源浪费，数量过少又不能满足城市发展的需要。

卫星城型工业园区与边缘型工业园区对城市的依托条件不同，它通常位于城市的远郊，依托城市外围城镇开发建设，是承接城市产业转移和人口疏散的新城型工业园区。卫星城型工业园区与中心城市之间应保持适宜的距离。一方面，不能离市中心太近，如果贴近城市核心区扩展，几年之后就可能像“摊大饼”一样形成更大、更集中的城市形态。另一方面，各个工业园区也不应过度分散，彼此之间应有快速、便捷的交通线路相连接，要保持一定的通达度。

④乡镇型工业园区

乡镇型工业园区主要分布在较小的乡镇地区。乡镇规模小、基础差，工业发展往往是比较落后的，乡镇型工业园区多数处于雏形阶段。

乡镇型工业园区的发展还存在一些问题。首先，工业园区的布局比较分散。由于规模小、数量少，出现了“村村点火、户户冒烟”的情况。这种分散的布局使得园区内基础设施投资增加、企业间的空间协作困难、环境污染预防和治理投资增加，严重浪费了资源和资金，使工业集聚效益和规模效益不能充分发挥。其次，这样的布局规划滞后，用地困难，影响了乡镇工业布局的健康发展，使工业区包围居住区，造成居住区环境的潜在问题。乡镇型工业园区往往是自发集聚而成，它更多依托当地的资源优势、区位优势、文化优势等，发展起来的工业产业类型具有地域特色，规模化发展潜力也较大。

不同类型工业园区的分类及特征见表6-2。

表6-2　工业园区地域类型分类及特征

	市区型工业园区	边缘型工业园区	卫星城型工业园区	乡镇型工业园区
区位	城市市区	城市边缘、近郊	卫星城	农村乡镇
形成时期	都市化阶段	工业化中后期	工业化中后期	工业化时期
产业类型	都市工业、工业管理中心、高科技产业	高新技术产业、支柱产业	支柱产业	地方特色工业、都市工业
特点	规模小、作用大	规模大、潜力大	规模不大、潜力大	规模小、有特色
与母城空间分化程度	填补母城中心空城现象	是母城工业发展的主力军	是母城工业发展的后发优势	是母城工业发展的补充
与母城空间联系	依托母城	依托母城	依托母城的卫星城	与母城联系弱
作用	辅助补充	主要工业	主要工业	辅助补充

(2)按照园区的功能特征划分

工业园区按功能特征可分为经济特区、经济技术开发区、沿海经济开放区、高新技术产业开发区、边境自由贸易区等。

经济特区指在一个主权国家或地区内划出的特定区域。在对外经济活动中,采取比一般地区更加开放的特殊政策,用减免关税等优惠措施,吸引外资和引进境外技术设备,以达到发展经济的目的。国际上,经济特区的形式名称众多,一般包括自由港、自由贸易区、出口加工区、保税区等。

经济技术开发区是由国家批准,开放城市兴办,通过实行特殊政策集中地吸引外资和引进技术的相对独立的经济技术区域。兴办经济技术开发区的目的是积极地引进我国现代化建设急需的先进技术,特别是技术、知识密集型的项目和新兴工业项目,引进科学的管理经验和信息,促进开放城市老企业技术改造和产品的更新换代,开拓新的生产领域和国际市场。

沿海经济开放区与经济特区及经济技术开发区相比,总面积远远扩大了。在利用外资、引进设备,以及老企业技术改造方面,同样实行沿海开放城市已经实行的政策。沿海经济开放区的市区、县城以及安排在经济开放区范围内的,凡是以发展出口为目标,利用外资的农业技术引进项目,经过批准都可以实行中央给予的优惠政策。

高新技术产业开发区是指从事高新科学技术研发以及具备高新技术产品生产能力的区域,通常是由一系列从事高新技术产业开发的企业组成。高新技术产业的主要特点是:知识、技术密集度高,投资规模大,工业增长率高,产品附加值高。高新技术产业开发区以各大城市密集中心为依托,除了在税收、进出口货物和进出口业务的关税、信贷资金等方面享有一定优惠外,在产品定价、企业的商务活动方面也享有一定的优惠。

边境自由贸易区又称边境经济合作区,是在沿海开放城市内部,根据一定区位优势和政策优惠条件而划定的区域,其目的是吸引资金特别是外来资金,进行经济合作,最终实现带动边境地区发展的目标。

2.工业园区选址与城市关系

(1)工业园区选址的影响因素

①区位因素

所选地点必须符合城市总体规划以及土地利用总体规划要求。工业的发展一般都体现着区域经济发展的要求,工业园区的建设必须融入城市总体规划,还需与整个城市的土地利用总体规划相衔接。

②建设条件

要充分考虑建设用地的建设现状以及拆迁难度,同时还要考虑环保要求。前者是工业园区在厂区已有建筑基础上建设时所要考虑的主要方面,而后者则包括建设工业园区所要遵循的原则,尤其是近几年来,工业园区建设必须符合环保要求。

③工业园区的产业定位要准确

工业园区选址要结合当地资源特色来考虑,这样既可以实现靠近原材料产地的目的,同时又有利于工业园区特色产业的发展。

④交通因素

大型工业园区的交通运输量都非常大，能否将所需原材料运进来、各类工业品顺畅运出去，关系到工业园区的发展，直接影响到产品的生产运输成本以及在市场上的竞争力。因此在确定一个园区的位置时，外部的交通运输件是工业园区选址的一个重要影响因素。工业园区的选址一般都选在港口或者铁路、公路枢纽处，为工业产品外运提供便利的交通运输条件。

工业园区内部还需要有统一的仓储用地，为工业园区内原材料和产品存放提供空间，使原材料统一购买以及工业产品统一外运，降低运输成本。同时工业园区内部要有便捷的交通，为工厂之间物质交换提供便利。

⑤劳动力密集程度

工业园区内的劳动密集型产业及智力密集型产业，需要大量的体力劳动者和脑力劳动者，脑力劳动者为工业园区的发展提供智力支持，把知识直接转化为劳动产品，体力劳动者为工业园区发展提供体力劳动。这种劳动力与产业的结合，不仅有利于地区经济的发展，创造经济价值，同时还为本地劳动力提供就业机会，提高当地居民收入水平。

⑥基地技术条件

工业园区的发展还需要有良好的基地地质条件。首先，基地是否受地震、泥石流、洪水等地质灾害威胁；其次，基地是否平坦，有足够的工业用地适合发展工业；最后，基地是否在城市居住区的下风向，以防止工业污染物污染城市居住区。

(2)工业园区位置与城市发展的关系

工业园区的发展和城市的发展相辅相成，相互促进，因而在选择工业园区位置时，工业园区和城市之间空间布局关系的确立显得尤为重要，它关系到工业园区未来的发展。从空间关系上看，工业园区与城市之间的关系可分为：内含式、依附式、远离式(图 6-3)。

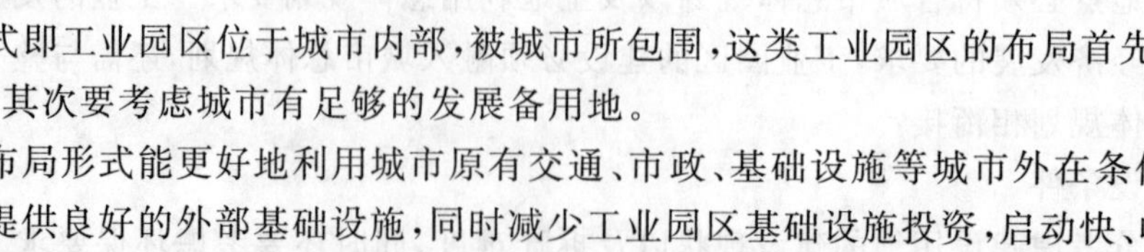

图 6-3　城市与工业园区的关系

①内含式

内含式即工业园区位于城市内部，被城市所包围，这类工业园区的布局首先要考虑污染环境小，其次要考虑城市有足够的发展备用地。

这种布局形式能更好地利用城市原有交通、市政、基础设施等城市外在条件，为工业园区发展提供良好的外部基础设施，同时减少工业园区基础设施投资，启动快、收益率高。

这种布局形式也有一定的不利因素。首先，城市总体规划要为工业园区发展提供足够的建设发展用地；其次，工业园区布局有很多局限性，如用地形状、用地规模、对外交通、土地价格、环境污染等，这类布局形式比较适合高科技工业园区。例如，北京中关村位于北京西北部海淀区一带，毗邻清华大学、北京大学等众多名校，由于北京众多名校对中关村的智力支持，中关村发展为中国最有开发前景的高科技工业园区之一。

②依附式

依附式即工业园区位于城市边缘，与主城区形成依附关系，这类工业园区布局形式比较自由。工业园区的土地价格相对低一些，对外交通比较方便，受城市制约相对较小，同时可以带动城市边缘发展，加快工业园区附近城市化进程。

这种布局形式比较适合高科技工业园区及综合性工业园区。例如，西安高新技术工业园区位于西安主城区西南方向，原来是西安远郊，由于西安高新技术工业园区的设立，原来落后的面貌转眼间变成了一片高楼大厦。

③分离式

分离式即工业园区和城市之间距离比较远，处于相离状态，发展比较自由。工业园区土地供应量充足，土地价格低，可以很好地为企业留有发展备用地，适于布置污染比较大的企业。不过这种布局形式把工业园区和城市割裂开，需要的基础设施投入比较大，工业园区在晚上容易成为“死城”，缺乏生机。这种布局形式比较适合布置石油化工或者化工工业园区。例如，南京化学工业园区位于南京市域北部，长江北岸，距市中心 30 公里，依托长江深水岸线而建，自然地理条件优越，区位交通优势突出，化工产业基础雄厚，中国石化集团公司等在南京地区的多家大型骨干企业均分布在园区内及周边。

3. 城市工业园区的空间结构

城市工业由不同数量、不同规模、不同类型的工业园区构成，单个工业园区存在不同的用地类型，多个工业园区在城市中分化组合，形成城市工业园区空间结构。

城市工业园区的空间结构是指各种工业园区在城市内的空间分布状态及空间组合形式。工业园区的空间结构是城市经济的一种重要结构，因为城市工业活动是在地理空间上进行的，一方面，工业园区需要把分散在地理空间上的相关要素组织起来，形成特定的工业园区经济活动过程；另一方面，各种工业园区虽然区位指向不尽相同，但它们之间需要相互联系、相互配合。因此，需要考虑如何克服地理空间的制约而相互连接起来，形成一个巨大的工业园区组团。在城市工业发展过程中，始终都要考虑如何实现工业园区要素的空间优化配置和工业园区在空间上的合理组合，以此来克服空间距离对经济活动的约束，降低成本，提高经济效益，促进工业化阶段城市的发展。根据工业园区的地域扩展形式，将工业园区的空间布局归纳为下述基本形态和布局模式。

(1)点面状布局模式

点面状工业园区是在工业集聚作用下形成的。市区型工业园区和卫星城型工业园区多属于此种类型。中心城市空城化现象使市区型工业园区在中心城市得以培育；大城市发展到一定规模后，继续维持圈层状扩展将进一步加重城市问题，跳跃式扩展便形成卫星城式点面状工业园区。点面状工业园区在空间发展上具有一定的不平衡性，同时也具有带动性，它是轴线状和扇状工业园区发展的基础；在轴线状和扇状工业园区发展到一定程度之后，它又起到辅助作用和新的空间引领作用。

(2)轴线状布局模式

当前，中国整体城市化已迈入了快速城市化的推进阶段。所以，各大城市产业的空间聚集形态也相应地从“点”增长极、聚集阶段转型到“点-轴”增长极、产业带共同聚集扩散阶段。工业园区轴线状布局成为重要的布局方式。这种布局方式主要表现为工业园区沿交通线路的直线状扩展和围绕市区外围的弧线状扩展。沿直线状扩展的布局模式应注意延伸的方向与城市的下风、下水相吻合，而弧线状扩展的布局模式容易对城市产生包围作用，阻碍城市的发展。总之，轴线状布局可以节约基础设施的投入，已经成为城市工业园区布局的主要形式。轴线状工业园区布局的实质是工业园区的组团布局，它的形成过程如图 6-4 所示。

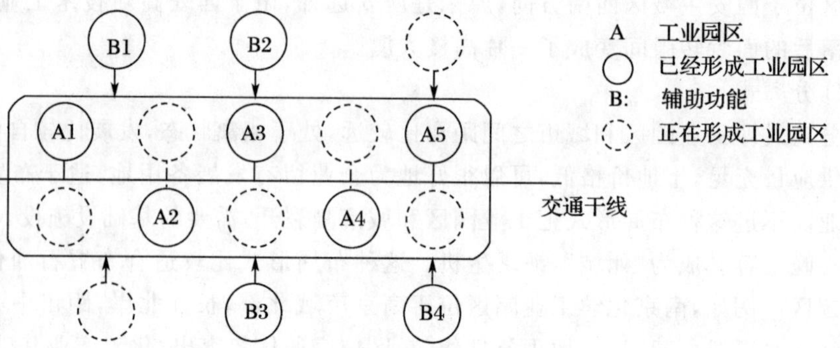

图 6-4 轴线状工业园区布局形成过程

(3)扇状布局模式

扇状工业园区是由轴线状工业园区进一步组团发展而成，它伴随着城市化的大发展而产生。随着工业园区土地费用的降低和基础设施费用的增多，还有科技、劳动力等条件的变化，工业园区沿轴线继续向外扩展的有利条件减少，园区开始向轴线两侧延伸，这样便形成了扇状工业园区组团，城市中的扇状工业布局可以沿城市交通线对称分布，也可以向一个方向延伸拓展(图 6-5)。扇状布局模式克服了同心圆状布局给城市带来的工业包围城市的弊端，同时它又符合工业园区发展的区位选择，为城市工业规模的进一步扩大提供了合理的发展空间。

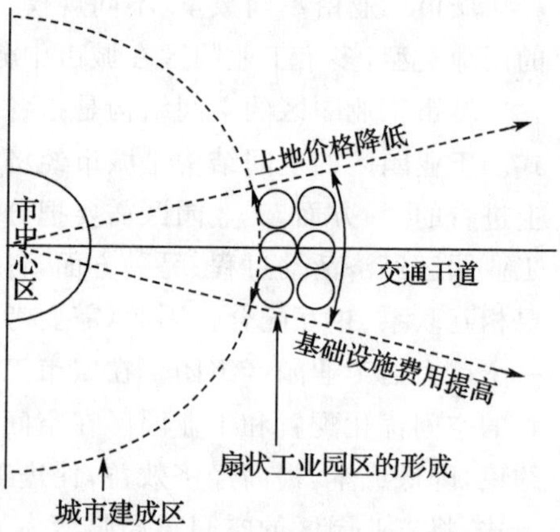

图 6-5 扇状布局示意图

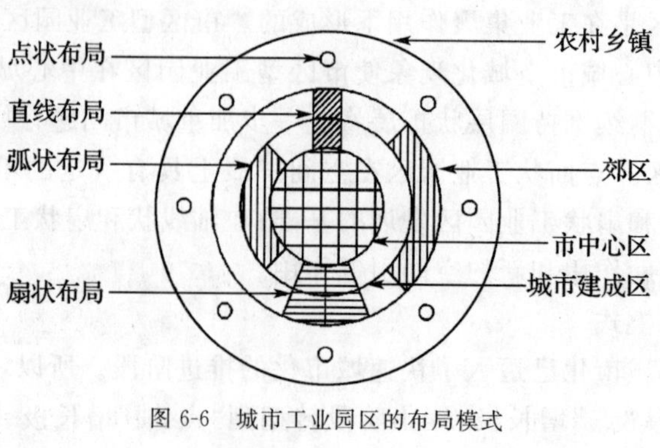

图 6-6 城市工业园区的布局模式

城市工业园区空间布局是一项复杂的系统工程，它涵盖了城市规划、区域规划、经济地理等多门学科，涉及工业园区的战略选择，园区与所在城市的协调，园区与园区之间的产业关联，园区产业结构和空间结构的优化等。

城市空间形态千差万别，同心圆状、条带状、不规则形状等，因此，城市工业园区在空间上的布局也是各具特色的，本书分析的是最具有普遍意义和代表性的同心圆状的城市工业园区的空间布局模式，希望借此模式能够举一反三，探究城市工业园区的空间布局。

工业园区是工业发展微观形态上的点，工业园区在市区或乡镇可能是单独存在的，但是更多情况下，工业园区组团能更好地说明工业园区在城市的布局状况。从城市工业园区空间布局模式图(图 6-6)可知，工业园区最初在市区产生并发展，形成点增长极；随着城市化的发展，有的工业园区沿轴线向外延伸，而有的则以弧线状向城市外围拓展，逐渐演变成直线状和弧线状等轴线状布局模式；沿重要交通线的线状模式进一步拓展形成扇状模式；随着工业发展空间的扩大，在城市周围卫星城和城镇又形成了新的点面状布局模式，同时市区内新的工业形态又重新集聚，形成新的点面状布局模式。市区型、卫星城型、乡镇型工业园区多属于点面状布局模式，而边缘型工业园区多属于轴线状或扇状布局模式，可见边缘型工业园区是城市工业园区的主体。

工业园区在城市中的布局数量不是无限的，我国城市工业用地比例最大不可超过25%，因此要严格控制工业园区的数量和用地，同时市域范围的乡镇工业园区多处于刚刚起步阶段，因此更要规范工业园区的数量和用地。总之，市域范围内的工业园区之间、工业园区与城市之间的空间布局要有机的组织和联系，这也是工业园区空间布局的重要方面。

4. 城市工业园区内部组织

(1)工业园区内部结构

工业园区作为一种空间实体，需要占用大量土地，其经济活动主要由研究与开发、生产与制造、销售与服务三部分组成。对于工业园区来说，研究和开发是发展工业园区的一种创新活动，是工业园区发展的推动力；生产和制造是工业园区把生产资料转化成产品的制造过程，需要占据工业园区大部分用地；销售和服务使工业产品最终实现经济价值。

工业企业在空间布局上，应当把研究与开发、生产与制造、销售与服务三个环节作为整体考虑，达到三者的最优化布局。而工业园区在空间布局上，应当把研究与开发、生产与制造、销售与服务、居住、城市服务这五方面结合起来考虑(图 6-7)。

其布局特点为：

首先，工业园区的研究与开发、生产与制造、销售与服务是工业园区规划的核心，是工业园区生存和发展的动力所在，也是工业园区规划的重点所在。因此，在规划中应该首先考虑其位置、规模、对外交通、环境等方面的要求，以利于工业园区各种工业企业正常运作。

其次，工业园区的另一个主要功能就是为工业园区居民服务的功能，包括商业、学校、邮政储蓄等公共服务设施，它们作为一种为生产和居住服务的职能，处于工业园区的附属位置，所以这类设施应该相对集中布置，以便于管理、组织生活。

再次，工业园区要配置大量的居住空间，以解决工业企业工人以及附近居民的住宿问题，以便使工人及附近居民更好地服务企业，为企业提供劳动力。其中，工业企业最好布

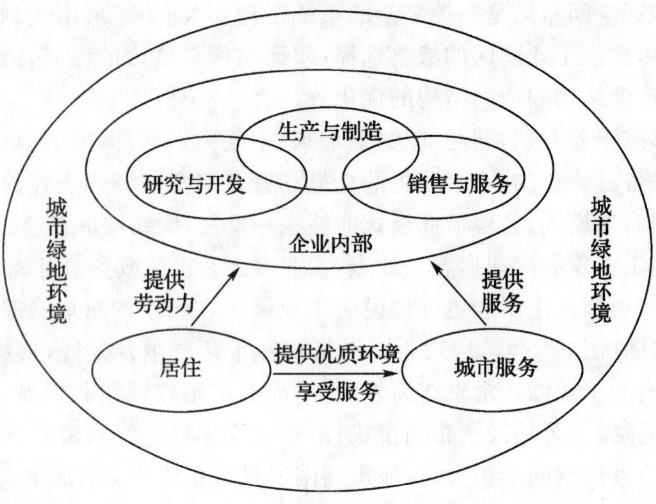

图 6-7 工业园区间各个组成部分功能分析图

置在居住区的下风向，减少工业企业对居民生活空间的污染。同时，便捷的交通把工业园区各种功能有机的组织起来，给工业园区的发展带来活力。

我国现今城市规划主要还是受《雅典宪章》影响，在大的区域采取城市功能分区的方法，城市功能分区的提出是基于工业化的快速发展，以致居住和工业混杂，导致居住环境恶化、提出居住、工作、游憩功能分区的出发点是把用地功能相同或者相近地块集中布置，使功能不同的用地相互影响较小，将污染工业用地和其他用地空间相互隔开是很有必要的。不污染或者污染很小的工业用地尽量和居住用地混合。各功能用地都有各自要求，工业用地占工业园区用地的绝大部分。

(2)工业园区道路网规划

工业园区道路是工业园区的骨架，是连接工业园区各分区之间以及工业园区和城市的交通脉络，同时也是工业园区的道路景观。

规划好工业园区与外部道路网衔接的位置，以及相交口数量选择，做到工业园区道路与城市道路衔接良好。工业园区道路系统尤其是工厂区应当与外界有比较便捷的交通联系，外界道路最好为铁路、省道、国道、高速公路等高等级公路，以方便工厂区货物运输。

工业园区交通主要由卡车、货车、小汽车、摩托车、自行车及步行系统组成，区内货物交通流量比较大，因此工厂附近应有足够的仓储用地，人流相对不大，主要集中在上下班高峰期，同时，中心区也是人流比较集中的地区，故中心区也要有足够的停车设施。

工业园区道路交通组织分为人流和车流两种，一般车流量比较大，主要为货运车流，中心区人流比较大，因此在工厂区宜实行人车分流，中心区及居住区可实行人车混流。

工业园区内部交通系统与工业园区内部地块性质、规划结构有关。一般工业园区货运量比较大，道路最好平直，道路宽度由车流量和车型号来确定。园区道路主要分为两个等级，主干道系统及次干道系统，主干道一般连接的是各功能区，交通要便捷；次干道是园区主干道的补充，分流主干道交通，直接服务于园区内各地块。如兰州市工业园区(图 6-8)、合肥市工业园区(图 6-9)。规划确定道路红线宽度时主要考虑以下因素：满足交通需求的宽度、埋设地下管线和其他市政设施的需要、行道树和绿化需要宽度、现有道路的宽度及拓宽的可能、有关规范的其他要求。道路交叉口是工业园区交通的集散点，路网整体通行能力的大小主要取决于道路交叉口的通行能力。交叉口具体形式取决于相交道路的等级、功能和交通量的大小，根据工业园区的现状和发展规模，依据城市道路规划标准，考虑用地条件和交通组织需求，确定道路交叉口形式。

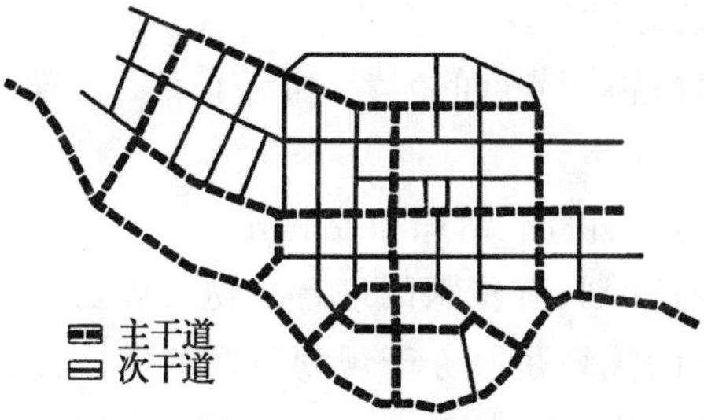

图 6-8　兰州市工业园道路交通图

图 6-9　合肥市工业园道路交通图

考虑仓储用地布局时，应当综合考虑各种功能用地的对外联系，以便于交通组织，减少交通间的相互干扰，仓储用地应当布局在对外交通便捷的地方，既要方便与企业联系，同时也要方便对外联系。

6.2　城市物流系统组织

6.2.1　城市物流系统概念

1. 物流

物流是物品从供应地到接收地的实体流动过程，根据实际需要，将运输、储存、装卸、搬运、包装、流通加工、配送、信息处理等基本功能进行有机结合。

由于物流对象、物流范围不同，形成了宏观、中观、微观等尺度上的物流。宏观物流是指社会再生产总体的物流活动，是从社会再生产总体角度认识和研究的物流活动。宏观物流还可以从空间范畴来理解，在很大空间范畴的物流活动，往往带有宏观性，在很小空间范畴的物流活动则往往带有微观性。宏观物流主要研究物流总体构成、物流与社会关系及在社会中的地位、物流与经济发展的关系、社会物流系统和国际物流系统的建立和运作等。中观物流指区域性社会再生产过程中的物流活动。消费者、生产者企业所从事的实际的、具体的物流活动属于微观物流。在整个物流活动中，其中的一个局部、一个环节的具体物流活动和在一个小地域空间发生的具体的物流活动也属于微观物流。

2. 城市物流

城市物流是指为城市服务的物流，它服务于城市经济发展的需要，指物品在城市内部的实体流动、城市与外部区域的货物集散以及城市废弃物清理的过程。城市物流具有不同的模式、体系和存在形态，和其他形式的物流有一定区别。

城市物流属于中观物流领域，具有流量大、涉及面广等特点。城市物流有三种形式：货物通过的形式，货物集、散的形式，干线运输的形式。

3. 城市物流系统

城市物流系统是在一定的时间内、特定城市中为进行物流活动，由物流人员、物流设施、待运商品和物流信息等要素构成的具有特定功能的有机整体。包括：

(1)物流基础设施，主要包括物流通道、物流节点等。

(2)物流装备，主要包括车辆、船舶、搬运和装卸设备。

(3)物流网络，主要包括各种运输线路的配置、物流节点的配置、物流节点的位置和物流节点线路之间的配置及联系等。

(4)物流管理，主要包括物流的计划、指挥、运行、协调、组织和控制等。

城市的物流规划要在政府部门宏观指导下有计划、有步骤的进行。物流规划的目的和重点在于规划物流系统，基础设施和技术装备的规划是服务于规划目标的实施方法和手段，是城市物流规划的重要组成部分而并非规划的全部内容。

6.2.2 城市物流系统组织原则

1. 符合城市总体规划

(1)物流节点的建设应根据城市布局及城市交通规划进行。

(2)规划合理的货运通道系统。

(3)物流系统规划要充分利用存量资源。

2. 物流总成本最小

物流活动中所消耗的物化劳动和活劳动的货币表现由三部分构成。

(1)伴随着物资的物理性流通活动所发生的费用以及从事这些活动所必需的设备、设施费用。

(2)完成物流信息的传递和处理活动所发生的费用以及从事这些活动所必需的设备和设施费用。

(3)对上述活动进行综合管理所发生的费用。

3. 带动区域物流发展

城市具有空间集聚性、扩延性、流通高效性的特点，这些独特性决定了城市在其所在的经济区域中的重要地位，它对于周边地区的辐射力、带动力是巨大的。因此，在规划城市物流系统时要考虑区域和城市的互动作用，城市物流系统的高效通畅必然会带动该经济区域中其他城市经济的发展，从而促进整个经济区域乃至全国经济的发展。

4. 优化配置存量资源，注重多种运输方式的高效衔接

在城市物流系统的规划建设中，应突出各种物流方式合理集成及优势互补的特点，坚持铁路、公路(包括市区交通)、航空等多种物流通道相结合，发展城市物流网络体系。其中，要重点处理好铁路和公路运输方式的有效衔接。

6.2.3 城市物流系统布局

城市物流系统布局主要包括物流节点的布局和物流通道的选择。物流节点和物流通道间的关系如图 6-10 所示。

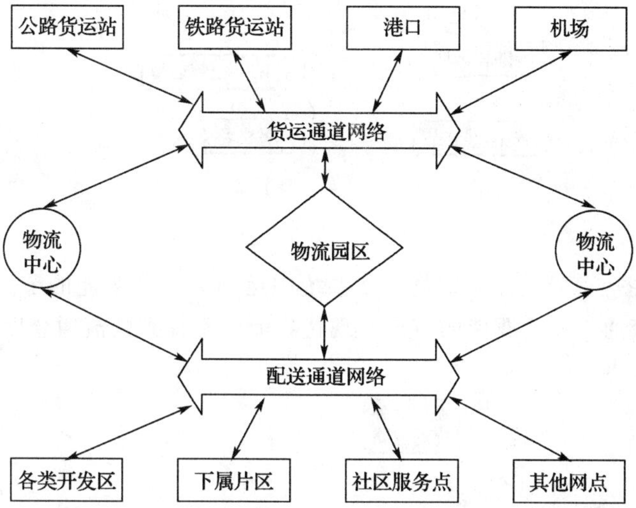

图 6-10 物流节点和物流通道关系图

1. 物流节点

物流节点是物流网络中连接物流线路的结节之处。全部物流活动都在线路和节点进行。其中,在线路上进行的活动主要是运输,包括集货运输、干线运输、配送运输等。

物流功能要素中的其他所有功能要素,如包装、装卸、保管、分货、配货、流通加工等,都是在节点上完成的。现代物流网络中的物流节点对优化整个物流网络起着重要作用。物流节点是现代物流中具有较重要地位的组成部分,物流系统化的观念越是增强,就越是强调总体的协调、顺畅,强调总体的最优,而节点正是处在能联结系统的位置上。总体的水平往往通过节点体现,所以对物流节点的研究是随现代物流的发展而发展的。

在各个物流系统中节点都起着若干作用,但由于整个系统目标不同以及节点在网络中的地位不同,节点的主要作用也不同,按其作用可分为以下几类:

(1)转运型节点

转运型节点(图 6-11)是以接连不同运输方式为主要职能的节点。一般而言,由于这种节点处于运输线上,又以转运为主,所以货物在这种节点上停滞的时间较短。铁路运输线上的货运站、编组站、车站,不同运输方式之间的转运站、终点站,水运线上的港口、码头,空运中的航空港等,都属于此类节点。

(2)储存型节点

储存型节点(图 6-12)是以存放货物为主要职能的节点,货物在这种节点上停滞时间较长。在物流系统中,几乎所有的仓库,包括储备仓库、营业仓库、中转仓库、货栈、堆场等,都属于此种类型的节点。

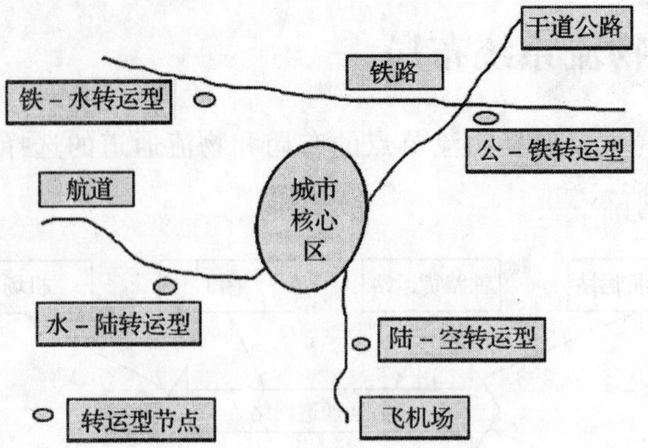

图 6-11　转运型节点

(3)流通型节点

流通型节点(图 6-13)是以组织物资在系统中运动为主要职能的节点,在社会系统中则是以组织物资流通为主要职能的节点。现代物流中常提到的流通仓库、流通中心、配送中心就属于这类节点。

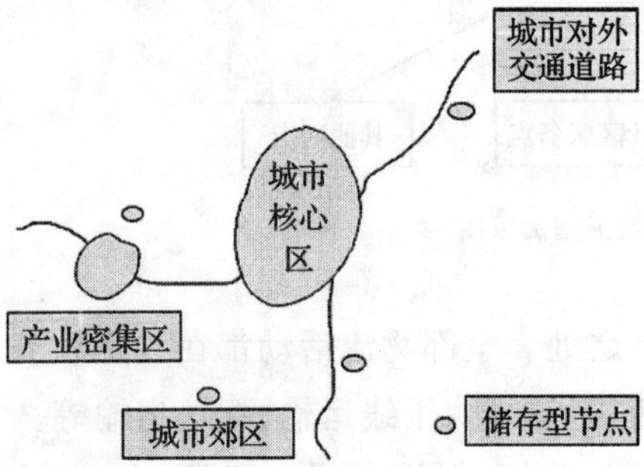

图 6-12　储存型节点

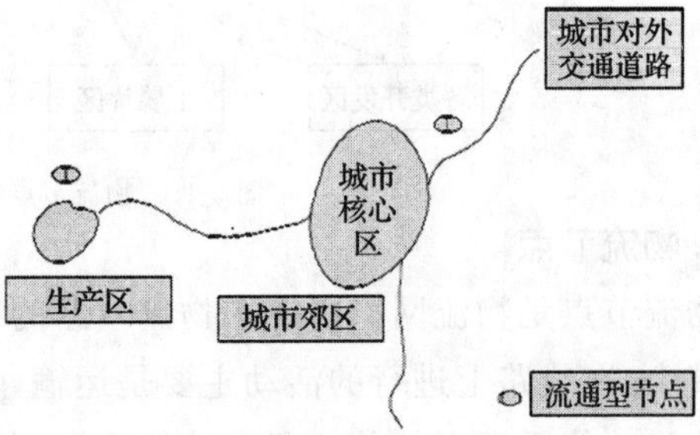

图 6-13　流通型节点

(4)综合型节点

综合型节点是在物流系统中集中的节点,通常并非独立完成各自功能,而是将若干功能有机结合于一体,设施完善、有效衔接和协调工艺的综合型节点。目前国内各大城市规划的物流园区即是此类节点。

物流节点在物流系统中发挥重要作用,其主要功能和作用如下:

①衔接功能

物流节点将各个物流线路联结成一个系统,使各个线路通过节点变得更为贯通而不是互不相干,这种作用称之为衔接作用。

②信息功能

物流节点是整个物流系统或与节点相接物流的信息传递、收集、处理、发送的集中地,这种信息作用在现代物流系统中起着非常重要的作用,也是复杂物流单元能联结成有机整体的重要保证。

③管理功能

物流系统的管理设施和指挥机构往往集中设置于物流节点之中,实际上,物流节点大都是集管理、指挥、调度、信息、衔接及货物处理为一体的物流综合设施。

④转换功能

在实现衔接之后，通过节点对不同线路上的不同运输批量以及不同线路上的不同运输方式实现有效转换，这就是转换功能。

⑤储存及储备功能

储存及储备功能使货物在这里停滞，以调节整个物流系统的运行。

⑥优化功能

在物流节点，可以通过流通加工满足个性化需求和做到“物尽其用”；通过集装箱、托盘等集装处理，实现“门到门”运输；通过一定的库存来调节和调剂；通过配货等货物处理来实现配送或者准时生产供应等。这些都可以使整个物流系统得到优化。

2. 物流通道

城市物流系统布局中，物流通道包括货运通道和配送通道。货运通道主要指连接主要物流节点的货运干线交通系统。货运通道网络主要是为国际物流、区域物流、物流节点（物流园区、物流枢纽、物流中心等）之间的物流提供物流服务的主要货运干线交通系统，包括公路、铁路、水路、航空、管道等五种交通方式。配送通道主要指为满足市域内物流需求而进行市内配送的道路系统。

在进行城市物流系统布局时，必须充分考虑物流通道的因素，在考察现有物流通道的同时，应当会同规划部门对现有物流通道进行优化，改建或扩建现有物流通道，并且兴建必要的新的物流通道。

6.2.4 城市仓储组织

1. 仓储功能

仓储是指国家、省（自治区、直辖市）及地方的储备、中转、外贸、供应等各种仓库、油库、材料堆场及其附属设备等用地功能。

在城市规划中，仓储用地是指城市中专门用作储存物资的用地，主要包括仓储企业的库房、堆场、包装加工车间及其附属设施，但不包括工业企业内部、对外交通设施内部或商业服务业内部的专用仓库。仓储用地是城市用地组成部分之一，它与城市其他功能部分，如工业、对外交通、城市道路、生活居住等有着非常密切的联系，是保障城市良性运转的物质条件之一。由于其储藏的物资种类多，数量大，出入频繁，对城市交通与环境有很大影响。

2. 仓库分类

仓库的分类有多种方法，根据城市规划的需要，可作如下分类：

(1)从城市卫生安全的角度

仓库可按储存货物的性质及设备特征分为：

①一般性综合仓库。这类仓库的技术设备比较单一，储存的商品的物理、化学性能比较稳定，互不干扰。如对城市环境没有污染的百货、五金、花纱布、医药器材、烟叶、土产等仓库，无危险、污染的化工原料仓库，一般性工业成品仓库及一般性（不需冷藏的）食品仓库等。

②特种仓库。这类仓库对交通、设备、用地有特殊要求，或对城市卫生、安全有一定影响，如冷藏、蔬菜、粮、油、燃料、建筑材料以及易燃、易爆、有毒的化工原料等仓库。

(2)从城市使用的角度

仓库按职能分为:

①储备仓库。它是保管储存国家或地区的储备物资,如粮食、工业品、设备等储备仓库。它们主要不是为本城市服务,物资的流动性不大,但一般规模较大,对外交通要便利。

②转运仓库。它是专为物资中转作短期存放的仓库,不需作货物的加工包装,但必须与对外交通设施密切结合,有时也可作为对外交通用地的组成部分。

③供应仓库。它是主要的储存物资是为供应本市生产、生活服务的生产资料与居民日常生活消费品,这类仓库不仅储存物资,有时进行货物的加工包装。

④收购仓库。这类仓库主要是把零碎物资收购暂时储存,再集中批发转运出去,如农副产品等。

3. 仓库用地布置原则

(1)有利于交通运输

仓库用地必须以接近货运需求量大或供应量大的地区为原则,应合理组织货区,提高车辆利用率,减少空车行驶里程,为生产、生活服务。大型仓库必须考虑铁路运输以及水运条件。

(2)有利于建设、经营使用

不同类型和不同性质的仓库应根据货物的来源与输出途径分别布置在不同的地段,同类仓库尽可能集中布置,以减少转运次数节约成本。

(3)节约用地,为发展留有余地

仓库的平面布置必须集中紧凑,增加建筑层数,采用竖向运输与储存的设施,如粮食采用的筒仓以及其他各种多层仓库等。同时,应考虑到未来的发展,为未来的改扩建留有余地。

4. 仓库布置的技术要求

地势高亢,地形平坦,有一定坡度,利于排水。地下水位不能太高,不应将仓库布置在潮湿的洼地上。蔬菜仓库,要求地下水位同地面的距离不得小于 2.5m,储藏在地下室的食品和材料库,地下水位应离地面 4m 以上。土壤承载力高,特别当沿河修建仓库时,应考虑到河岸的稳固性和土壤的耐压力。沿河布置仓库时,必须留出河(海)岸线,满足城市居民生活、游憩的需要。与城市没有直接关系的储备、转运仓库应布置在城市生活居住区以外的河(海)岸边。注意城市环境保护,防止污染,保证城市安全,满足有关卫生、安全方面的要求。

5. 仓库用地规模的估算

仓库用地的规模应该根据各城市的具体情况进行估算。由于仓库类型较多,各类仓库用地规模的计算也有所不同,一般在估算时要考虑的内容为:

(1)估算近、远期仓库货物的吞吐量(t),仓容吨位=年吞吐量/年周转次数。

(2)按照吞吐量再考虑仓库货物的年周转次数,估算所需的仓容吨位。

(3)根据实际仓容吨位分别计算仓库或堆场的吨位比例,计算出仓库用地及堆场用地面积。计算时还要考虑仓库面积利用率、单位面积的荷重、建筑层数、建筑密度等因素。

仓库用地面积＝(仓容吨位×进仓系数)×单位面积荷重×仓库面积利用率×层数×建筑密度

堆场用地面积＝仓容吨位×(1－进仓系数)×单位面积荷重×仓库面积利用率

仓库用地规模即仓库用地面积与堆场用地面积的总和。在城市规划中,常以人均用地面积以及仓库用地面积占城市总用地面积的百分比来反映一个城市的仓库用地规模,或作为规划的控制指标。

6. 仓库在城市中的布局

小城市宜设置独立的地区来布置各种性质的仓库。特别是县镇,用地范围不大,但由于它们是城乡物资交流集散地,需要各类仓库及堆场,而且一般储备量较多,占地面积较大,因此宜集中布置在城市的边缘,靠近铁路车站、公路或河流,便于城乡集散运输。要防止将这些占地面积大的仓库放在市区,造成城市布局的不合理及使用的不便。在河道较多的小城镇,城乡物资交流大多利用河流水运,仓库也多沿河设置。

大、中城市仓储区的分布应采用集中与分散相结合的方式。可按照专业将仓库组织成各类仓库区,并配置相应的专用线、工程设施和公用设备,并按它们各自的特点与要求,在城市中适当分散地布置在恰当的位置。

仓库区过分集中布置,既不利于交通运输,也不利于战备,对工业区、居住区的布局也不利。为本市服务的仓库应均匀分散布置在居住区边缘,并与商业系统结合起来,在具体布置时应按仓库的类型进行考虑。

(1)储备仓库一般应设在城市郊区、远郊、水陆交通条件方便的地方,有专用的独立地段。

(2)转运仓库应设在城市边缘或郊区,并与铁路、港口等对外交通设施紧密结合。

(3)收购仓库应设在货源来向的郊区入城干道口或水运必经的入口处。

(4)供应仓库或一般性综合仓库要求接近其供应的地区,可布置在使用仓库的地区内或附近地段,并具有方便的市内交通运输条件。

(5)特种仓库

①危险品仓库如易爆和剧毒等危险品仓库,要布置在城市远郊的独立特殊专门用地上,但要注意应与使用单位所在位置方向一致,避免运输时穿越城市;

②冷藏仓库设备多、容积大,需要大量运输,往往配合有屠宰场、加工厂、毛皮处理厂、活口仓库等布置,有一定气味与污水,多设于郊区河流沿岸,建有码头或专用线;

③蔬菜仓库应设于城市市区边缘通向四郊的干道入口处,不宜过分集中,以免运输线太长,损耗太大;

④木材仓库、建筑材料仓库运输量大、用地面积大,常设于城郊对外交通运输线或河流附近;

⑤燃料及易燃材料仓库如石油、煤炭、木柴及其他易燃物品仓库,应满足防火要求,布置在郊区的独立地段。在气候干燥、风速特大的城市,还必须布置在大风季节城市的下风向或侧风向。特别是油库选址时应离开城市居住区、变电所、重要交通枢纽、机场、大型水库及水利工程、电站、重要桥梁、大中户型工业企业、矿区、军事目标和其他重要设施,并最

好在城市地形的低处，有一定的防护措施。

此外，由于一些仓库建筑的外形较为独特，成为影响城市面貌的因素之一，特别是当这些建筑沿河布置时，成为城市的轮廓线的组成部分，是规划布局中一个不可忽视的因素。

思考题

1. 现代工业生产组织方式有哪些特点？
2. 试述现代工业布局的主要影响因素。
3. 图示城市工业园区的地域类型。
4. 试述仓储与工业生产的关系。
5. 试述各类仓库在城市中的布局。

第7章 城市商业服务功能与组织

7.1 现代商业服务业概述

7.1.1 发展概述

1. 商业服务业发展演变

商业服务业在古代最初从"市"开始，并逐步发展转入固定场所和进入店铺，形成商业街和市场。近代大工业生产导致城市的迅速发展，人口高度集中，对商业的发展有了客观要求。同时，冷冻技术的产生，使食品的零售范围大大增加，而钢、玻璃、混凝土的应用为大空间商业建筑提供了可能。1852年世界上第一家百货商店在巴黎诞生。到了现代，小汽车迅速普及，导致城市郊区化蔓延，城市形成了商业中心，并且经历了从市中心到郊区，然后再返回市中心的变化过程。1930年超级市场在美国诞生，随后出现购物中心、仓储等多种业态。商业服务业布局出现了从商业区、步行商业街、地下商业街、综合性购物中心到立体化的巨型商业综合体，形态多种多样。随着21世纪信息技术的迅猛发展，电子商务成为新的商业业态，改变了人们的消费方式和习惯。

2. 现代商业服务业概念界定

"商务服务业"一词最早出现于联合国1958年制定的《国际标准产业分类体系(第一版)》中，包括法律服务、会计审计服务、工程技术服务和其他商务服务。随着服务业不断分化和新业态的出现，《国际标准产业分类体系(第三版)》把商务服务的内容扩展到"计算机及相关服务、研究开发服务、法律、会计审计税务咨询、市场研究及舆论调查、商业和管理咨询、建筑、工程和其他技术服务、广告和其他商务活动"(袁勤俭，2004)。国家统计局参照《国际标准产业分类体系(第三版)》将"商务服务业"作为单独门类进行统计，包括企业管理服务、法律服务、咨询与调查、广告业、知识产权服务、职业中介服务、市场管理、旅行社及其他商务服务等九类。

3. 现代商业服务业地位与作用

现代商业服务业被划分为第三产业(也称服务业)类别，与传统城市商业的主要功能是商品交易有着比较大的差别，既包括消费品的批发与零售贸易、金融，也包括餐饮、住宿、家政、咨询、中介、广告、物业、律师、会计等众多生活性服务，融入了更多的服务内容。现代城市商业在生产、供应、消费链中已经不再局限在批发、零售的一两个环节，而是向生产领域、设计领域、产品研发领域等上游领域延伸。现代商业在城市诸多功能中具有重要位置。城市商业已成为城市居民实现消费需求的一个主要途径和场所，在我国的国民经济最终消费中，通过城市商业和流通领域实现的社会消费品零售总额占全部居民消费的比重接近80%。城市商业领域以连锁经营为代表的现代流通方式和各种新型商业业态的快速发展以及批发市场、百货商店等传统业态的不断改造提升，为居民提供了便利、多样化的选择空间，激发了居民的潜在需求，有效地刺激了居民的消费，对于促进消费正起着比以往更大、更突出的作用。目前，我国城市商业已经占据了全部流通业近2/3以上的市场份额，很多城市服务类消费的比重也已超过30%，城市商业的发展基本上代表了国内流通业的发展规模与水平，成为城市经济发展的重要支柱产业。

商业服务业功能的发挥需要从城市商业水平发展预测与定位、商业设施选址、商业流通企业软硬件环境的建设、业态等多各方面入手，其功能是否适合城市的经济发展、是否满足城市居民生产和消费服务的需要，需要良好的功能组织来检验。

7.1.2 发展趋势

随着经济的发展，市场竞争的加剧和经营观念的更新，现代商业发展呈现如下趋势：

1. 商业服务市场竞争态势向高速化、联合化、规模化方向发展

在全球化和信息化影响下，各国为提高市场的竞争力，国际商贸流通市场出现高速化、联合化、规模化的发展趋势，一些有实力的跨国商贸企业、大型批发市场、百货商店、超级市场等通过资本集聚和集中组建连锁跨国集团，向全球市场扩张。中小商业企业，本国、本地商贸企业为了生存和发展，并与国际大资本抗衡，以联合方式组建共生互利的新型一体化商贸联盟。一些有实力的大型工业集团，为了获得稳定的市场，也逐步向流通领域渗透，建立销售一体化的集团。商贸、工贸、农工贸一体化的各种连锁企业蓬勃发展，如美国沃尔玛集团和日本丰田集团。

2. 市场建设和商品流通业态向多样化、连锁化、物流化方向发展

目前商贸批发、零售、现代物流、电子商务已有一定发展，经营业态呈现多样化格局。大型超级市场、购物中心及连锁经营成为目前零售业的主要经营方式。

国外发达国家批发业，已由传统商品批发形式向新兴批发形式转变，重要的大宗商品转向期货交易，一般大宗商品由传统的集散式批发市场自由交易转向拍卖交易、电子商务和物流配送。随着零售业走向集约式连锁经营，批发业由为生产商产品分销服务转向零售业物流配送。商品加工、物流配送、市场服务是未来批发业的主导方向和主要业务。批发业与交通运输、邮电信息业紧密结合，与厂商、零售业相互渗透是未来商贸流通业的一个显著特点。

3. 市场设施与管理手段向简雅化、人性化、现代化方向发展

未来的社会是一个高速度、高效益的社会。商贸市场一方面以自动化、大批量和简洁、宽敞的购物空间，为大宗化的日用品、商品和食品创设高效、廉价、量大的实惠型购物环境，如超级市场、仓储式大卖场、大众便利店等；另一方面，商贸市场以环境豪华、舒适、全方位服务、多层次的高级商品交易所和购物中心方向发展。各种大型的商贸市场设施因服务对象不同而所有不同，但总的趋势是向简雅、人性和现代化方向发展。在管理运作手段上，利用现代化信息技术装备向商业自动化和电子数据化方向发展。

7.2 现代商业服务设施分类

城市商业服务设施品类繁多，尤其新兴商业服务类别，既是生产型服务，又具有消费性服务，其性质、归属不一，为了进行分类、分级组织，一般按照主体功能、相应的城市公共设施规范以及城市规划中用地的性质进行分类。

7.2.1 按使用性质分类

依照国标《土地利用分类》(2007)规定，商业服务设施分为四类：

1. 批发零售

批发零售用地指主要用于商品批发、零售的用地。批发零售用地包括商场、商店、超市、各类批发(零售)市场，加油站等及其附属的小型仓库、车间、工场等。

2. 住宿餐饮

住宿餐饮用地指主要用于提供住宿、餐饮服务的用地。住宿餐饮用地包括宾馆、酒店、饭店、旅馆、招待所、度假村、餐厅、酒吧等。

3. 商务金融

商务金融用地指企业、服务业等办公用地，以及经营性的办公场所用地。商务金融用地包括用于银行、信用社、证券交易公司、保险公司、信托投资公司、贸易公司、商社、咨询、中介、广告、旅游、物业、律师、会计、家政等商业性办公场所、金融活动场所和企业厂区外独立的办公场所等。

4. 其他商服

其他商服用地指上述商业服务以外的其他商业、服务业用地。其他商服用地包括洗车场、洗染店、废旧物资回收站、维修网点、照相馆、理发美容店、婚纱影楼、洗浴场所等。

7.2.2 按建筑类型分类

1. 按经营方式划分

综合店、专业店、连锁店、百货公司、自选商场和超级市场、仓储式超市、购物中心和其他(流动、展销、拍卖等)。

2. 按建筑空间类型划分

单栋建筑(多层、高层、大跨度单层)、综合体建筑、地下商业建筑、空中商业连廊建筑、室内步行街和其他。

7.2.3 按业态分类

按业态分类，商业服务设施包括有店铺和无店铺两种。具体分为食杂店、便利店、折扣店、超市、大型超市、仓储会员店、百货店、专业店、专卖店、家居建材商店、购物中心、厂家直销中心、电视购物、邮购、网上商店、自动售货亭、电话购物等 17 种业态。

7.3 城市商业服务设施组织理论

7.3.1 杜能的土地价值理论

在对城市经济功能分区进行分析的基础上，杜能(Von Thunen)指出，不同经济活动的现实区位，取决于这种经济活动对特殊空间位置的投标竞争实力。对于一个企业来说，它对某些土地进行投标的投标地租高低，完全取决于它对这块土地所能带给它的预期利润的大小。对于与商品供给企业和广大商品的消费者都具有广泛联系的商业企业来说，具有便利交通条件和密集消费群体的城市中心地区往往可以在相当程度上保障并增加企业的经营利润。因此，商业企业对城市中心地区的土地投标地租就较高。而对于工业企业来说，土地地理位置是否居中往往并不重要，重要的是与其前、后道工序产业相互毗邻，要有良好的供、排水条件和便利的交通运输条件等。因此，工业企业对城市中心地带土地的投标地租一般并不高。这样，城市中心地带就一般被商业企业所占用，并形成以商品交换和商品流通为主要经济功能的商业中心。而商业中心又可依照其功能层次和辐射范围，分成高、中、低不同的几个级别。

7.3.2 加纳模式

将土地价值理论思想应用于商业区位格局分析之中，格蒂斯(Gertis)在1961年通过揭示总零售量随离开地价最高的中心地带距离的增加而逐渐减小的规律，证实了城市土地地租变动及其与商业经济活动之间关系的规律。到1966年，加纳(B. J. Garner)进一步对商业中心的内部结构进行了研究，他根据一系列的城市土地地租的投标曲线，构造了不同等级商业中心的空间模式，形成了城市地理学中的加纳模式。

加纳模式的主要思想可概括为：高门槛(所谓“门槛”，是指一个企业为保证正常经营活动而需赚取的最低收入)的职能需要具有较高的地租支付能力，因而能够居于商业区中地租较高的地方。在实践中，由于商业企业都是为其周围的居民服务，所以可用维持其正常经营所需的最低人口数代替最低收入下限，以人口门槛作为门槛高低的简明指标。当然，某一企业“门槛”水平的高低，是与其自身的特征相关的。

此外，通过对美国芝加哥商业区空间布局的分析，加纳总结出商业区空间布局的几个特征：

(1)高门槛经济活动(如百货、服装、珠宝等)，往往靠近地价峰值区，占据着地租最高的城市土地，在其周围，按门槛递减顺序排列其他的职能活动(如银行、餐馆、面包店、家具店、家用电器店等)。

(2)任何商业中心的核心区，总是被那些能显示商业中心最高级别的经济职能单位所占据。

(3)随着整个商业中心级别的增高，低级别的经济职能单位将被排斥到低地价地区，在商业中心的边缘地带布局。

(4)在任何一级商业中心的典型职能内，每一项职能的次序也是按门槛高低的顺序排列的。

加纳理论的不足之处主要在于:商店的位置并不总是与距地租峰值区的距离有关,而且商用土地的地租也并不完全是由距中心点的距离来决定的。针对这些不足,道宁(P. B. Downing)进一步阐述了土地面积、人口分布、经济收入分布状况、交通及便捷性的不规则状况等对城市商用土地地租的影响,使加纳模式更加合理客观。

7.3.3 中心位置理论

中心位置理论是由沃尔特·克里斯泰勒(Walter Christaller)于1933年创立的,后经奥古斯特·廖什(August Losch)补充和修正。这一理论从分析不同生产点之间的相互作用出发,推证了每一种货物的市场区实际为六边形。每种货物的门槛水平和最大销售范围都不相同,因而形成不同货物及其相应职能之间的特征差别。一般情况下,凡门槛较低的货物,其相应的销售范围也较小,这类货物称为低级货物。那些门槛水平高、销售范围广的货物,称为高级货物。但是,往往由于门槛的限制,每个商业中心并不能提供所有的货物和服务,而且货物供应点出现的实际频率还与货物的等级成反比。低级货物在很多中心地区都可购得,而高级货物只在少数地区供给。由此,克里斯泰勒认为,中心位置货物供给点都能排列成有序的等级序列。

按照中心位置理论学说,城市商业区主要由中央商业区、区域性商业区和邻里性商业区共同构成。对于中央商业区地域范围的界定,墨菲(R. E. Murphy)和万斯(J. E. Vance)提出以建筑物高度及其商业职能来划分。在实践中,有些城市以零售商营业额的大小作为中央商业区内外分界的标准,有些城市则以土地价格来划定其中心商业区的范围。

国外城市商业区位理论的研究以完全市场经济为前提,以完整的领土、非政治干预、自由的企业和经济购买力平均分布为假定,因而主要是对城市商业区结构、布局等的理论分析。对影响城市商业发展规划的政治、流通体制、市场的秩序与控制和管理、新技术的应用等考虑较少,认为这些完全可以在市场的自我调节下合理发展,从而成为以上几种理论模式各有其局限性的主要原因。

7.3.4 商圈理论

商圈又称“商业圈”或“商势圈”,它是指商业企业吸引顾客的区域范围。商圈对企业而言,是其业务活动的空间,在这个空间范围内向消费者提供商品和服务;对消费者而言,商圈是他们方便购买行为的空间。

一个设定的商圈,从市场势力范围这一角度考察,其构成为点、线、面、流四个方面。点是指商圈的中心点,又指市场区域据点的中心点。线是指区域间相互依存关系以线相联结,使商圈具有一定的吸引力。面是指中心点的吸引力的范围,它是市场区域广度,表明市场区域的广泛性及其程度。流是指市场的动态,或指区域职能的变化和发展的动向。上述四个方面的侧重点是不同的:点反映集中化的问题和集聚的程度;线反映吸引性和相互依存性;面反映区域性或地区性和同质性;流反映活动的态势和职能性。从实际工作而言,商圈由商店、消费者购买行为空间和销售活动空间三者构成。

影响商圈设定的因素主要有：人口数量与特征以及其发展趋势；购买潜力与已有企业的设置和经营状况；区域内经济发展前景与产业多元化的程度；区域内交通、运输、服务、金融、信用、保险、物业等状况；劳动力市场条件；法律、工商行政管理因素；民情风俗以及为吸引顾客所特有的公共和文化教育设施，如公园、剧院、博物馆、纪念场所、学校、科研机构等。

商圈又分为批发商圈与零售商圈。其中零售商圈的主要内容有：

1. 构成

零售商圈是以商店为中心，向四周扩展与辐射所形成的范围。零售商圈分为四个层次：核心商圈、次级商圈、边缘商圈、异地商圈。一般而言，核心商圈能吸引55%～70%的顾客；次级商圈能吸引15%～25%的顾客；边缘商圈最小，客流比较稀疏。同一商圈中商店的规模不同、类型不同，对顾客的吸引程度也不同。一般而言，中心商业区和大型商店对次级商圈和边缘商圈的顾客吸引力相对要大。商圈通常不是圆的，而是椭圆形或多边近圆形的。

2. 限度

1929年，美国人威廉·雷利用三年时间调查了美国150多个城市，终于在1931年提出了“零售引力法则”，又称“雷利法则”。他认为，“具有零售中心的两个城市，从位于它们中间的城市吸引的交易量与各自城市的人口成正比例，而与从中间城市到市场的距离成反比例。”该法则主要证实了一个城市的人口越多，规模越大，商业越发达，对顾客的吸引力就越大。

雷利法则有两项假定：一是两城市同样接近公路，距离的衡量限于主要大道，不包括交叉的小路。二是两城市的零售能力相同。顾客之所以被吸引到人口较多的城市，是由于该城市商业设施好，商品品种多等因素的影响。

3. 饱和度

商圈的饱和度决定是否要开办新的商业网点。通过计算商圈饱和度可以确定某一地区的商店数量是不足还是饱和。饱和指数计算公式为

$$IRS = C \times RE/RF$$

其中：IRS 为某地区某类商品零售饱和指数；C 为某地区购买某类商品的潜在顾客人数；RE 为某地区每一顾客平均购买额；RF 为某地区经营同类商品的商店营业面积。

7.3.5 单店面积极限理论

规模与效益不是正比关系。一定规模产生一定效益，适度规模产生适度效益，最佳规模产生最佳效益，过度规模则会产生零效益或负效益。体现零售商业企业的规模的主要指标之一是商店的营业面积，影响商店营业面积的因素有很多，其中顾客的生理和心理承受能力是最为直接的因素。

人保持某种状态的时间是有限的，时间过长必然产生疲劳，从而就会放弃某项活动。顾客在商店游览购物同样存在着疲劳度，超过这个度，不仅会使一部分设施空置，导致部分购物区无人光顾，而且会直接影响消费者购物情绪，甚至产生“恐惧感”。根据测算，一般情况下儿童疲劳时间的极限为40～60分钟，成人为90～150分钟。按此推算：①顾客

在商场(店)的购物时间一般不会超过两个半小时,超过这个时间就处于疲劳状态,终止购物;②普通人休闲步速为30～40米/分,顾客在店内浏览购物的步行距离一般不会超过8 000米;③每平方米营业面积顾客的通过距离为0.35～0.4米,因此,顾客对商场营业面积的心理最大承受量为150分钟×40米/分钟÷0.35米/平方米≈17 143平方米。而经测算,顾客对商场营业面积的最大生理承受极限一般在2.2～2.3万平方米,超过这一限度,顾客就会因"累"而不再继续。因此,商场单体面积一般以不超过2.5万～3万平方米为宜。

7.4 城市综合商业服务体系构成

现代城市综合商业服务体系通常由各级商务中心、各级商业中心(也称商业功能区)、各类商业街、各类零售商业网点、各类批发市场和物流配送设施等部分构成。

7.4.1 商务中心

城市商务中心是城市中全市性(或区域性)商务办公的集中区,集中着商业、金融、保险、服务、信息等各种机构,是城市活动的核心地带,也被称为中央商务区(Central Business District,CBD)。对其内涵有两种理解,一种理解是指具有全球性或区域性、以商务办公功能为主的特大城市的商务中心区;另一种理解是指一般大中城市的城市商务中心区。上述两者统称为城市商务中心。

城市商务中心通常位于城市的中心位置,在城市中的位置大致可以表现为三种:第一种是商务中心与城市商业中心混杂,多为混合中心形式的城市商务中心;第二种是城市商务中心与城市商业中心分化,多为单一中心形式的城市商务中心;第三种是城市商务中心脱离城市中心区,一般为多中心形式的城市商务中心。

城市中心商务区通常由办公、商业和服务类三大功能构成,它既是经济运作管理中心,同时也是金融中心和生产服务中心。通常由总部性办公、普通办公、金融办公、其他办公(出版、商务咨询等)、服务办公等典型的商务功能活动以及零售业、文化娱乐等非典型的商务功能活动和非商务功能活动构成。

7.4.2 商业中心(商业功能区)

商业中心指商业功能突出、商业网点聚集度高、在城市或者区域中具有中心地位和一定用地规模的区域。商业中心的产生有两种情形,一种是由长久城市历史演变而逐渐形成;另一种是通过城市规划,经过逐步建设、发展形成。

根据地域等级可以将商业中心划分为城市级商业中心、区域级商业中心和社区级商业中心。城市级商业中心主要突出其在全市的中心地位,影响范围覆盖全市、周边地区甚至国内更大的范围,一般城市级商业中心的购买力有50%以上来自该商业中心以外的地区。区域级商业中心的影响范围主要在某个较大范围的区域内,其外来购买力一般在50%以下。社区级商业中心的影响范围主要为社区居民,其外来购买力一般不到10%。

从主导商业功能上可以将商业中心划分为以零售购物为主的零售主导型、以批发贸易为主导的批发主导型、以物流运输为主导的物流主导型、以餐饮或其他类型服务为主导的服务主导型、以会展为主导的会展主导型和以提供高级商务服务集聚为主导的商务主导型(图 7-1)。

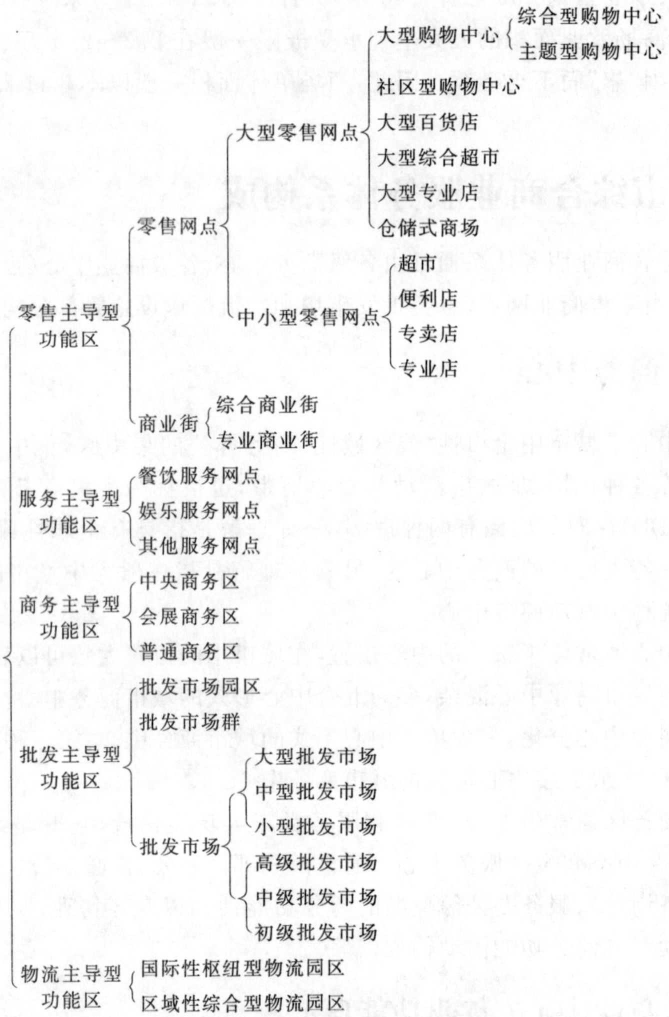

图 7-1　城市商业中心构成图

7.4.3　商业街

商业街指商业功能突出,具有一定长度(长度大于 100 米),以零售、餐饮和服务为主要定位,各种商业网点相对密集(商业网点的密度大于 50%)的街道。现代商业街是城市商业的缩影和窗口,是商业多功能的整合体,是重要的城市商业网点空间形态和城市地域类型,也是城市活动的重要公共场所。

城市商业街按经营商品的种类划分为综合商业街和专业商业街。综合商业街内集聚着经营不同种类商品的店铺,通常由大型百货店和多样化的专业店、专卖店组成。专业商业街内集聚着经营同类商品或服务的店铺，如电器街、汽车汽配街、书店街、精品街、服装街、皮具街、酒吧街、美食街、古玩街、花鸟街、字画街等。

商业街按主导功能划分为以零售购物商业和以餐饮服务、娱乐服务、休闲服务、综合服务、现代服务为主导的服务主导型商业街。

商业街按交通限制划分为普通商业街和步行商业街。普通商业街一般不限制车辆通行，或只允许公交车、小汽车通行。步行街内禁止任何车辆通行，消费者可以自由自在地浏览街景、出入商铺选购商品、享受美食和服务。

商业街按等级划分为城市级、区域级和社区级商业街。城市级商业街位于城市商业中心，商圈的影响范围很大，辐射全市及周边地区，乃至国内外更大的范围。区域级商业街一般位于区域级商业中心内，商圈的影响范围主要为市内某个较大范围的区域。社区级商业街一般位于社区内或社区附近，商圈的影响范围主要为社区居民。

7.4.4 零售商业网点

零售商业网点指各种面向消费者开展零售购物的商店以及由各种商店集聚而成的复合体。

零售商业网点按以营业面积为主要标志的规模等级划分为大、中、小型零售网点。大型商业网点营业面积在5 000平方米以上，中型商业网点营业面积在2 000～5 000平方米，小型商业网点营业面积在2 000平方米以下。

零售商业网点的营业体制和制度简称"业制"，比如连锁经营就是比较常见的业制形式。零售商业网点按零售业制划分为单体店和连锁店。单体店指只拥有一个店铺的独立零售商店。连锁店指采用连锁经营的方法，将若干个零售店铺连接起来，经营管理权集中在总店或总部，各连锁分店实行统一进货、统一标志、统一核算、统一管理。连锁的基本方式有正规连锁、特许连锁和自由连锁三种。

零售商业网点所经营的不同商品种类称为"业种"，按零售业种划分为五金店、商品店、文具店、医药店、书店、家电店、食品店等类别。

零售商业网点的营业形态简称为"业态"。不同的业态是零售业对目标市场进行细分和选择的结果。零售业的主要业态有：百货店、超级市场、便利店、专业店、专卖店、大型综合超市、仓储式商场、购物中心(表7-1)等，其中仓储式商场、大型综合超市、大型百货店、大型专业店、购物中心属于零售业态。

表7-1 零售业态分类表

业态	定义	选址	规模	商品结构	经营方式	服务功能	目标顾客
百货店	在一个大建筑物内，根据不同部门设销售区，进货、管理、运货，满足顾客对时尚商品多样化选择需求的零售业态	繁华市区、交通要道	规模大，营业面积在5 000平方米以上	以经营男女、儿童服装及服饰、衣料、家庭用品为主，种类齐全，少批量，高毛利	定价销售，可以退货；柜台销售和自选(开架)销售相结合	服务功能齐全	适应各类消费人群，主要定位中高层收入者

（续表）

业态	定义	选址	规模	商品结构	经营方式	服务功能	目标顾客
超级市场	采取自选销售方式，以销售食品、生鲜食品、副食品和生活用品为主，满足顾客每日生活需求的零售业态	居民区、交通要道、商业区	营业面积在1 000平方米左右	以购买频率大的商品为主	采取自选销售方式，入口分设，收款由设在出口处的收银机统一进行	营业时间每天不少于11小时，有一定面积的停车场	以居民为主要销售对象，10分钟左右可达
大型综合超市	采取自选销售方式，以销售大众化实用品为主，满足顾客一次性购物需求的零售业态	城乡结合部、住宅区及交通要道	营业面积在5 000平方米以上	衣、食用品齐全，重视对本企业的品牌开发	采取自选销售方式	设置与商店营业面积相适应的停车场	家庭食品、日用品购买者
便利店	以满足顾客便利性需求为主要目的的零售业态	居民区、主干线公路边及车站、医院、娱乐场所、机关团体、企事业单位所在地		以速成食品、饮料、小百货为主，具有即时消费、小客流、应急性等特点	以开架自选经营为主，收款在收银机处统一进行	营业时间长，一般在16小时以上，甚至24小时，终年无休息日	居民徒步5～7分钟可达，80%的顾客为目的性强的购买者
专业店	以经营某一大类商品为目的，并有具备丰富专业知识的销售人员和适当的售后服务，满足消费者对某大类商品的选择需求的零售业态	选址多样化，多数店设在繁华商业区、商店街或百货店、购物中心内	营业面积根据主营商品特点而定	体现专业性、深度性，品种丰富，选择余地大，主营商品占经营商品的90%	经营商品的品牌具有自己的特色，采取定价销售和开架面售方式	从业人员具有丰富的专业知识	购买专门用品的顾客
专卖店	专门经营或授权经营制造商品品牌，适应消费者对品牌和中间商品牌的选择需求的零售业态	繁华商业区、商业街或百货店、购物中心内	营业面积根据主营商品特点而定	以著名品牌、大众化品牌为主	销售体积小、质优、高毛利的商品，采取定价销售和开架面售的方式	注重品牌声誉，从业人员需具备丰富的专业知识，并提供专业性服务	追求品牌、时尚的青少年和中高收入者
购物中心	企业有计划地开发、拥有、管理运营的各类零售业态、服务设施的集合体	中心商业区或城乡结合部的交通要道	由百货店或超级市场作为核心店，与各类专业店、专卖店、便利店等结合构成	超越了一般商品概念，除了提供极为丰富的商品种类外，还能够提供各种类型的服务。	由发起者有计划地开设，在布局上实行统一规划、店铺独立经营	服务功能齐全，集零售、餐饮、娱乐为一体，根据营业面积设相应规模的停车场	满足不同层次、不同类型的消费需求，但主要目标顾客为中高收入家庭
仓储式商场	以经营生活资料为主，实行储销一体、低价销售，提供有限服务的零售业态（其中有的采取会员制形式，只为会员服务）	城乡结合部、交通要道	营业面积大，一般在1万平方米以上	主要以食品、家庭用品、体育用品、服装衣料、文具、家用电器、汽车用品、室内用品为主	采取仓库式，实行自选式销售	设有较大规模的停车场	以中小零售商、集团购买及有交通工具的消费者为主

7.4.5 批发市场

批发市场相对于零售市场而言，指对经营的商品以批发价进行批量交易，主要不针对最终消费者的一种商品交易市场。其形态主要有两种类型：一种是无形市场，主要通过网络进行交易；另一种是有形市场，主要通过建立占地面积较大的批发市场，集聚大量的批发商进行交易。以下的各种分类主要针对有形市场：

1. 按营业面积或年交易额分类

大型商品交易市场：指营业面积为 8 万平方米以上或年交易额为 10 亿元以上的批发市场。

中型商品交易市场：指营业面积为 3 万～8 万平方米或年交易额为 3 亿～10 亿元的批发市场。

小型商品交易市场：指营业面积为 3 万平方米以下或年交易额为 3 亿元以下的批发市场。

2. 按软硬件水平分类

高级商品交易市场，指具有高度的组织性，采用现代交易方式，管理制度健全，拥有先进的通信设备、必要的仓储系统、严密的安全保卫措施和规范的运行规则，具有物资集散、价格形成、信息集散、质量标准、市场促销、配套综合服务、推动生产规模化等多种功能，基础设施完善、建设水平较高、整体形象较好的批发市场。

中级商品交易市场，指由初级向高级规范化、组织化市场过渡的批发市场。基础设施较为完善，市场配套较为齐全，但管理不够严密规范，缺乏完整的管理体系。

初级商品交易市场，指交易方式较为传统，管理形式简单，基础设施不齐全，经营环境简陋的批发市场。

3. 按经营行业分类

综合商品交易市场，指经营多种行业产品的批发市场。

专业商品交易市场，指专门经营某个行业产品的批发市场，如服装市场、花卉市场、茶叶市场、畜禽市场、汽车市场、金属物资市场、美容化妆品市场、玩具市场、建材市场、家具市场等。

4. 按经营商品分类

消费品市场，主要包括消费品综合市场、工业消费品市场、农副产品市场和其他类型的市场。

生产资料市场，主要包括生产资料综合市场、工业生产资料市场、农业生产资料市场和其他类型的市场。

5. 按市场布局形态分类

单体批发市场，指在空间布局上一个地段范围内只有一个批发市场的形态。

批发市场群，指在一个地段范围内有若干个批发市场，彼此连成一片或者间隔较近的市场形态。

批发市场园区，由政府主导、经过科学规划和审批程序、实行规范的园区平台管理和合理的功能分区、拥有较完善的配套设施和较大的占地规模(45 万平方米以上)的市场形态，批发市场园区内一般拥有若干个集聚的批发市场群。

7.4.6 物流配送设施

物流配送设施是提供物流配送服务的商业设施。物流配送设施集中的物流基地也称物流园区，是指经过科学规划，引入物流配送中心和物流企业集中布局的场所，是具有较大规模和综合服务功能的物流集结点。不同的物流园区处于不同地位，等级也不同，可以划分为：

国际性枢纽型物流园区，指以国际航空港、国际海港为枢纽，以国际物流为导向，辐射国内外的物流园区。

区域性综合型物流园区，指以区域性物流为主导，辐射周边地区及全国的物流园区。

7.5 城市商业服务功能空间组织

城市商业网点是城市生活性服务和生产性服务的物质载体，是经济活动和社会活动的场所。城市生活性服务和生产性服务的关联和相互渗透决定了商业网点功能的互补性，网络技术、电子商务的发展促进了这两类服务的集成；交通基础设施的改善和交通技术的进步迅速密切了这两类商业网点的空间联系。

商业网点之间功能的互补是对商业服务业产业特点的反映，是生活消费需求和生产消费需求相互影响、相互连接和相互转化的要求。一方面，城市商业网点规划应当从总体上把握网点的功能互补；另一方面，城市商业网点各类专业规划也应当研究并满足这些原则。忽视商业网点功能的互补性特点，把商业网点功能割裂开来的认识与做法是应当避免的。

商业网点布局体系在尊重商业市场规律的基础上，在布局过程中强调与城市发展、经济发展、旅游业发展、交通发展、居民生活水平、传承历史文脉相协调，并吸纳现代商业理念中有关大商贸、大流通、大市场以及网络商业、景观商业、生态商业、休闲商业的理念。同时，基于政府对商业网点的建设管理要求，并结合全球与区域商业发展的整体趋势，合理组织城市商业网点体系。

商业网点从布局体系上可以划分为宏观、中观和微观三个层次，各层次具有不同的内容。对于一个城市而言，大的方向性的问题要注重宏观分析，需要摸清现实的需要和未来的发展契机，同时力求完成下级层次规划的目标。中观是指在整体的指导下，通过分析区域人口、企业、交通、环境和竞争等因素的分布情况及综合影响，同时结合城市重点产业、轨道交通等方面的资料，探讨商业与城市体系发展的紧密性。微观方面着眼于商业流通体系的消费者，从城市文化、居民消费水平和习惯出发，以满足消费者利益为目标，使商业布局最大限度地满足消费者的需求。

7.5.1 城市商业服务功能与组织体系

商业服务功能与组织核心内容包括商业网点空间布局、商业业态规划及激励与规制政策。

1. 商业网点空间组织

商业网点空间布局是指在综合分析城市商业网点分布现状、客流规律、交通状况、商业环境、历史传承、城市规划等因素的基础上，对城市商业资源在空间上做出的统筹安排与配置。具体来说，它包括宏观（面）、中观（线）、微观（点）三个层面。

（1）宏观层面——确定城市商业中心等级体系

根据中心位置理论，结合城市商业空间结构研究成果和城市商业网点规划的实践，城市商业中心等级按照主要商业功能、规模和辐射能力可以分为市级商业中心（一级商业中心）、区域商业中心（二级商业中心）、居住区（社区）商业中心（三级商业中心）三级，它是目前大多数城市基本的商业结构体系。

根据城市商业发展的需求，城市一般可以设立1～3个市级商业中心（一些特大城市例外），若干个区域商业中心，而居住区（社区）商业中心的发展则不受数量的限制。

在组织城市商业中心时，必须对三个级别的商业中心的功能做出明确的定位，实现差异化发展。一般而言，在自由竞争条件下，根据级差地租理论，由于不同业态的商业网点对地价的承受能力有别，会选择与其承受能力相适应的商业中心，由此形成功能各异的商业中心。

市级商业中心的主要功能是满足全市居民及外来人口（包括游客）对高档次、特殊类型商品的需要，人们在此更多地追求休闲、娱乐与享受。因此，市级商业中心在业态发展上应该强调高档化、精品化、时尚化，重点发展名店、特色店、老字店、百货店及餐饮娱乐网点等。由于地价较高，一般限制设置占地面积较大的大超市与仓储式商店。

区域商业中心在规模等级和功能定位上都介于市级商业中心和居住区（社区）商业中心之间，可结合各区域的特色以及商业发展的基础条件，分别突出购物、交易、餐饮、娱乐、文化休闲、服务等功能，形成各自特色。在城市的新兴发展区、工业区等人口集中区域促进居住区（社区）商业中心的形成，在有条件的区域可以超前规划区域商业中心。

居住区（社区）商业中心属于属地商业，其主要功能是满足当地居民对日常生活用品及一般消费品和服务的需要。因此，居住区（社区）商业中心的发展应该强调便民化、大众化，重点发展日用品店、便利店、食杂店、水果店、书报刊亭以及理发店、维修店等。

（2）中观层面——商业街区的空间布局

现代商业街是重要的城市商业网点空间形态，是城市商业的缩影和窗口。商业街的规划、建设与发展是发展现代商业的重要组成部分。在规划商业街时，要求在对现有商业街现状分析（现有商业街空间布局、数量结构、发展特征等）的基础上，对未来商业街的发展方向、总体布局、发展重点以及对商业街的建设、改造、提升与完善等方面给予引导，并提出相应措施，尤其对如何突出商业街特色、营造美观的商业景观、丰富文化和传统内涵以及发挥旅游功能等提出了相应对策，以促进商业街有序稳定地发展。同时，要注重商业街配套设施的建设（包括交通设施、公用设施、绿化设施、卫生设施、信息设施、景观设施等）和购物环境的改善（配备相应的旅游休闲、餐饮、娱乐等设施）。

（3）微观层面——大型商业网点布局规划

《城市商业网点规划资料汇编》规定，大型商业网点面积的标准按各城市实际情况由当地主管部门确定。纵观我国各地商业网点规划实践，大型商业网点一般是指营业面积在5 000平方米以上的商业网点，主要包括大型百货店、大型综合超市、购物中心、仓储式商场和大型专业店等业态。大型商业网点在促进城市繁荣、改善购物环境、满足居民消费需求、提升商贸流通业竞争力和增强中心城市商贸功能等方面具有重要的作用。但大型商业网点的发展也会带来诸如增加城市交通压力、威胁中小商业网点生存发展等问题，需慎重设置，不可盲目发展。

大型商业网点选址必须在坚持统筹兼顾、重点突出、特色明显、以人为本等原则下，在综合考虑城市已有大型商业网点空间分布、人口分布及变化、集聚效应、交通条件和消费者行为的基础上，根据大型商业网点与人口的对应关系布局（具体对应关系可参考《城市商业网点规划资料汇编》），加强对大型商业网点空间布局导引和分区、分业态的数量调控导引，并在此基础上确定重点提升和新建的大型零售商业网点发展规划（选址、营业面积、功能定位、相关配套设施等）与建设时序。

2. 商业业态发展规划

城市商业网点组织兼具空间布局和产业调控双重职能，因此对商业主要业态（批发业与零售业）进行规划是商业网点组织的主要内容之一。

（1）批发业发展规划

批发企业是批发业发展的主体力量。批发企业发展规划应以批发企业现代化改造、龙头批发企业的培育为方向。随着流通产业结构及商品供求关系的变化，传统批发企业已逐渐不能适应业态发展的需要，要求批发企业具备新的、相应的功能。批发业发展规划应引导批发企业尽快从单纯的商品供给中解脱出来，成为生产企业的“销售代理者”和零售业的“购买代理者”，引导总分销、总代理等新型批发企业发展，鼓励发展以农产品为主的食品专业配送企业。

专业批发市场是指一种或若干种商品经营者和商品购买者，集中、公开、独立地进行交易的固定场所。在城市商业网点组织中，专业批发市场主要包括农副产品市场和工业消费品市场。顺应现代流通发展趋势，农副产品市场体系组织应以布局调整、资源整合、功能创新为发展思路，加强农副产品市场的软、硬件建设，包括农产品质量标准体系、物流基础设施、农产品准入制度等的建设，创新交易方式，引进拍卖、期货等新型交易方式。工业消费品市场建设应以调整、改造、提高商品档次和服务质量为发展思路，结合各区域产业特点，培育一批规模大、功能全、辐射广的基地性、区域性工业消费品市场。此外，必须对各专业批发市场（包括新建、整合、改扩建等）的功能定位、建设规模、建设地点、建设年限与时序等做相应界定。

（2）零售业发展规划

零售业作为城市商业网点的主要构成部分，其数量多、分布广、差异性大、灵活性高，如果从空间上与数量上对其发展作出规划显然是不现实的，也不是城市商业网点组织的本意，且在商业网点空间布局中，无论是商业中心还是商业街，其本质都是对商业业态的动态组合的反映，而大型商业网点已经对一些大型的零售业态的空间布局（规模、数量、选址等）做出了明确规划。因此，对于零售业态的组织不宜过细，应从大处入手，只需对各商业业态的布置原则、设置导向做出相应的界定即可，这样既可增加布局的灵活性，又能为商务主管部门管理商业网点提供参考。

3. 激励与规制政策

（1）商业网点规划中的激励政策

激励政策是指政府在商业网点发展过程中实施的各项优惠政策与保障措施。在优惠政策方面，对于重点发展的行业与业态，政府可以在行政审批、税收、投融资政策、用地政策等方面给予一定的扶持。在保障措施方面，政府应该在商业信息化基础设施建设、商业企业流通(商流、物流、信息流)标准化体系构建、商业中介组织培育等方面有积极作为，营造良好的经商环境。

(2)商业网点组织中的规制政策

规制是指政府对企业行为的监控，是基于法治、政企分开的政府干预。商业网点组织中的政府规制政策主要包括对商业网点进入或退出的规制政策(如对大型商业网点、外资商业巨头进驻等的约束，对新设立商业网点的行政许可等)，对商业企业竞争行为的规制政策(如反不正当竞争、反垄断等)，对商业网点质量保证监督的规制政策，安全规制政策(消防安全等方面)，资源、环境规制政策(排污、噪音等方面)等。

7.5.2 城市商业网点组织的影响因素

城市商业网点种类多，覆盖面广，具有综合性与复杂性，城市商业网点组织受历史和现实多种因素的影响。这些因素有各自不同的特点，需要区别对待。各因素对城市商业网点组织的影响程度有大有小，对不同城市发挥作用的程度也有所不同，因此，不能用统一的标准衡量各因素对城市商业网点组织的影响。影响城市商业网点组织的主要因素有下述几个方面：

1. 城市区位条件

城市区位条件是对城市进行多种研究都需要首先考虑的问题。一般意义上的区位条件指的是城市的地理区位、交通区位和经济区位。只有透彻研究城市所处的区位条件，才能更好地把握城市发展的种种条件。区位条件对城市商业网点组织的影响主要包括：①地理区位条件是城市商业网点布局的基础。商业网点的布局必须建立在对城市地理区位清楚认识的基础之上。周边环境、城市地理地质条件、区位特色等都是城市商业网点规划需要充分考虑的事项。②交通区位条件是城市商业网点组织的重要组成部分。商业及商业网点在质与量上的提高都需要把握城市交通区位条件。交通区位条件好的城市的商业发展道路和商业网点布局模式与交通区位条件差的城市截然不同，尤其在对商业物流设施方面的影响，交通区位条件显得尤为重要，它是影响城市商业物流网点设施的关键因素之一。③经济区位条件是城市商业网点组织工作的前提。当前城市规划中对区域的涉及已经非常普遍，商业网点组织也有这样的要求。对商业网点的安排与设计应该建立在对城市商业条件充分认识的基础上，而城市商业条件最重要的决定因素是城市所处的经济区位。经济区位条件是大环境竞争的载体，城市商业网点布局要考虑所处地区的商业竞争状况，避免垄断或重复建设。城市所处的经济区位条件将越来越对城市的商业发展产生深远影响。

2. 城市自然资源、人口状况

城市自然资源包含的内容非常丰富，涉及城市的土地资源、水资源、气候资源、区域自然结构及其动态等。城市自然资源情况是进行城市商业网点组织中需要考虑的因素之一。①城市土地资源的状况影响较大，资源丰度与质量状况可以在很大程度上引起规划变动，商业规划要力图避免城市土地无节制使用，影响城市整体经济的发展。②人是城市的主体，是城市商业服务的对象。人口指标从量的角度分析主要有：城市总人口（包括户籍人口、流动人口）、城市非农人口、城市农业人口、劳动力总量。从质的角度分析涉及城市人口素质、人才素质等。人口因素对城市商业发展影响非常大，因此，城市商业网点组织需要对人口因素进行定性定量的分析研究。

3. 城市经济发展状况

城市经济发展状况是城市商业网点组织分析的重点。城市经济发展状况通常指城市的经济实力、经济运行健康程度、经济发展潜力以及与经济发展相关的外部情况等。按照不同的层次，城市经济发展状况对城市商业网点组织的影响包括以下几个方面。①整体经济发展水平是商业网点组织实施的物质保障。城市整体的经济发展水平表明城市可以为商业网点布局提供物质基础。经济学家钱·纳里的研究表明，城市发展可分为不同的阶段。随着城市经济的不断发展，包含商业在内的第三产业在城市经济中的比重与作用都将不断提高，因此能为城市商业网点设置提供的发展空间和物质环境也将不断优化。同时，城市整体就业情况也在很大程度上给商业发展提供了背景与要求，商业网点组织应给予充分考虑。分析城市的整体经济发展水平即从物质基础的角度来衡量与制订城市商业网点组织的规划。②城市产业发展水平是商业网点组织的重要经济参考指标。产业结构、产业发展阶段、产业发展瓶颈等是城市产业发展水平的表现方式。通常来说，产业发展水平通过上述表现方式指导城市的商业发展，商业网点的组织也在这种指导下进行。其中第三产业发展水平对商业网点规划的意义最大，因为为农业和工业服务的商业设施不能脱离对其本体的理解与认识。③城市商业发展水平是商业网点组织的根本依据。从城市经济发展整体水平到商业发展水平，这是逐步细化的过程。商业发展阶段、商业业态构成、商业服务的供需关系以及对商业发展的潜力预期等等，都直接决定着城市商业网点组织规划的制订。

4. 城市形态特征

城市形态指的是城市的空间、建筑、环境与人所共同形成的整体构成关系。它直接反映了一座城市的结构形式和类型特点，反映了城市的文化特征。城市形态对商业网点组织也有重要的影响，这种影响主要表现在三个方面：①城市形态和空间结构是划分城市不同类型区域的依据，商业区域也不例外，商业网点的布局需要在城市形态和空间结构的总体框架下进行。破坏城市整体结构，不符合城市形态肌理的商业布局对城市以及对商业自身来说都是行不通的。②城市形态结构并不是一成不变的，它处于一种发展变化的动态过程。城市形态的变化会对城市商业布局产生影响，同时，商业网点设施的落实也会反作用于城市空间结构形态，对改变或形成新的城市形态发挥一定作用。③城市形态发展有规律可循，通过对这种规律的研究和把握可以预见今后城市形态变化的趋势以及给商业布局带来的影响。

5. 城市交通组织

城市交通组织一般包括机动车交通组织、公交车交通组织（突出公共交通之必需）、自行车交通组织和步行交通组织。从世界城市化进程中商业市场格局的演变规律来看，在城市化初期（城市化率为30%以下），商业格局以向心集聚为特征，即人口、就业、购物由农村向城市集中，城市商业设施规模和发展速度均超过农村。在城市化中期(城市化率为30%～70%)，商业格局的同质消费行为向城市倾斜，而异质消费行为则向城乡结合部的大型超级市场倾斜。在城市化后期(城市化率在70%以上)，商业格局以离心分散为特征，即住宅郊区化、节假日休闲购物郊区化、旅游娱乐郊区化，从而带动城市郊区或城市卫星城商业格局的急剧变化，并随之引导城市交通空间网络与之相适应的体系的发展。即消费人口越分散、对交通条件的依赖性越强，商业设施的半径越大，对交通半径通畅的要求越强烈。因此，交通空间网络体系是商业网点布局的首要条件。城市交通组织对城市商业网点组织的影响主要包括以下方面：①交通对商业网点分布起关键性作用，交通组织好的城市交通系统会对商业发展产生良好影响。因此，商业网点的布局应注重与之配套的交通组织，切实做好交通系统安排，提高商业网点与城市内外的交通便捷度。②商业网点自发性建设往往形成沿路发展的态势。商业设施建设是否会引起消费者住所、交通路线的改变，这是城市商业网点规划要考虑的，不能因为商业网点建设导致交通堵塞。因此，城市商业网点组织应具有减轻交通堵塞的功能。③随着汽车经济的发展，合理规划的缺位会造成城市交通压力的增大。商业网点组织中应该考虑交通发展模式的变化以及交通组织方式的改变，避免因规划落后而难以实现促进城市发展建设的目标。

6. 城市景观风貌

城市景观风貌包括自然景观风貌和人文景观风貌。商贸流通业是城市物质文明和精神文明的窗口，现代商贸流通业不仅具有购物的功能，而且还兼有休闲、文化、旅游等多种功能，所以商业网点本身就是城市景观的组成部分，可以体现城市历史文化特色，美化环境，真正反映城市风貌。①城市商业网点组织应融入城市景观系统，体现城市风貌特色。因此，在商业网点组织要分析城市风貌特色与景观系统构成，找准网点设施融入城市风貌景观大系统的突破口，合理定位各自在该系统中的位置与作用。②商业网点的布局不能影响城市居民的生活环境和城市功能的发挥。因此，在商业网点组织过程中应审查是否破坏了城市景观风貌和生态环境。常见的情况如：在自然保护区的商业网点应当与自然保护区相协调；商业建筑不应影响城市环境等。

7. 城市文化及形象

商业和文化能够互相促进，且互为表现形式，城市文化和城市形象等软因素深刻地影响着城市的发展。在进行城市商业网点组织时，应该充分考虑城市文化和城市形象因素。

城市文化是城市特色的内涵组成，很大程度上影响着城市居民的消费理念、消费偏好等。同时，城市形象对外来人流与物流也有导向性的吸引作用。研究城市文化与城市形象能更好地预测城市商业发展潜力与方向，规划融入城市文化与形象的内容会更好地指导城市商业网点的布局建设。

商业网点的布局不应对城市文化和城市形象造成负面影响。对拟进入城市的商业建设项目应分析其对城市文化及形象有无破坏性，并依据情况在规划中予以体现，做出禁止或准入的各种相应安排。

8. 城市商业发展政策

在促进城市商业发展的过程中，商业发展政策也起到了很大作用。因此，城市商业网点规划不能忽视城市商业发展政策的影响。

商业网点规划应符合商业发展政策的要求，力图更好地促进政策的实施，保障城市商业健康有序的发展。

商业网点规划中可以提出城市商业发展的政策建议，一方面满足规划实施的需要，另一方面为政府科学决策提供支持。

7.5.3 城市商业中心空间组织

1. 商业中心的功能

商业中心一方面为城市提供更高档的服务，另一方面是商品流通的舞台，是商品走向市场的窗口，也是一个城市商业中心的信息中心，起到指导和调整一个城市商品生产的杠杆作用，对城市而言，具有强大的经济功能意义。商业中心也是城市消费和交流的主要场所，是一个城市文化和形象的表征。总的来说，商业中心既具有经济功能和社会功能，也具有生活服务功能和文化表征功能。

2. 商业中心的规模与档次

商业中心的规模主要由两方面决定，一是满足和符合消费者的各种要求，二是满足商业中心内各项设施正常运营的需要。不同等级的商业中心由于功能完善程度、服务对象、服务人数的不同，以及购物活动目的的不同，商业中心在规模上会有明显的区别，通常以商业中心总建筑面积和用地规模来表示。

《城市公共服务设施规范》(GB 50442—2008)确定的各级商业中心规划用地指标应符合表 7-2 的规定。

表 7-2　**各级商业中心规划用地指标**　（单位：hm^2）

级别＼城市规模	小城市	中等城市	大城市 Ⅰ	大城市 Ⅱ	大城市 Ⅲ
市级商业中心	30～40	40～60	60～100	100～150	150～240
区域商业中心	—	10～20	20～60	60～80	80～100
社区商业中心	—	—	12～16	16～20	20～40

注：400 万人口以上的城市，市级商业中心规划用地面积可按 1.2～1.4 的系数进行调整。

商业中心应以人口规模为依据合理配置，市级商业中心服务人口宜为 50 万～100 万人，服务半径不宜超过 8km；区域商业中心服务人口宜为 50 万人以下，服务半径不宜超过 4km；社区商业中心服务人口宜为 10 万人以下，服务半径不宜超过 1.5km。

商业中心的档次由内在因素和外在因素两个方面决定。内在因素指商业中心的数量特征和质量特征。数量特征反映了商业中心的绝对规模和服务内容的完善程度，质量特征反映了商业中心的服务档次。通常商业中心的档次和规模相一致，规模大档次也就高。此外，城市规划和商业政策的人为干预也是影响商业中心档次的重要因素。

3. 商业中心体系空间的组织模式

城市商业中心体系空间的组织模式主要有四种基本格局，分别是层次网络型格局、树状格局、串珠状格局和离散型格局(图 7-2)。

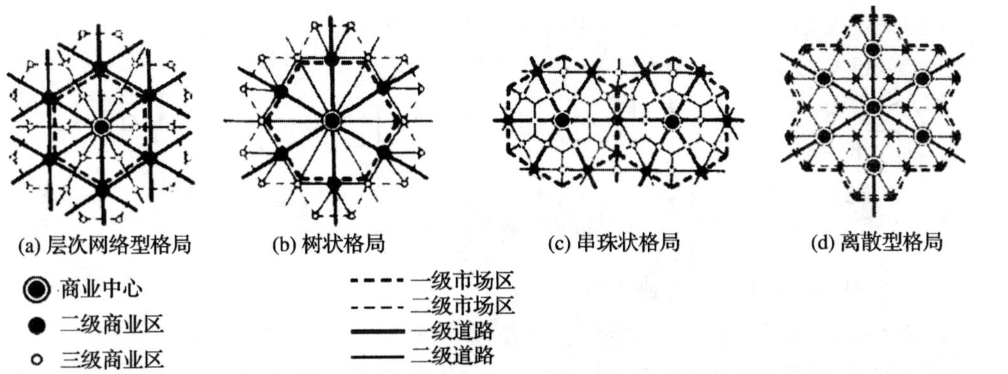

图 7-2　城市商业中心体系的空间组织模式(四种基本格局的六边形模型)

4. 商业中心的空间布局

(1)商业中心布局的内在规律

商业中心布局与土地价值具有密切的关系。商业中心总零售量随着与地价最高点距离的增加而减少。高级别的商业职能具有较高的支付地租能力,因而能够居于商业中心高地价的位置,低级别项目越来越被排斥到商业区的边缘。商业中心布局同时也受其他影响因素,如历史、现状、面积大小、人口和收入分布、交通可达性、城市规划等人为干预的影响。商业设施的发展反过来会促使地价的改变。

(2)主干设施布局结构

商业中心一般由一个或几个吸引力最大,人流活动最密集、最频繁的大型综合性商业——主干设施——来控制。主干设施是商业中心功能布局的核心,其他商业设施按一定规模排列。主干设施布局结构主要有单核或放射性单核结构(图 7-3)、哑铃型双核结构(图 7-4)、凝聚式多核结构(图 7-5)、均质型多核结构(图 7-6)。

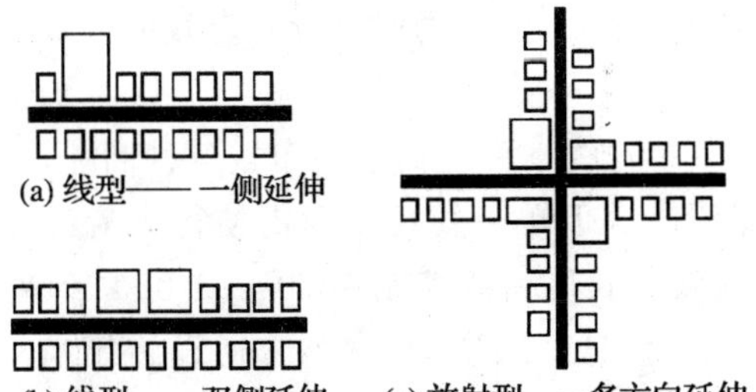

图 7-3　单核或放射性单核结构

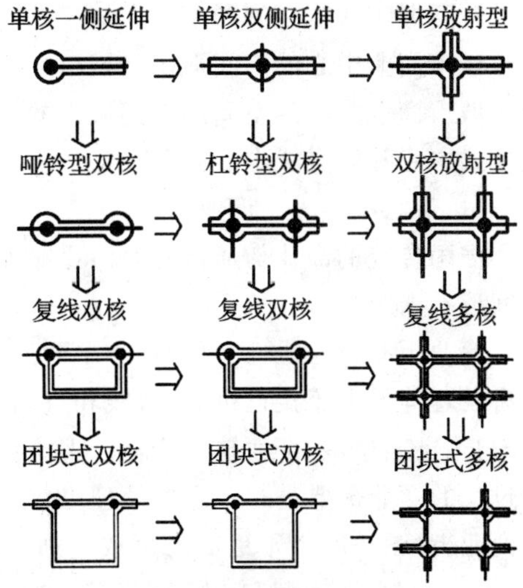

图 7-4　"哑铃"型双核结构

(3)多功能组织布局结构

主干设施与其他功能设施的结构关系有以下四种类型:

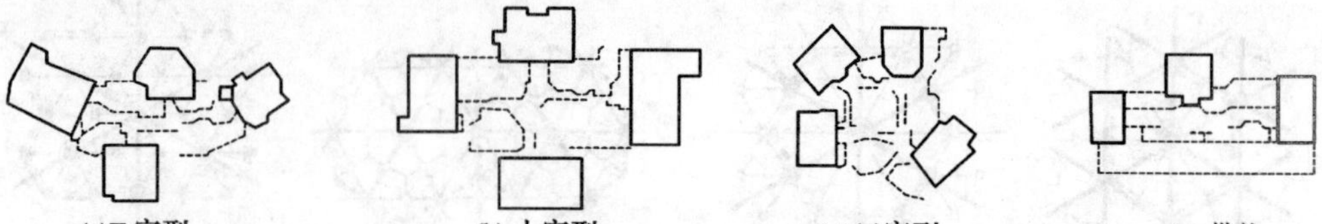

(a)T 字型　(b) 十字型　(c) 口字型　(d) 带状

图 7-5　凝聚式多核结构

①分段结构：各种功能分段布置，横向分区。

②平行分层式结构：各种功能分层布置，纵向分层。

③结核-圈层式结构(图 7-7)和三维空间立体分布的层叠式结构。

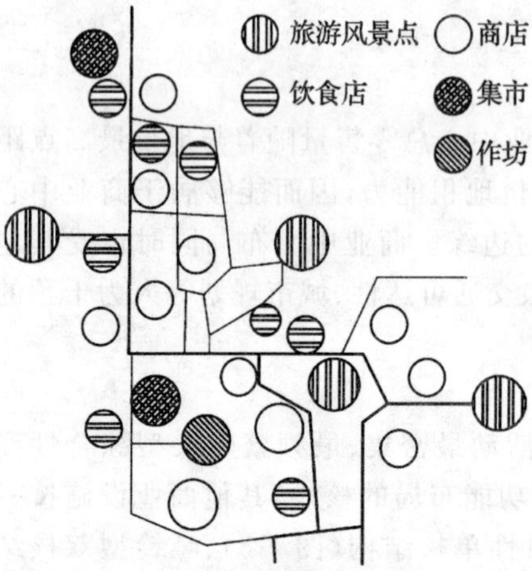

图 7-6　均质型多核结构

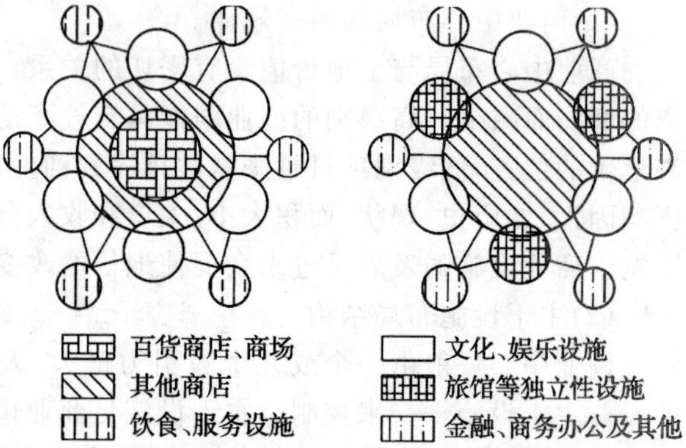

(a) 结核扩张型　(b) 圈层限定型

图 7-7　结核-圈层式结构

5. 商业中心的空间形态

城市商业中心的空间形态是城市空间体验的基础，也是城市空间最为重要的组成部分。城市商业中心的空间形态随城市的结构发展而形成，主要包括带状中心、块状中心、立体式中心和混合式中心四种。

(1)带状中心——商业街

中国传统的商业街通常都是沿道路形成，历史悠久，至今仍然是行之有效的商业中心空间形态。

商业街有单一线性、复合性和单面商业街。单一线性商业街沿街布置各种商业设施，具有较均等的人流接近机会，流线和空间形态清晰。但单一线性商业街使得人流活动流线较长、空间单调、街面缺乏变化。人流活动流线的长度一般控制在 600～1 000 米，对流线过长的商业街要进行一定的处理，如分段、增加休息开敞空间、增加交通设施等。复合性商业街(图 7-8)以干道交叉口或交通枢纽为中心，商业设施沿道路方向呈带状沿街布置，构成 L 型、T 字型和十字型格局。交叉口人车聚集，人车矛盾突出，要采取相应的手段解决交通问题。单面商业街(图 7-9)主要商业设施沿道路一侧布置，人流和车流分开，有利于交通组织。人流活动舒适、安全、流线简洁，但流线过长，缺乏空间围合。

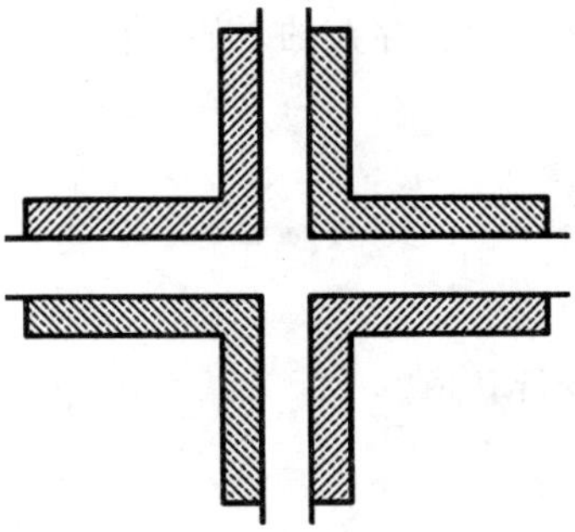

图 7-8　复合型商业街

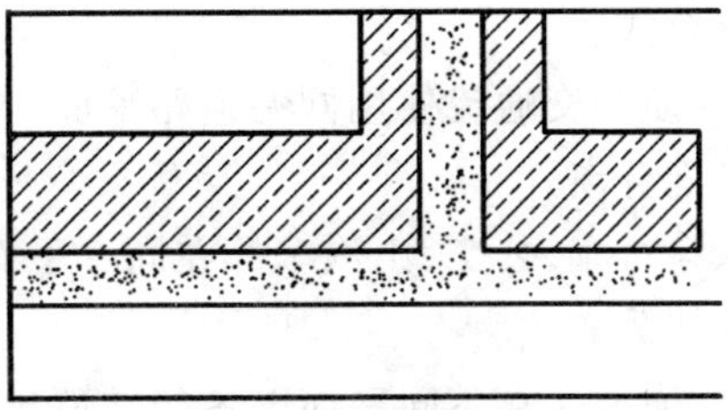

图 7-9　单面商业街

(2)块状中心——商业区

商业区主要有街坊式块状商业中心和广场式商业中心两种形式。街坊式块状商业中心(图 7-10)的商业设施在由外围道路围合的街坊内组织布局,城市交通与商业设施联系既便捷又相对独立,街坊内可形成良好的购物空间。以广场为中心,商业设施沿周边布置,形成广场式商业中心(图 7-11)。

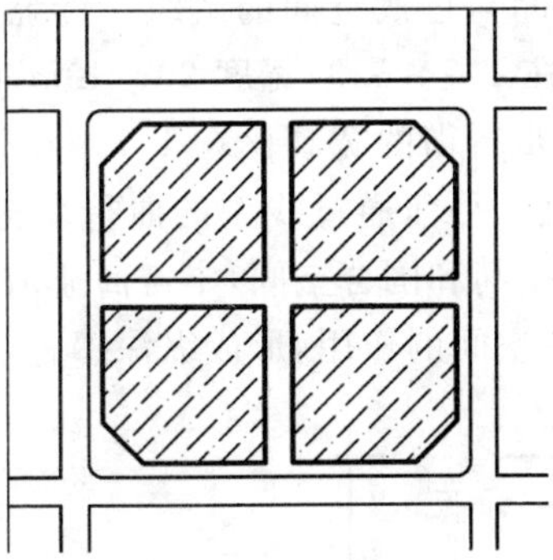

图 7-10　街坊式块状商业中心

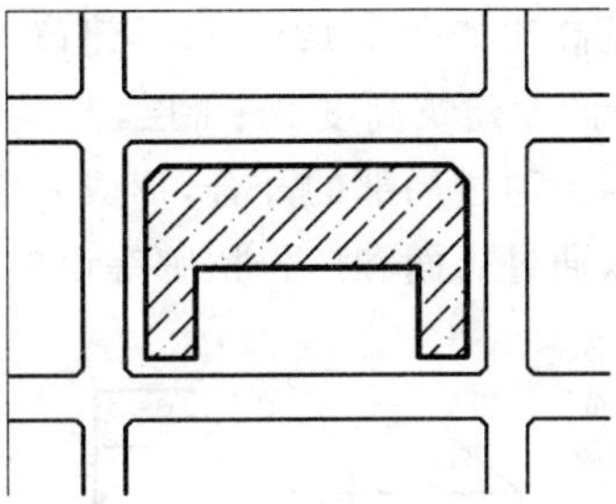

图 7-11　广场式商业中心

(3)立体式中心

立体式中心在三度空间上组织交通和商业设施。人流、车流、货流在三度空间上分离,商业设施与竖向功能分区相结合,突破了传统商业中心仅在地面组织交通和设施的局限,可有效解决土地紧张、商业中心外部空间不足的问题。但立体式中心也存在造价昂贵、技术复杂,以及消防、安全、卫生,并使消费者远离自然等一系列问题。

(4)混合式中心

商业街与广场式商业中心结合形成二度混合中心,带状、块状和立体式空间组合形成三度混合式中心。以各种购物中心和商业综合体为代表的混合式商业中心往往占据整个街坊甚至横跨数个街坊。郊外购物中心如同一个超大型建筑,拥有独立的整体性设施,它们实际上可能是由一组规模不同、功能各异的商业设施和建筑共同构成,布局紧凑、庞大,表现出建筑整体性与个性的结合和室外空间与室内空间的融合,在空间形态上向纵横两个方向发展。

6. 商业中心道路交通组织的基本形式

通过研究商业中心交通源的形成与相互吸引的调查,了解商业中心直观具体的交通流特征和道路设施状况，分析商业中心地区道路交通现状存在的矛盾，合理组织商业中心的交通。商业中心道路交通组织的基本形式如下：

(1)混合式

不同性质的交通流使用同一道路平面。

(2)平面分离式

行人、自行车、公交、小汽车等在同一平面上各行其道。

(3)立体分离式

各种交通方式在不同平面上各行其道。

7. 商业中心的环境组织

商业中心的环境组织是以人在其中感觉到便捷、安全、舒适为前提，并达到对商业场所具有经验认知和情感认知的感觉。商业中心的环境组织既包含建筑、辅助附属设施、绿化、水体、小品、界面等实体性内容，也包括造景、光影和色彩、景线(结合主要人流走向，设计连续变化的序列景观)。

在空间组织上主要注意设置适宜人的空间尺度和形状，建立从一面到四面围合的空间，并进行空间内的空间、穿插式空间、邻接式空间与过渡空间的组织。传统商业街宽高比在 0.7～1.5，宽度 6～8m，干道商业街宽高比在 1.5～3.3，宽度 20～40m，我国某些城市商业街宽高比如图 7-12 所示。建议一般新建步行街的宽高比在 1.7～2.5，宽度 10～20m。邻街商业建筑高度 2～4 层，高层后退为宜。平面通过线型的曲折变化，形成丰富的景观系列。通过局部的开合，形成一定的开敞空间和围合空间，丰富商业街的内容和层次。也可以通过店面和广告招牌等设施起到划分空间的作用，形成纵深感。

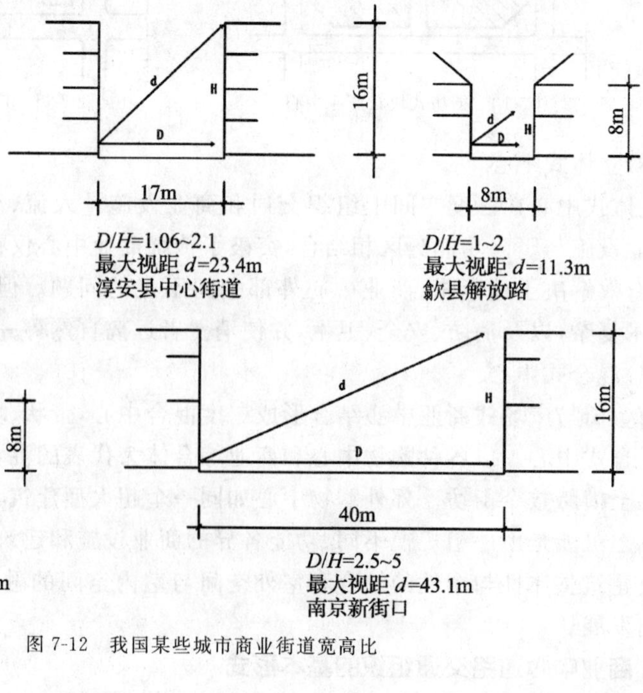

图 7-12 我国某些城市商业街道宽高比

7.5.4 城市商业街的空间组织

1. 商业街在城市中的位置

市级商业街在城市中的位置大体可以分为三种基本类型:第一种商业街在城市的几何中心,也称核心型商业街;第二种商业街在城市近环路的边缘,也称中核心型商业街;第三种商业街在城市外环路的边缘,又称外核心型商业街。

2. 商业街的基本组织模式

商业街有多种组织模式,按照商业设施的不同分为两种主要模式:环形商业街组织模式(图 7-13)和带形商业街组织模式(图 7-14)。

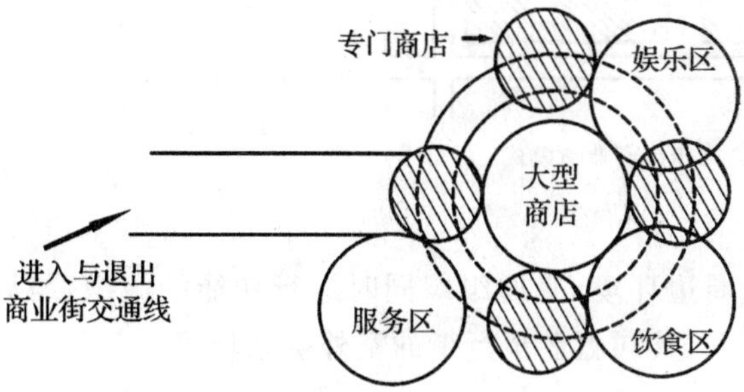

图 7-13 环形商业街组织模式

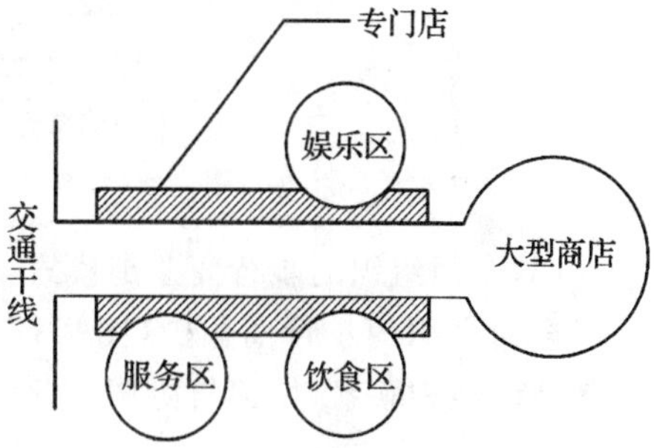

图 7-14 带形商业街组织模式

3. 步行商业街基本模式

步行商业街是最受欢迎的商业街空间形式,也是商业中心最基本的功能载体。不论是传统商业街区的保护与更新、现有商业中心的改建与整治、新商业中心的规划,还是城郊型的商业中心的规划都包含步行商业街的内容。步行商业街既保持了传统商业街道的艺术魅力,又融合了购物中心所具有的安全、方便、舒适、多功能的特点,是最富有生命力的商业空间。其组织模式主要有如下五种:

(1)传统商业街改造模式

采取传统商业街改造模式的商业街的交通封闭,在中部提供休息空间,由小卖亭、树木、草坪、喷泉雕塑和休息椅等小品组成,为消费者提供休息和交往的场所,丰富商业街的内容和景观环境。如林巴·考文垂模式的步行商业街(图 7-15)。

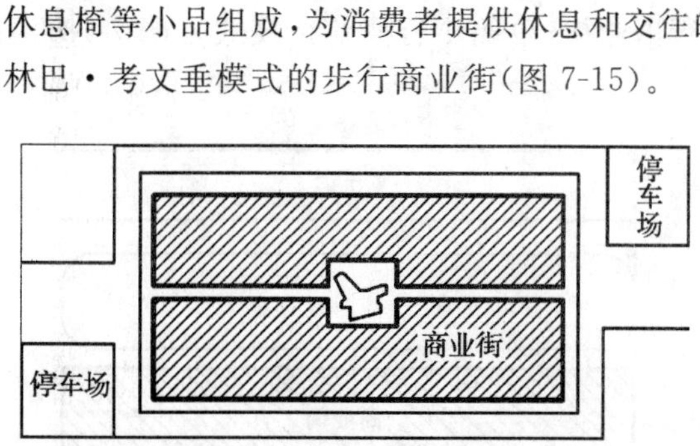

图 7-15 林巴·考文垂模式的步行商业街模式

(2)岛式步行商业街模式

岛式步行商业街(图 7-16)由若干个小广场和各具特色的建筑群组成。由于它一般是一次性规划建设,比较完整,空间艺术性强,对突出城市特色、丰富和改善城市形象有积极的作用。

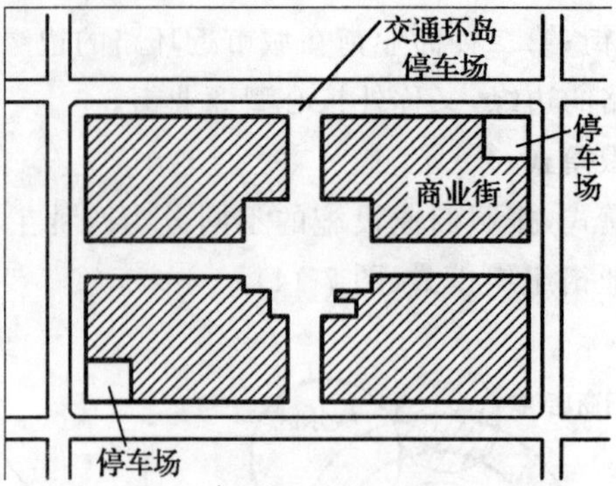

图 7-16　岛式步行商业街模式

(3)全面组织的步行商业街模式

全面组织的步行商业街(图 7-17)与周边环境、交通组织同时进行功能的组织,与周边各种设施相联系,衔接与协调彼此的关系,共同塑造步行街的室外空间环境。

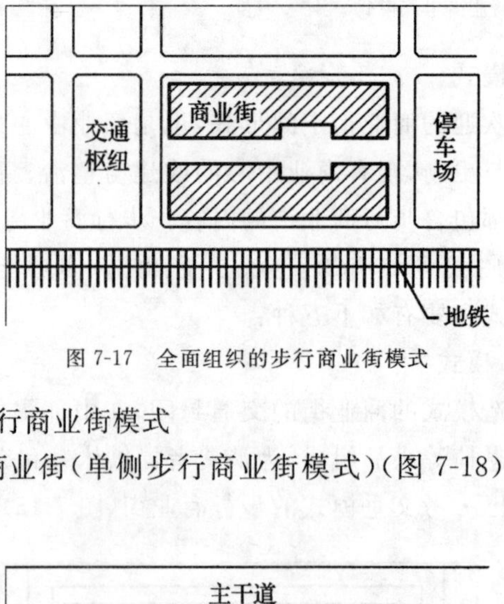

图 7-17　全面组织的步行商业街模式

(4)沿干道一侧的步行商业街模式

沿干道一侧的步行商业街(单侧步行商业街模式)(图 7-18)沿路布置大量绿化和环境小品。

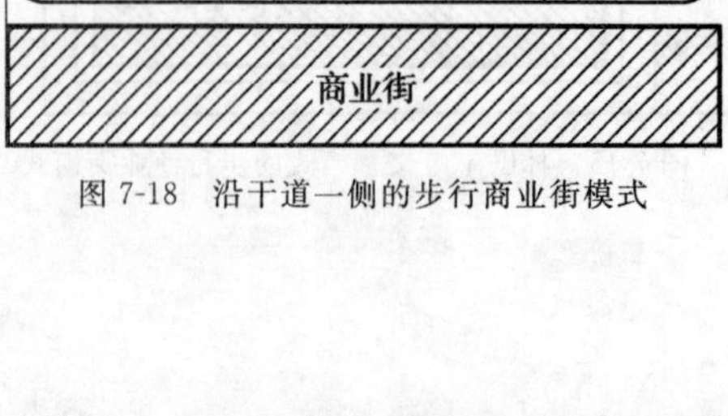

图 7-18　沿干道一侧的步行商业街模式

(5)“摩尔”模式

“摩尔”模式步行商业街(图 7-19)是对旧城商业街改造所形成的一种步行商业街模式。它充分利用现有设施,新建筑充分考虑与旧建筑风格的协调,保护文物以及一些虽无历史价值但群众对其有特殊感情的建筑,或具有场所感、标志性的历史建筑。

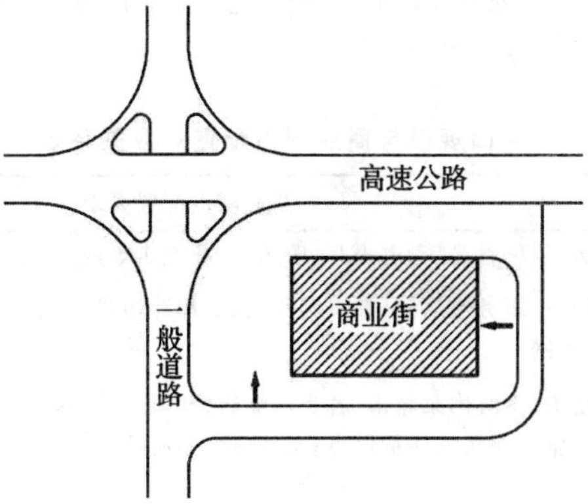

图 7-19 “摩尔”步行商业街基本模式

7.5.5 城市大型零售商业网点的空间组织

大型零售商业网点主要包括营业面积 5 000 平方米以上的大型百货店、大型综合超市、购物中心、仓储式商场和大型专业店等零售业态。

1. 大型零售业态的发展与提升导引

大型零售网点要注重结合商业中心、商业街,依托快速轨道和快速干道,在商业中心、商业街以及地铁出口处、交通换乘枢纽站、干道交汇处合理布局大型商业网点,使零售商业布局适当拉开;在城市核心商圈尤其要注重大型零售网点与现代服务业协调发展,引入各种现代服务元素,从内在功能到外在形态对大型零售网点进行全面提升。要加强对大型百货店、购物中心、大型专业店和大型综合超市建设的规划引导,合理布局层次较高、形象较好的零售、餐饮、休闲服务等商业网点,使之成为亮丽的商业景观,提升城市的整体形象。

2. 大型零售网点的空间布局要素

大型零售网点的布局要素主要有人口分布、交通条件、集聚效应和居民购买力及消费习惯。因此,在大型零售网点的布局中,一要考虑人口的分布状况,按照人口数量与商业网点配置的对应关系进行合理布局。二要考虑交通条件对网点的支持程度,尽量将大型零售网点布局在快速轨道交通出站口和快速干道交汇处,注重根据不同业态的功能需求,完善大型零售网点人流、物流的交通组织。三要考虑商业网点的集聚效应,尤其在商业中心区内,可以适当多布局一些大型零售网点,以利于增强集聚效应,扩大商业区的影响力。四要考虑居民购买力和消费习惯,合理布局满足不同消费层次的大型零售网点。

3. 大型零售网点与人口数量的对应关系

按照国外的经验和我国城市发展的实践,人口的数量规模和集聚程度与零售商业网点的配置存在一定的对应关系。通过对国内外资料进行整理，得出人口规模与商业网点配置对应关系表(表7-3)。从空间布局的角度出发，大型零售网点基本上遵循表7-3中的要求进行合理布局。值得注意的是，政府对大型零售网点调控的重点是“网点不足”。“网点过剩”可依靠市场机制的优胜劣汰达到均衡，政府也可以相应开展指导协调工作；当“网点不足”以致影响到居民的日常生活时，政府需要通过优惠政策等手段，引导商业企业布局相应的网点。

表7-3　人口规模与商业网点配置对应关系表

人口规模	商业网点配置要求
达到2 000人	设置便利店、生鲜食品店、书报亭、医药店、餐饮店等网点
达到5 000人	增设综合超市、服务类店铺(如美容美发、照相冲印、洗衣、家电钟表及日用品维修、影碟影带出租等)等网点
达到2万人	增设中型超市、生鲜肉菜超市、各类专业店(如服装店、医药店、家电店、书店等)等购物网点；餐饮店、旅店等餐饮住宿网点；文体娱乐场所等
达到10万人	增设大型综合超市等
达到20万人	增设大型专业店、社区购物中心等
达到50万人	增设中型购物中心、仓储式商场、大型百货商店等购物网点和场所；各类中高档酒楼、宾馆酒店等餐饮住宿网点；大型文体娱乐设施等
达到100万人	增设大型购物中心、高级酒店等

注：(1)根据国内外有关资料整理而成。
(2)此表要求人口密度＞2 000人/平方公里。

4.大型零售网点的数量控制

大型零售网点的数量主要根据人口分布、交通条件、消费水平等因素来调控，其中人口是首要因素。

(1)大型百货商店

大型百货商店一般要有50万以上人口的大商圈支持，且商圈空间范围较大，包括周边地区人口。因此应根据全市人口规模确定大型百货商店的数量，再根据商业功能区的情况，将大型百货商店分布在各主要商业功能区内。

(2)仓储式商场

仓储式商场需要大商圈和大交通的支撑，一般布局在交通便利之处，商圈人口需要在50万人以上，且商圈主要以机构团体、零售商、餐饮店等为主构成。

(3)大型专业店

大型专业店的布局较为灵活，商圈人口一般需要在20万人以上，但并不强调是当地人口。

(4)大型综合超市

大型综合超市要求有10万人以上的商圈人口，以当地居民为主。

(5)购物中心

购物中心需要较大的商圈支撑，大型购物中心的商圈人口一般在100万人以上，社区型购物中心的商圈人口一般在20万人以上。

思考题

1.现代商业服务业内涵是什么?

2.现代商业服务设施分类有哪些?

3.比较分析城市服务设施组织理论。

4.城市商业服务体系构成有哪些?

5.简述城市步行商业街的组织模式。

第8章 城市公共管理和公共服务功能与组织

8.1 概　述

城市是人类理想的生活和生产场所，人们拥有丰富多彩而有序的社会生活、经济生活和文化生活，均因城市有丰富而多样的公共管理和公共服务功能，而这些完全取决于城市公共设施的支持水平。城市公共设施的内容和规模能在一定程度上反映城市的性质、城市的物质生活与精神生活水平和城市的文明程度。

城市公共服务设施是以公共利益和设施的可供使用为基本特性。公共服务设施的设置，在一定的标准与要求控制下，可以由政府、社团或是企业与个人来设立和经营，不会因为所有权属的性质而影响其公共性。

8.2 公共服务设施分类

城市公共服务设施种类繁多，且性质、归属不一。随着全球化、信息化的发展，城市生活观念和生活方式的改变，必然改变着城市公共服务设施的内涵。城市公共服务设施一般包含建筑、场地、绿地及附属设备等。为了便于熟悉、了解，城市公共服务设施一般按照用地功能类型和公共服务设施服务范围进行分类。

8.2.1 按用地功能类型划分

依照《土地利用现状分类》(2007)规定，城市公共服务设施分为八类：

(1)机关团体设施

机关团体设施指用于党政机关、社会团体、群众自治组织、企事业管理等办公设施。

(2)新闻出版设施

新闻出版设施指用于广播电台、电视台、电影厂、报社、杂志社、通讯社、出版社等公共设施。

(3)科教设施

科教设施指用于各类教育，独立的科研、勘测、设计、技术推广、科普等设施。

(4)医卫慈善设施

医卫慈善设施指用于医疗保健、卫生防疫、急救康复、医检药检、福利救助等设施。

(5)文体娱乐设施

文体娱乐设施指用于各类文化、体育、娱乐及公共广场等设施。

(6)公共设施

公共设施包括给排水、供电、供热、供气、邮政、电信、消防、环卫、公用设施维修等设施。

(7)公园与绿地设施

公园与绿地设施指城镇内部的公园、动物园、植物园、街心花园和用于休憩及美化环境的绿化设施等。

(8)风景名胜设施

风景名胜设施指风景名胜(包括名胜古迹、旅游景点、革命遗址等)景点及管理机构的建筑设施等。

8.2.2 按公共服务设施的服务范围分类

按照城市用地结构的等级序列,公共服务设施相应地分级配置,一般分为三级:

(1)市级如市政府、博物馆、大剧院、电视台等。

(2)居住区级如街道办事处、派出所、街道医院等。

(3)小区级如小学、菜市场等。

需要说明的是,并非所有公共服务设施都必须分级配置,要根据公共服务设施的性质和居民使用情况来定。例如,银行可以有市级机构、小区或街坊的储蓄所;而博物馆等设施一般只在市一级设置。

8.2.3 其他分类

按照公共服务设施所属机构的性质及其服务范围,可分为非地方性公共服务设施与地方性公共服务设施。前者如全国性或区域性行政或经济管理机构,大专院校等;后者则基本上为当地居民使用的设施。城市公共服务设施按照属性还可以分为公益性设施与营利性设施。

8.3 公共服务设施组织的配置要求

不同的公共服务设施因功能、性质、服务对象与范围的不同,对空间布局各有不同的要求。如公益性设施(包括中小学校、社区卫生医疗、文化设施等),其布局与人口规模和分布密度密切相关,具有地方性;有些公共服务设施则与城市的功能相关,不完全涉及城市人口规模的大小,如旅游城市的交通、宾馆等设施,多为外来游客服务,具有非地方性;另外也有些公共设施是兼而有之的,如学校、医院设施等,既要为城市服务,也要为更大的区域范围服务。

各项城市公共服务设施用地布局,应根据城市的性质和人口规模、用地和环境条件、设施的功能要求等进行综合协调与统一安排,以满足社会需求和发挥设施效益。

8.3.1 行政办公设施组织的配置要求

行政办公设施指党政行政机关、党派和团体等市属机构，以及非市属的行政管理机构和其他办公设施。行政办公设施布局宜采用集中与分散相结合的方式，以提高效率。城市规划行政办公设施用地指标要符合表 8-1 的要求。

表 8-1 行政办公设施规划用地指标

分项＼城市规模	小城市	中等城市	大城市 Ⅰ	大城市 Ⅱ	大城市 Ⅲ
占中心城区规划用地比例(%)	0.8～1.2	0.8～1.3	0.9～1.3	1.0～1.4	1.0～1.5
人均规划用地(m^2/人)	0.8～1.3	0.8～1.3	0.8～1.2	0.8～1.1	0.8～1.1

8.3.2 文化娱乐设施组织的配置要求

文化娱乐设施指城市各类文化和娱乐设施，主要包括广播电视和出版类、图书和展览类、文化艺术和游乐类等设施。在城市规划布局中宜保留原有的文化娱乐设施，规划新的大型游乐设施用地应选址在城市中心区外围交通方便的地段。

文化娱乐设施规划用地指标应符合表 8-2 的要求，各类设施的规划用地比例宜符合表 8-3 的要求，具有公益性的各类文化娱乐设施的规划用地比例不得低于表 8-4 的要求。

表 8-2 文化娱乐设施规划用地指标

分项＼城市规模	小城市	中等城市	大城市 Ⅰ	大城市 Ⅱ	大城市 Ⅲ
占中心城区规划用地比例(%)	0.8～1.0	0.8～1.1	0.9～1.2	1.1～1.3	1.1～1.5
人均规划用地(m^2/人)	0.8～1.1	0.8～1.1	0.8～1.0	0.8～1.0	0.8～1.0
设施类别	广播电视、出版类		图书、展览类		影剧院、娱乐、文化艺术类
占文化娱乐设施规划用地比例(%)	10～15		20～35		50～70

表 8-3 各类文化娱乐设施规划用地比例

设施类别	广播电视、出版类	图书展览类	影剧院、游乐、文化艺术类
占文化娱乐设施规划用地比例(%)	10～15	20～35	50～70

表 8-4 公益性的各类文化娱乐设施规划用地比例

设施类别	广播电视、出版类	图书展览类	影剧院、游乐、文化艺术类
占文化娱乐设施规划用地比例(%)	10	20	50

8.3.3 体育设施组织的配置要求

体育设施指市级和区级体育场馆及训练场地等设施，规划用地指标应符合表8-5的要求，并保障具有公益性的各类体育设施规划用地比例。大中城市宜分级设置市级和区级体育设施，其规划用地指标宜符合表8-6的要求。根据拟定举办体育赛事的类别和规模，新建体育设施用地布局应满足用地功能、环境和交通疏散的要求，并适当留有发展用地。群众性体育活动设施，宜布局在方便、安全、对生活休息干扰小的地段。

表8-5 体育设施规划用地指标

城市规模 / 分项	小城市	中等城市	大城市		
			Ⅰ	Ⅱ	Ⅲ
占中心城区规划用地比例(%)	0.6～0.9	0.5～0.7	0.6～0.8	0.5～0.8	0.6～0.9
人均规划用地(m^2/人)	0.6～1.0	0.5～0.7	0.5～0.7	0.5～0.8	0.5～0.8

表8-6 市级、区级体育设施规划用地指标

城市规模 / 分项	小城市	中等城市	大城市		
			Ⅰ	Ⅱ	Ⅲ
市级体育设施(hm^2)	9～12	12～15	15～20	20～30	30～80
区级体育设施(hm^2)	—	6～9	9～11	10～15	10～20

8.3.4 医疗卫生设施组织的配置要求

医疗卫生设施指医疗、保健、防疫、康复、急救、疗养等设施。医疗卫生设施规划用地指标应符合表8-7的要求。疗养设施规划用地宜布局在自然环境较好的地段，规划用地指标应符合表8-8的要求。医疗卫生设施用地布局应考虑服务半径，选址在环境安静、交通便利的地段。传染性疾病的医疗卫生设施宜选址在城市边缘地区的下风方向。大城市应规划预留"应急"医疗设施用地。

表8-7 医疗卫生设施规划用地指标

城市规模 / 分项	小城市	中等城市	大城市		
			Ⅰ	Ⅱ	Ⅲ
占中心城区规划用地比例(%)	0.7～0.8	0.6～0.8	0.7～1.0	0.9～1.1	1.0～1.2
人均规划用地(m^2/人)	0.6～0.7	0.6～0.8	0.6～0.9	0.8～1.0	0.9～1.1

表8-8 疗养设施规划用地指标

规模	小型	中型	大型	特大型
床位数(床)	50～100	100～300	300～500	≥500
规划用地(hm^2)	1.0～3	3～6	6～9	≥10

8.3.5 教育科研设计设施组织的配置要求

教育科研设计设施指有固定校址和用地范围的高等院校、中等专业学校、科研和勘察设计院所、信息和成人高等培训学校等设施。教育科研设计设施规划用地指标应符合表8-9的要求。教育设施规划用地指标应按学校发展规模计算;新建高等院校和对场地有特殊要求的科研院所,宜在城市边缘地区选址,并宜适当集中布局。

表 8-9 教育科研设计设施规划用地指标

分项 \ 城市规模	小城市	中等城市	大城市 Ⅰ	大城市 Ⅱ	大城市 Ⅲ
占中心城区规划用地比例(%)	2.4～3.0	2.9～3.6	3.4～4.2	4.0～5.0	4.8～6.0
人均规划用地(m^2/人)	2.5～3.2	2.9～3.8	3.0～4.0	3.2～4.5	3.6～4.8

8.3.6 社会福利设施组织的配置要求

社会福利设施指为孤儿、残疾人、老年人等社会弱势群体所设置的学习、康复、服务、救助等设施。社会福利设施规划用地指标应符合表8-10的要求。老年人设施布局宜邻近居住区环境较好的地段,其规划人均用地指标宜为$0.1m^2$～$0.3m^2$。残疾人康复设施应在交通便利,且车流、人流干扰少的地带选址,其规划用地指标应符合表8-11的要求。儿童福利院设施宜邻近居住区选址,其规划用地指标应符合表8-12的要求。

表 8-10 社会福利设施规划用地指标

分项 \ 城市规模	小城市	中等城市	大城市 Ⅰ	大城市 Ⅱ	大城市 Ⅲ
占中心城区规划用地比例(%)	0.2～0.3	0.3～0.4	0.3～0.5	0.3～0.5	0.3～0.5
人均规划用地(m^2/人)	0.2～0.3	0.2～0.4	0.2～0.4	0.2～0.4	0.2～0.4

表 8-11 残疾人康复设施规划用地指标

分项 \ 城市规模	小城市	中等城市	大城市 Ⅰ	大城市 Ⅱ	大城市 Ⅲ
规划用地(hm^2)	0.5～1.0	1.0～1.8	1.8～3.5	3.5～5	>5

表 8-12 儿童福利院设施规划用地指标

标准类型	一般标准	较高标准	高标准
单个规划用地(hm^2)	0.8～1.2	1.2～2	>2

8.4 城市公共服务设施系统的组织

城市公共服务设施的种类繁多,它们的组织因各自的功能、性质、服务对象与范围的不同而各有要求。它们与城市的其他功能有着配置的相宜关系，需要通过有机组织，形成功能合理、有序的布局。城市公共服务设施的组织需要考虑系统分布和分级集聚两方面的要求。对不同的城市区域有不同的尺度要求，从城市整体的尺度上要求对城市公共服务设施总量指标和分类分别进行预测，组织城市分级的公共活动中心。按照各项公共服务设施与城市其他功能的配置关系，使之各得其所。在社区区域尺度上，依据城市规划部门的要求进行具体的公共服务设施项目配置。

8.4.1 分级和分类组织

非地方性的公共服务设施分布往往有其自身的服务区位要求。地方性的公共服务设施一般根据城市功能的要求，与城市的系统结构相对应，进行分级和分类配置。按照公共服务设施与居民生活的密切程度和服务区域面积确定合理的服务半径。公共服务设施一般分为三级：城市级，包括行政中心、文化中心、体育中心、科教中心等；居住区级，如街道办事处、派出所、街道医院等；社区级，如小学、菜市场等。不同功能类型的公共服务设施具有不同的布局特点，在局部地域的设置按服务功能与对象分类集聚组织，以发挥联动效应，如大型游乐场所。服务业、娱乐业等一般以中心地方式组织，形成城市中心、分区中心、居住区中心、小区中心等，也会形成一些其他形式，比如文教一条街，大学城等。

8.4.2 组织规律

机关团体设施通常采用集中和分散相结合的组织方式，大部分行政机关办公机构集中布局在城市中心区边缘，成为城市行政中心，部分对外联系比较密切的部门分布于城市边缘地带。

大专院校、科研机构空间组织形式较为多样。一些新建的大学校区占地面积大，往往布置在城区边缘；科研机构和专科学校，常常与生产性结构相结合，形成一定的专业化地区。科技园区（高科技技术园区）与综合性大学相毗邻，利于相互促进，共同发展。

医疗卫生设施根据不同的级别和服务范围，均匀分布在城区。有些小城市担负着为较大地区服务的职能，应在长途汽车站、火车站等附近增设一些医疗设施。

大型体育设施一般应均匀布置在城市中心区外围或边缘，需要有良好的交通疏解条件。而服务于居民的文化设施常与居住用地、公建中心相结合，构成社区级公共活动中心。

8.4.3 综合协调性

公共服务设施本身虽作为一个环境形成因素，但其分布对周围环境也有所要求。例如，医院一般要求有一个清洁安静的环境；露天剧场或球场的布置，既要考虑自身发生的声响对周围的影响，同时也要防止外界噪声对表演和竞技的妨碍；学校、图书馆等单位一般不宜与剧场、市场、游乐场等近邻，以免受到噪声干扰。

公共服务设施种类多，而且建筑的外形和立面也比较多样和丰富。因此，城市公共服务设施的系统布置和形态组合是城市布局结构的重要构成要素和形态表现。通过不同的公共服务设施和其他建筑的协调处理与布置，组织街景和景点，尤其在中心区往往形成丰富的城市景观环境，成为展示城市形象特征的重点载体。

8.5 城市公共中心的组织

8.5.1 概 述

城市公共中心是城市开展政治、经济、文化等公共活动的中心，是城市居民进行公共活动最频繁、社会生活最集中的场所，也是城市结构的核心地区和城市功能的重要组成部分。它是城市公共建筑和第三产业的集中地，集中体现城市的经济社会发展水平，承担经济运作和管理职能。城市公共中心是城市形象精华所在和区域性标志，一般通过各类公共建筑与广场、街道、绿地等要素有机结合，充分反映历史与时代的要求，形成富有独特风格的城市空间环境，以满足居民使用和观赏要求。

时代的发展，人类生活的丰富，要求城市公共中心的功能趋于多样化，科技的发展和人们对生活品质要求的提高，又促进了城市公共中心主题化的发展。城市公共中心功能的多样化导致空间组织的复杂化，城市公共中心的空间架构由单一向复合、由简单向复杂转变。随着生活水平的提高，人们对城市公共中心的环境质量要求越来越高，更加强调安全性、便捷性，因此在城市公共中心应综合应用各种交通工具，充分考虑地上、地面、地下三个层次的环境建设、交通组织。城市公共中心作为城市的形象载体，更加强调对传统文脉的延续和地方特色，在高科技技术和网络应用背景下，它也成为人与人、城市与城市交流的平台。

8.5.2 城市公共中心分级与分类

1. 分级

规模较大的城市，因公共服务设施的性能与服务地域和对象的不同，往往有与全市性、区域性以及居住区、小区等相应的设施种类与规模的集聚设置，形成城市公共中心的等级系列。根据服务的范围及对象不同，大中城市公共中心一般可分四级(图 8-1)：为整个城市范围服务的市级公共中心、为行政区域或地区范围服务的地区级公共中心、为居住区范围服务的居住区级公共中心和为小区范围服务的小区级公共中心。

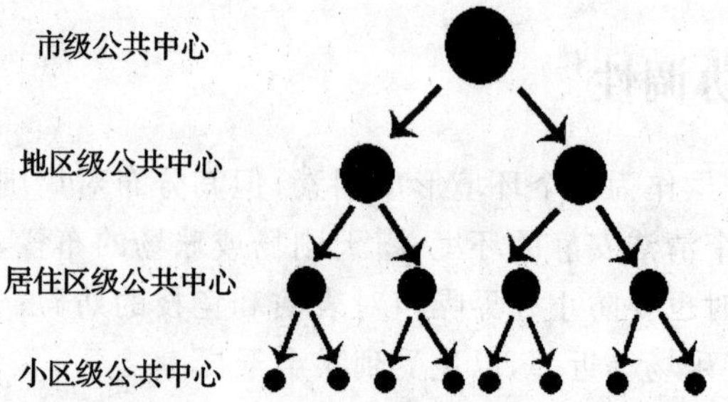

图 8-1 城市公共中心的等级系列

2. 分类

由于城市功能的多样性及一些专业设施相聚集而形成的专业性，如体育中心、科技中心、会展中心、会议中心等。尤其在一些巨型城市，或是以某项专业职能为主的公共中心，会有些类专业中心，或汇集于城市公共中心地区，或是在单独地域设置。图 8-2 为城市各类公共中心构成示意图。

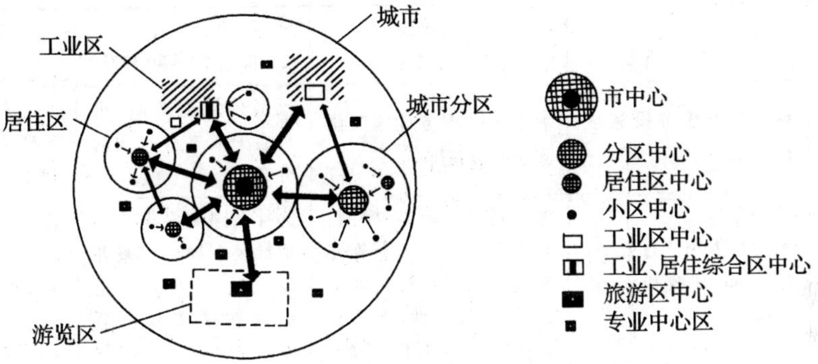

图 8-2　城市各类公共中心构成

城市规划部门在确定城市结构时，通常将城市公共中心划分为城市综合性公共中心、城市行政中心、城市文化中心、城市体育中心、城市博览中心、城市会展中心等。

城市综合性公共中心是城市中三种及三种以上的公共活动内容相对集中的公共中心，它往往是城市主要的公共活动中心。城市行政中心是城市的政治决策与行政管理机构的中心，是体现城市政治功能的重要区域。城市文化中心是以城市文化设施为主要配置的公共中心，是体现城市文化功能和反映城市文化特色的重要区域。城市体育中心是城市各类体育活动设施相对集中的地区，是举行城市大型体育活动的主要区域。城市博览中心是城市博物、展览、观演等文化设施相对集中的地区，是城市文化生活特色的体现。城市会展中心是城市会议展览设施相对集中的地区，是城市展示和对外交流的重要场所。

8.5.3　城市公共中心的区位理论和区位模式

1. 区位理论

1968 年，麦克尔·忒兹(Michael Teitz)发表了《走向城市公共设施区位理论》一文，提出了公共服务设施区位理论，考虑在效率与公平的前提下如何最优布局城市公共服务设施的问题。他指出，公共服务设施区位理论从根本上区别于个人设施区位理论，开创了地理学中区位研究的一个新领域。

麦克尔·忒兹注意到了公共服务设施与私人设施区位理论的根本差异，并将新古典福利经济学中的公共服务设施区位分布的平衡模型假设纳入到一个标准化和数量化的简单理论框架中，看到了将政治变量纳入区位理论中的潜在价值。尽管麦克尔·忒兹的理论模型看起来过于简单，而且存在一些缺陷，但后来一些学者的研究一直没有超越他开拓的研究范围。

城市公共服务设施的传统理论在后数量化时代呈现出明显的不平衡发展状态。城市公共服务设施传统区位理论作为一整套标准化的模型，随着社会的发展，内容更加丰富而广泛，研究更加详细。然而，非盈利性和私有化部门的出现，威胁并腐蚀、弱化着传统、成熟的公共服务设施区位理论的存在和发展(表 8-13)。

表 8-13　城市公共服务设施区位理论的演进

	第一阶段(20 世纪 60 年代)	第二阶段(20 世纪 70 年代)	第三阶段(20 世纪 70～80 年代)	第四阶段(20 世纪 80～90 年代)
主要研究范围	城市公共服务设施区位理论	城市公共服务设施区位理论与数量时代	反驳传统遗产：城市社会中成本与利润的分布	保留传统：在人文服务理论环境中重构服务区位理论
主要问题	如何关注效率与公平，如何布局城市公共设施	考虑到设施距离、模型、影响和外部性，涉及公平与效率如何能够实现；对于外部性，为什么社会反对公共服务设施	为什么国家寻求在当地社区布局公共服务设施；成本与效益是如何在城市社会分布的	公共服务设施模型如何在当地城市范围尺度配置，以达到平衡顾客和关注社区
主要理论与方法基础	新古典主义福利经济学；数量方法，模型构建；标准化的合理性	行为主义；数量方法；模型构建；标准化的合理性	政治地理学、国家理论；社会理论(差异、环境的种族主义)	规模与模型构建范式；规模化的合理性；区位-分配模型
设施类型	没有具体说明	通常没有说明，或大规模公共基础设施	环境的危险性	人文服务

2. 区位模式

规模不同的城市在各类公共活动中心的设置上不尽相同，特大城市的公共中心设置趋于多样化和专业化，而小城市的公共中心设置则趋于综合化(表 8-14)。

表 8-14　城市公共中心在各级城市中的分布

城市公共活动中心	特大城市	大城市	中等城市	小城市
综合性公共中心	▲	▲	▲	▲
行政文化中心	▲	▲	△	
商业中心	▲	▲	▲	—
商务中心	▲	△	—	
体育中心	▲	△	△	—
博览会展中心	▲	△	—	—

注：▲应设置　△可设可不设　—不设置

(1)区位中心型

此类城市公共中心位于城市的中心，多常见于团块型城市与星型城市。

(2)偏心型

此类城市公共中心没有位于城市的几何中心，由于城市形态是不规则的，城市中心常由于地形、河流等自然要素或者交通、港口等要素的影响而偏于城市一隅，常见于扇形城市和指形城市中。

(3)多中心型

此类城市公共中心有多个，由于城市空间分成若干个组团或呈带形分布，常见于组团城市和带形城市中。

8.5.4 城市公共中心的布局

1. 要求

不同类型的城市公共中心在城市中应合理分布、功能互补、联系快捷、使用方便。同一类型的城市公共中心在城市中应依服务对象、服务范围的不同，按市、地区、居住区、小区分级设置。城市公共中心的性质和规模应根据居民生活的实际需要确定，其分布要考虑城市交通组织、城市景观组织和城市基础设施的合理安排等相关要素。

2. 主要形态

城市公共中心布局的主要形态可分为五类：

(1)街道主导型

街道主导型(图 8-3)是以中心街道为主导组织公共中心空间布局的形态。

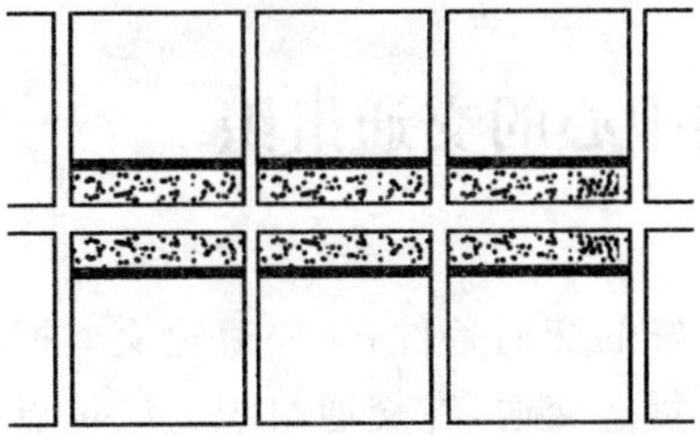

图 8-3 街道主导型公共中心模式

(2)格网主导型

格网主导型(图 8-4)是以几条街道交织成的网络为主导组织公共中心空间布局的形态，是对街道主导型的发展和延伸。

(3)街区主导型

街区主导型(图 8-5)是以一个或几个街区为主导组织公共中心空间布局的形态。

图 8-4 格网主导型公共中心模式

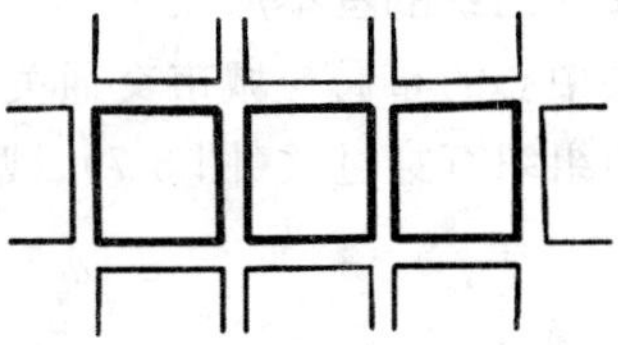

图 8-5 街区主导型公共中心模式

(4)轴线主导型

轴线主导型(图 8-6)是以中心对称的轴线为主导组织公共中心空间布局的形态。

(5)自然主导型

自然主导型是以自然的地形、环境、道路为主导组织公共中心空间布局的形态。

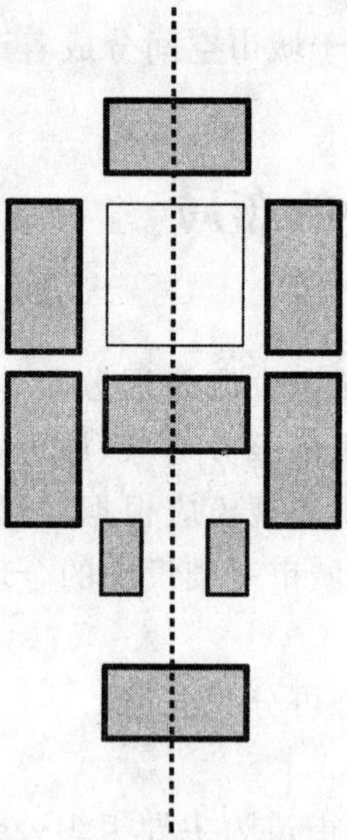

图 8-6　轴线主导型公共中心模式

8.5.5　城市公共中心的交通组织

1. 原则

城市公共中心既要有良好的交通条件，又要避免交通拥挤、人车互相干扰。为了组织好公共中心的人、车及客运、货运交通，在交通组织上应重点考虑以下几点：

(1)必须有便捷的公共交通联系，以接纳和疏散大量人流。

(2)疏解与公共中心活动无关的车行交通。如有大量的城市交通通过，可开辟与中心街道平行的交通道路，或在市中心地区外围开辟环形道路，或将通过的交通改为地下行驶，或控制车辆的通行时间和方向。

(3)公共中心四周布置足够的汽车和自行车停放设施。

(4)发展立体交通，建设人行天桥或地下通道，以减少人车交叉。

(5)在条件允许的情况下，公共中心内可划出一定范围作为步行区。

2. 对外交通组织的基本形式

城市公共中心的布局与城市交通关系密切，可分为对外交通和内部交通两种类型。对外交通组织有穿过式(图 8-7)、截流式(图 8-8)、切线式(图 8-9)等几种形式。

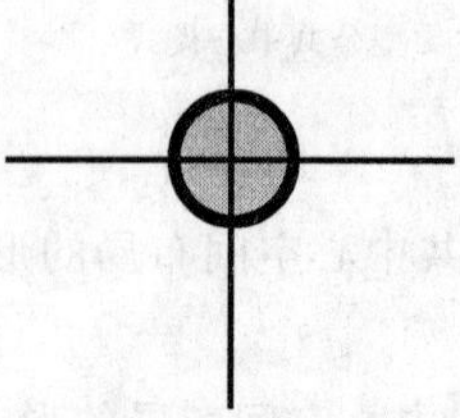

图 8-7　穿过式

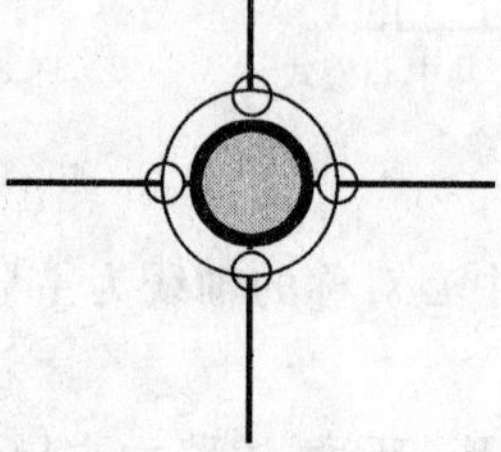

图 8-8　截流式

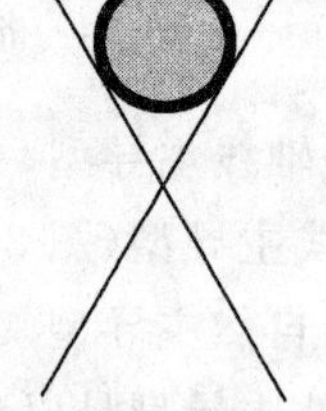

图 8-9　切线式

8.5.6 城市综合性公共中心的组织

1. 城市综合性公共中心的等级体系

不同等级城市的综合性公共中心的功能构成和形态不尽相同。

中小城市结构比较简单,往往一条街、一个十字街或一个中心广场节点就集中了城市商业、服务、文化娱乐、行政管理等多项功能。地区性中心城市规模比较大,综合性公共中心是以商业服务功能为主,常常包括行政管理、文化娱乐、商务等功能。特大城市综合性公共中心比较复杂,功能较多,规模较大,商务功能比较突出,中心的层次较多,形成中心、副中心等中心体系。

2. 空间布局

城市综合性公共中心空间布局呈现多种布局形式。散点式布局把综合性公共中心建筑散点布置于城镇街道、广场、路口等适当位置上,这种布局形式分级不明显。集中式布局集中布置公建项目,形成综合性公共中心。集中、散点混合式布局既有相对集中的公共中心,又有散点状布置的公共建筑。在多层立体式布局的公共建筑集中,建设高度大,公共活动集中在多层以上的建筑内。各种布局形式都有其特点和使用性。散点布局,方便人们就近使用;集中式布局,中心活动内容多,服务项目齐全,可选择性强;多层立体式布局,效率高、容量大,节约用地。选用何种布局方式,要根据城市的现状特点和自然环境条件来确定。

3. 结构形态

城市综合性公共中心是城市结构最为重要的部分,其形态与城市结构相一致。主要的结构形态有三种:单核心结构形态、双核心结构形态和多核心结构形态。

单核心结构形态的公共建筑比较集中,文化、娱乐等公共活动常常集中在城市中心区,其布局有以下几种形式:①围绕在城市主要道路交叉口附近,形成综合性公共中心,这种形式常见于小城市中。②在城市主要街道一侧或两侧布置办公、文化娱乐、商业等公共设施,形成带状综合性公共中心,这是比较常见的布局形式。③围绕广场、绿地形成综合性公共中心,这也是许多城市综合性公共中心常见的布局形式,许多城市采用这种布局形式组织政治、经济或纪念中心,中心广场兼作市民活动场所。④在城市主干道围绕的街区内,综合布置各种功能的公共建筑群,形成在城市中心街区中成块状布置的综合性公共中心,这种布局形式使城市交通对街区的内部活动不至于产生干扰,是现代城市综合性公共中心较常见的布局形式。

双核心结构形态的布局主要是当原来城市公共中心不能满足发展中的城市公共中心职能需要时,需另辟新的公共中心,以适应城市结构和地位的变化,形成双核心结构模式,其具体布局形态与单核心结构模式差异不大。

多核心结构形态主要存在于规模较大的组团式或由多个城镇组合而成的城市中,其综合性公共中心在初期往往为多核心结构形态。

4. 交通组织模式

综合性公共中心道路交通组织有三种基本形式:

(1)混合交通形式(图 8-10(a))

人流、自行车流、机动车流在同一条道路平面上通过,人车混行,相互干扰,不仅影响道路利用率和行人安全，也不利于公共中心的发展。

(2)平面分离交通形式(图 8-10(b))

将性质不同的交通流在平面上分离，主要的平面分离交通组织形式有完全分离街区形式(不允许任何机动车、自行车通行的特定地段)、半分离街区形式(只允许城市公共交通和行人通过的地段)、实行交通管制的形式。

(3)立体分离交通形式(图 8-10(c))

将不同的交通流在不同平面上进行组织，然后利用垂直交通将它们联系起来，这种交通组织形式既解决了综合性公共中心不同交通流的相互干扰，又保证了交通的便捷性和安全性，但建设费用较高，工程复杂，需要一次建成。

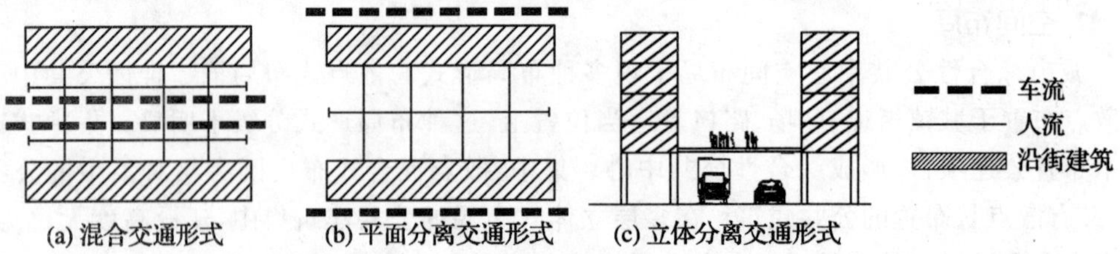

图 8-10　城市性公共中心交通组织的三种基本形式

8.6　市政公共服务设施功能与组织

8.6.1　市政公共服务设施概述

公共服务设施泛指由国家或各种公益部门建设管理、为社会和生产提供基本服务的行业和设施。其内容十分广泛，本书只介绍给排水、供电、燃气、供热等市政公共服务设施。

城市公共服务设施是城市发展的基础，是保障城市可持续发展的关键设施。城市给水排水设施系统承担供给城市各类用水、排涝除渍、治污环保的功能；城市能源系统承担供给城市高能、高效、卫生、可靠的电力、燃气、集中供热等清洁能源的功能；城市通信系统担负着城市各种信息、物品传递等功能；城市环境卫生系统担负着处理污废物、洁净城市的功能；城市防灾工程系统担负着防、抗自然灾害和人为灾害，减少灾害损失，保证城市安全等功能。

8.6.2　城市给水设施组织

1. 城市给水设施构成与功能

城市给水设施系统由取水、净水、输配水设施系统等构成。城市取水包括水源、取水口、取水构筑物、提升原水的一级泵站以及输送原水到净水的输水管等设施。取水设施的功能是将原水取、送到城市净水设施，为城市提供足够的水源。净水设施有城市自来水厂、清水库、输送净水的二级泵站等设施。净水设施的功能是将原水净化处理成符合城市用水水质标准的净水，并加压输入城市供水管网。输配水设施包括由净水设施输入城市供配水管网的输水管道，输配水设施的功能是将净水保质、保量、稳压地输送至用户。

2. 城市水源选址

城市水源选址影响到城市总体布局和给水排水设施的布置，城市给水水源选址应符合以下原则：

(1)水源具有充沛的水量，能满足城市一定时期发展的需要。

(2)水源具有较好的水质。

(3)保证安全供水。

(4)综合协调与水资源利用有关的其他经济部门，给水水源选址要全面考虑，统筹安排，合理化综合利用各种水源。

(5)选择水源时还应考虑取水设施本身与其他各种条件，如施工条件。

3. 城市给水水厂选址

为了使水质满足城市生产和生活使用的要求，符合规定的卫生标准，城市给水处理厂必须将取出的原水加以净化，除去其中的悬游物质、胶体物质、细菌及其他有害成分。

给水水厂选址应符合以下原则：

(1)水厂应选择在工程地质条件较好的地方，一般选在地下水位低、承载力较大、深陷性等级不高、岩石较少的地层，以降低工程造价和便于施工。

(2)水厂应尽可能选择在不受洪水威胁的地方，否则应考虑防洪措施。

(3)水厂周围应具有较好的环境卫生条件和安全防护条件，并考虑沉淀池、料泥及排放滤池冲洗水的方便性。

(4)水厂应尽量布置在交通方便、靠近电源的地方，以利于施工管理和降低输电线路的造价。

(5)水厂选址应考虑城市未来发展的需要，为新增附加工艺和未来扩大规模留有余地。

(6)水厂选址应在河道主流的上游。

(7)取用地下水的水厂，可设在井群附近，尽量靠近最大用水区，亦可分散布置。

4. 给水管网布局

城市给水管网是给水工程的一个重要部分，它的修建费用约占整个给水工程投资的40%～70%。管网的合理布置，不仅能保证给水，并且有很大的经济意义。

城市输配水管网的布局分为树状(图 8-11)和环状(图 8-12)。一般二者结合，总体用环状，局部用树状。树状管网的管道总长度较短，一旦管道某一处发生故障，给水区容易断水，而环状管网的利弊正好与树状管网相反，配水管网一般敷设成环状，在允许间断供水的地方，可以敷设树状管网。

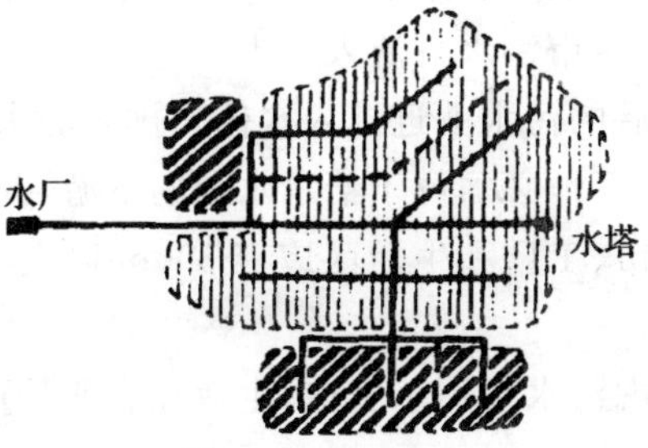

图 8-11 树状管网

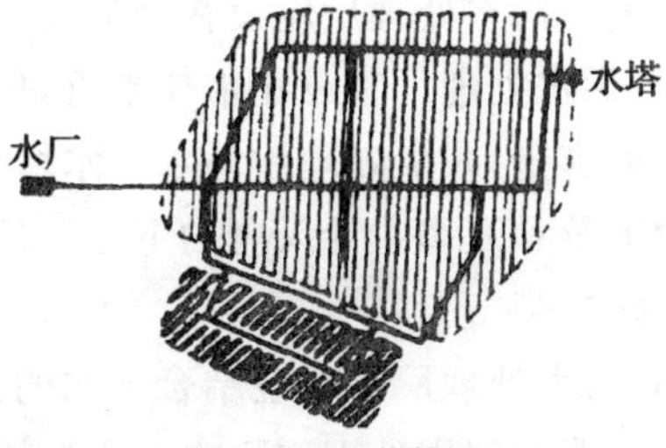

图 8-12 环状管网

5. 分质给水

城市中生活用水、工业用水、消防用水对水质的要求差别较大，如将生活用水用作工业用水，会造成浪费。因此，城市可以采用分质给水系统(图 8-13)。取出来的原水经过不同程度的净化过程，用不同的管道，分别将不同水质的水供给不同的用户的系统称为分质给水系统。在城市中，可以对工业集中区与生活居住区采用分质给水，也可在城市一定范围内对饮用水或杂用水进行分质给水。

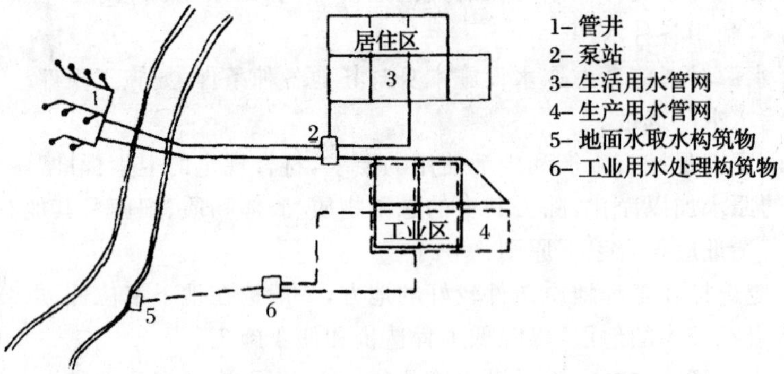

图 8-13　分质给水系统

8.6.3　城市排水设施组织

1. 城市排水设施的构成与功能

城市排水设施系统由雨水排放设施、污水处理与排放设施组成。城市雨水排放系统有雨水灌渠、雨水收集口、雨水检查井、雨水提升泵站、排涝泵站、雨水排放口等设施，其主要功能是及时收集与排放城区雨水等降水，抗御洪水、潮汛水侵袭，避免和迅速排除城区渍水。污水处理和排放设施包括污水处理厂(站)、污水管道、污水检查井、污水提升泵站、污水排放口等设施，其功能是收集与处理城市各种生活污水、生产废水，综合利用、妥善排放处理后的污水，控制和治理城市水污染，保护城市与区域水环境。

2. 污水处理设施选址

城市污水处理厂是处理城市污水的主要场所，恰当地选择污水处理厂的位置，对于城市总体布局、城市环境保护、污水的合理利用、污水管网系统布局、污水处理厂的投资和运营管理等都有重要影响。其选址应符合以下要求：

(1)污水处理厂厂址选择应与排水管道系统布置以及雨水系统统一考虑，充分利用地形的影响。污水处理厂应设在地势较低处，便于城市污水自流入厂内。

(2)污水处理厂宜设在水体附近，便于处理后的污水就近排入水体。排入的水体应有足够环境容量，减少处理后污水对水域的影响。厂址必须位于给水水源的下游，并应设在城镇的下游和夏季主导风向的下方。厂址与城市、工厂和生活区应有 300m 以上距离，并设卫生防护带。

(3)污水处理厂布局应结合污水的出路，考虑污水回用于工业、生活和农业的可能，厂址应尽可能与回用处理后污水的主要用户靠近。

(4)污水处理厂选址应与城市未来的发展方向相结合。

(5)污水处理厂不宜设在雨季易受水淹的低洼处,靠近水体的污水处理厂应不受洪水的威胁。

3. 排水管网布局要点

(1)排水系统一般采用截流布置、扇形布置、分区布置和分散布置。①截流布置(图8-14),由主要管网分区收集污水,在各主要管网末端用一根大的干管连接,将污水截流至污水处理厂。②扇形布置(图8-15),在地势向河流方向有较大倾斜的地区,可避免管网坡度和污水流速过大,严重冲刷管道内壁。③分区布置(图8-16),是在地势高差较大时,在高地区和低地区分别布置管道,高地区的污水可直接流入污水处理厂,低地区的污水可用水泵抽送入污水处理厂。④分散布置(图8-17),在地形平坦或向外倾斜,或用地分散的城市,采用分散布置可避免污水管网埋设太深,较为经济。各分区有独立的干管和污水处理厂,自成系统。

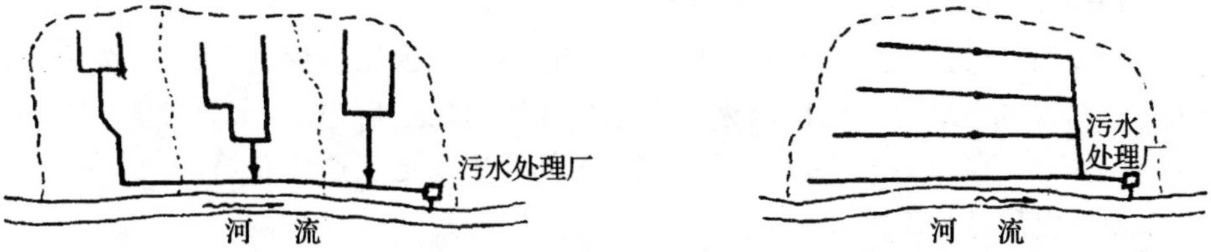

图8-14 截流布置

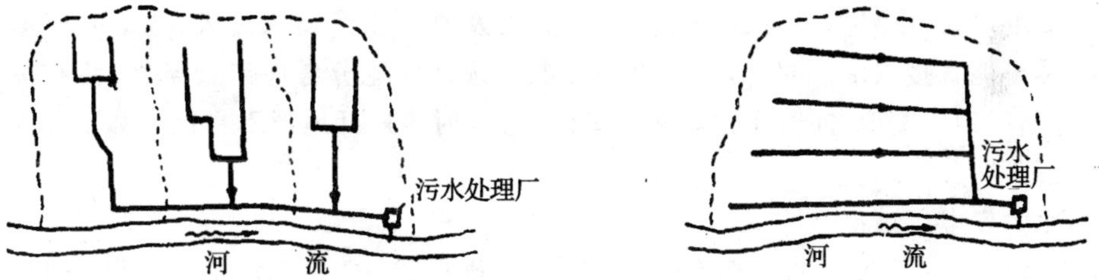

图8-15 扇形布置

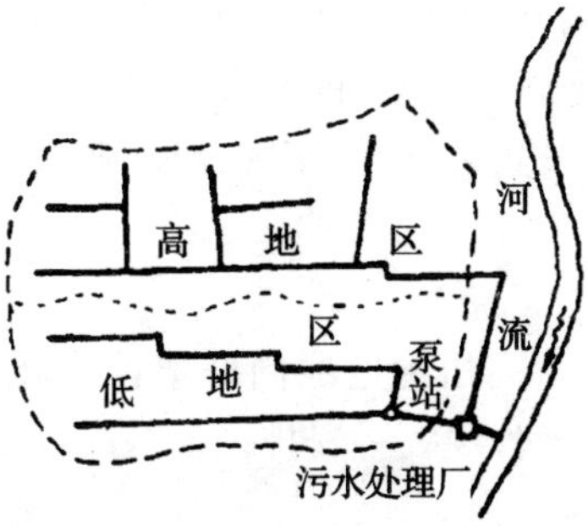

图8-16 分区布置

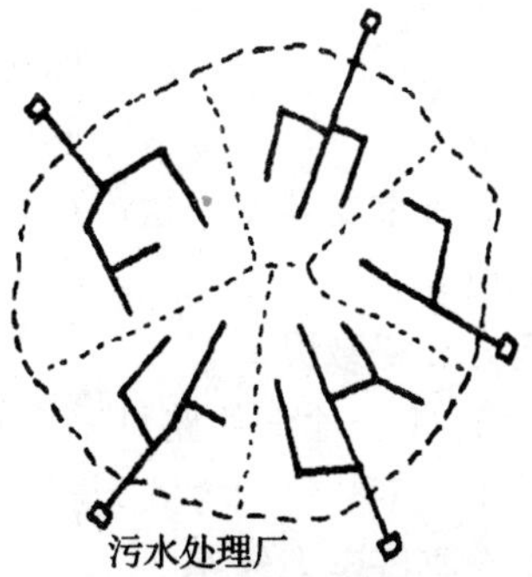

图8-17 分散布置

(2)排水管网布置应尽可能在管线较短和埋深较浅的情况下,让污水自流排出。确定排水管网线路走向时应充分利用地形。主干管及干管敷设在集水线或者河岸低处,便于支管自流接入。地形复杂时，宜布置几个独立的排水管网。

(3)管线布置应简捷顺直，尽量减少与河道、山谷、铁路及各种地下构筑物的交叉，并充分考虑地质条件的影响。排水管线一般沿城市道路布置。

(4)城市管网布置中，应充分利用和保护现有水系，并注重排水系统的景观和防灾功能。将城市排水系统与水资源利用、防洪涝灾害、生态与景观建设结合起来，综合考虑，统筹协调。

8.6.4 城市供电设施组织

1. 城市供电设施的构成与功能

城市供电设施系统由城市电源设施、输配电网组成。城市电源设施主要有城市电厂、区域变电所(站)等，为城市提供电源。城市输送电网把城市电源输入城区，并将电源变压进入城市配电网。城市配电网是为居民用户和企业供电。

2. 城市发电厂选址

城市发电厂有火力发电厂、水力发电厂、风力发电厂、太阳能发电厂、地热发电厂和原子能发电厂等。目前，城市发电厂以火力发电厂和水力发电厂为主，水力发电厂布局往往距离城市较远，但一些火力发电厂需要在城市内部和边缘地区选址布局。

(1)火力发电厂选址

城市火力发电厂应位于城市的边缘或外围，布置在城市主导风向的下方，并与城市生活区保持一定距离。火力发电厂应有便利的运输条件，其中大中型火力发电厂应接近铁路、公路或港口，并尽可能设置铁路专用线。火力发电厂生产用水量大，选址时应考虑靠近水源，尽可能直接供水。同时，城市火力发电厂选址应充分考虑出线条件，留有适当的高压线进出线走廊宽度，同时考虑防灾的要求，选址时应避开地形不良地区和易受洪涝灾害影响的地区。

(2)水力发电厂选址

水力发电厂一般选择在便于拦河筑坝的河流狭窄处，或水库水流下游处。建厂地段必须是工程地质条件良好，地耐力高、非地质断裂带，有较好的交通运输条件的地方。

3. 城市电源变电所选址

城市电源变电所一般位于城市的边缘或外围，便于出线，宜避开易燃、易爆设施，避开大气严重污染地区及严重烟雾区。同时也应满足防洪、抗震的要求，不得设在国家重点保护的文化遗址或有重要开发价值的矿藏上，并与风景名胜区、军事设施、通信设施、机场等有密切关系的地方。

4. 城市电力线路敷设

城市架空高、中压输电线路可采用双回线或与高压配电线同杆架设。城市内的电力线路也可以采用地下敷设的方式，与城市其他地下管线统一安排。

5. 城市架空高压电力线路

城市高压线路应尽量短捷，减少线路电荷损失，降低工程造价。高压线路与住宅、建筑物、各种工程构筑物之间应有足够的安全距离，不宜穿过城市的中心地区和人口密集的地区。

8.6.5 城市燃气设施组织

城市燃气设施系统由燃气气源设施、储气设施、输配气管网等组成。城市燃气气源设施具有为城市提供可靠的燃气气源的功能，包括煤气厂、天然气门站、石油液化气站等设施。燃气储气设施包括各种管道燃气的储气站、石油液化气的储存站等设施，储气站的功能是储存煤气厂生产的燃气或输送来的天然气，满足城市日常和高峰小时的用气需要。石油液化气储存站具有满足液化气站用气需求和城市石油液化气供应站需求等功能。燃气输配气管网具有为用户提供燃气的功能。

8.6.6 城市供热设施组织

城市供热设施由供热热源设施和供热管网组成。供热热源设施主要包括城市热电厂(站)、区域锅炉房等设施。城市热电厂(站)是以为城市供热为主要功能的火力发电厂(站)，主要提供高压蒸汽、采暖热水等。区域锅炉房是为地区性集中供热的锅炉房，主要用于城市采暖或提供近距离的高压蒸汽。供热管网包括热力泵站、热力调压站和不同压力等级的蒸汽管道、热水管道等设施。热力泵站主要用于远距离输送蒸汽和热水，热力调压站调节蒸汽管道的压力。

思考题

1. 城市公共服务设施的类别有哪些？
2. 简述城市公共服务设施组织的基本规律。
3. 简述现代城市公共中心的设置原则。
4. 简述现代城市公共中心主要形态。
5. 简述城市综合性中心的交通组织模式及特点。

第9章 城市交通运输功能与组织

9.1 城市交通运输概述

9.1.1 概 念

1. 交通与运输

交通是指通过一定的组织管理技术，实现运载工具在公共交通网络上流动的一种经济活动和社会活动。

运输是经济社会中的基本活动，是指借助公共交通网络及其设施和运载工具，通过一定的组织管理技术，实现人与物空间位移的一种经济活动和社会活动。运输作为一项经济活动和社会活动的四要素是：公共交通网络及其设施、运载工具、组织管理技术和运输对象——人与物。

交通强调的是运输工具（交通工具）在运输网络（交通网络）上的流动情况，与交通工具上所载运人员、物资的有无和多少没有关系。而运输强调的是运输工具上载运人员与物资的多少、位移的距离，并不特别关心使用何种交通工具和运输方式，交通量与运输量这两项指标的概念最能说明这一点。

显然，交通与运输反映的是同一事物的两个方面，或者说是同一过程的两个方面。同一过程就是运载工具在运输网络上的流动；两个方面即指交通强调运输工具的流动情况（流量的大小、拥挤的程度），运输强调流动中的运输工具的载运情况（载人与物的有无与多少、将其运送了多远的距离）。因此，可以说，运输以交通为前提，没有交通就不存在运输；没有运输的交通，也就失去了交通存在的必要。交通仅仅是一种手段，而运输才是最终的目的。交通与运输既相互区别，又密切相关，统一于一个整体中。

通过对交通与运输关系的分析，可以将交通运输这一概念的意义概括为：运载工具在公共交通网络上流动和运载工具载运人员与物资在两地之间移动这一经济活动和社会活动的总称。随着对交通及运输认识的深化，交通与运输既有一定区别又有密切联系，其中任一概念都不能包含交通与运输的全部内容。

2. 城市交通

城市交通是城市内部及城市内部与外部之间的人员和物资实现空间位移的载体。广义的城市交通包括城市对外交通与城市内部交通，涉及城市中地面、地下、空中交通等各种运输方式。

城市对外交通泛指城市与其他城市间的交通，及城市地域范围内的城区与周围城镇、乡村间的交通。其主要交通形式有:航空、铁路、公路、水运等。城市中常设有相应的设施,如机场、铁路线路及车站、长途汽车站、港口码头及其引入城市的道路。城市对外交通与城市内部交通彼此相互联系,相互影响。

城市内部交通即狭义的城市交通,是指城市(区)范围以内的交通或城市各种用地之间的人和物的流动。这些流动都是以一定的城市用地为起点,以一定的城市用地为终点,并经过一定的城市用地。主要包括城市道路交通以及地铁、轻轨、城市铁路等城市轨道交通和城市轮渡、水运交通等。通常人们将城市内部交通称为城市交通。

9.1.2 城市交通运输系统构成

交通运输系统按交通运输方式划分,由水路、公路、铁路、民航和管道五种基本交通方式的运输系统以及仓储公司、旅行社、邮政包裹服务、联运公司和运输承包公司等多种服务于综合交通运输的运输代理商组成。这种划分方式清楚说明了各运输方式的运输系统是专业化的生产体系,运输代理企业是社会化的服务体系,两者之间的结合是综合交通运输系统发展必须解决好的重要问题。

综合交通运输系统根据其服务性质及所服务的对象不同,又可分为区域综合运输及城市交通两大系统,而区域运输又可分为国内运输和国际运输两个子系统,各子系统分别由各种交通运输方式提供不同的运输服务。

综合交通运输系统尽管由不同运输方式构成,但从实现客货位移目的的角度,都必须具备运载工具、通路、场站、动力等要素,且运输经营能否成功,服务质量能否令人满意,也取决于构成要素能否发挥其应有的功能,以及各要素间能否密切配合。

1. 运载工具

运载工具的功能在于容纳与承载被运送的人和货。现代化的运载工具如汽车、铁路、轮船、飞机等,有的运载工具与动力完全分离,如铁路的货车、海上的驳船、集装箱拖车等,有的则与动力同体,如汽车、飞机、轮船等。理想的运载工具应具备结构简便、安全、轻巧、易于操纵管理、造价低、宽敞舒适、耐用、少故障易维修、容量大、振动小、耗用能源少、污染少等特性。各种运输方式的运载工具的特性比较见表 9-1。

表 9-1　各种运输方式的运载工具的特性比较

特性 \ 运输方式	公路运输	铁路运输	水路运输	航空运输	管道运输
运送能力	较大	大	大	小	大
速度	较高	较高	低	高	—
运输成本	较高	较低	低	高	低
安全性	一般	好	好	较好	好
适应性	强	强	弱	较强	弱

2. 通路

通路是运输网络中连接运输始发地、到达地,供运输工具安全、便捷运行的线路。通路有些是自然形成的,如空运航线,水运的江河湖泊、海洋的航路,但大多数则是人工修建的专门设施,如铁路、公路、运河、管道等。良好的通路应具备安全可靠、建造及维护费用低、便于迅速通行及运转、不受自然气候及地理条件影响、使用寿命长、距离短等条件。各种运输方式的通路特性比较见表9-2。

表9-2　各种运输方式的通路特性比较

运输方式	公路运输	铁路运输	水路运输	航空运输	管道运输
线路类型	混合、双向道路,国省县乡道	标准、窄、宽轨,单线、双线	远洋、沿海、内河航道	航路,固定、非固定航线	石油、天然气、固体等管道
技术特性	高速、普通一至四级公路	高速、重载、普通铁路,一、二、三级和地方铁路	国内、国际航线	国内、国际航线支线	集输、干线、分配管道
运输能力	通行能力(小时、日)	年运输能力:万吨线路通过能力:对/昼夜	无限制	无限制	管道直径

3. 场站

场站是交通运输工具出发、经过和到达的地点,为运输工具到发停留、客货集散装卸、售票待运服务,供运输工具维修、管理、驾驶及服务人员休息,以及运输过程中转运连接等场所。理想的场站应具备区位适中、设备优良齐全、交通便利、自然气候条件良好、场地宽广等条件。综合交通运输体系中各种运输方式的场站特征见表9-3。

表9-3　综合交通运输体系中各种运输方式的场站特征表

运输方式	公路运输	铁路运输	水路运输	航空运输	管道运输
场站	汽车站	铁路车站	港口	机场	储存库、压气站
分类	服务区(站)客运、货运站	客运站、货运站;编组站、区段站、中间站、越行站、会让站	沿海、内河港口国际航运中心	国际、国内机场、1~4级机场,枢纽、干线、支线	低压、高压储气罐
运输能力	到发能力:辆/日(小时)运量/年	通过能力:列/昼夜;办理辆数:辆/日	年通过能力(泊位、场库、装卸能力)	飞行区等级,导航及救援等级跑道系统容量,飞行扇区容量	功率:kw;压力:mpa

4. 动力

动力是交通运输发展的基本要素,现代运输的动力如蒸汽机、内燃机、电动机、核能发动机等,利用煤、石油、电力、核燃料等多种能源,产生推动运载工具所需之动力。良好的动力设备应具备构造简单、操作方便、维修容易、成本低、能源取得方便价廉、能源使用效率高等特性。综合交通运输体系中各种运输方式的动力特征见表9-4。

表9-4　综合交通运输体系中各种运输方式的动力特征表

运输方式	公路运输	铁路运输	水路运输	航空运输	管道运输
动力	内燃机、电动机	内燃机车、电力机车	内燃机、电动机	内燃机	压缩机
动力类型	汽油、柴油、气体、电力	柴油、电力	柴油、核动力、电力	汽油	柴油、电力
技术特征	中小功率最高车速耗油量制动距离	大功率、运行速度、启动和制动性能	载重(客)量、排水量、航速	载重(客)量,飞行速度,爬升、起降性能	功率、压力

9.1.3 交通运输系统发展与演化

1. 发展阶段

交通运输系统发展的历史与人类文明的发展史一致。从文明的进程来看，交通运输发展经历了四个阶段：原始运输阶段、手工运输阶段、蒸汽运输阶段和现代运输阶段，其基本特征见表9-5。

表 9-5 交通运输各发展阶段的特征

运输阶段	运输动力	特征	运输产品	规模	速度
原始运输阶段	人力、畜力	运输与生产、生活未分离	基本生活品	—	低速
手工运输阶段	自然力(风力)	运输成为一种行业	商品	小	低速
蒸汽运输阶段	机械力	铁路垄断运输	原材料	迅速扩大	中速
现代运输阶段	多种能源	多种运输方式相互竞争	半成品、成品	运输需求多样化	高速、超高速

2. 系统演化

交通运输系统演化不仅是指交通运输系统的一般变化，而且强调随时间的推进，交通运输系统的结构和功能不断变化的动态过程，特别是存在重大结构改变和功能飞跃等质变的可能。交通运输系统演化的必要条件是：交通运输系统处于远离平衡态。当交通运输系统处于远离平衡的非平衡态时，系统的稳定性没有确定的规律，某些涨落会被系统本身放大而引起系统结构的变化，从而导致系统从一种稳态过渡到另一种稳态，其结构和功能有了质的差别，系统产生了演化的现象。交通运输系统演化的内在动因是交通运输系统具有非线性作用机制，即对输入数据的处理是非常简单的叠加，当输入系统的数据呈线性变化时，其输出的结果并不按其相应比例变化。交通运输系统演化的外在诱因则是环境或系统内部的涨落，这些微小的变化无时无刻不发生在系统内外。在系统的非线性机制作用下，大部分涨落被弱化，对系统的影响甚小，而有些涨落则被逐级放大，并达到巨涨落的规模，于是系统结构发生重大变化，产生新的功能。交通运输系统的演化动力主要来源于两方面：社会经济活动产生的需求驱动力和系统内部反应力。系统演化不仅受社会经济活动产生的需求驱动力驱动，还受系统内部反应力的约束和制约。交通运输系统演化的历史证明：需求驱动力是运输系统演化的主要动力源泉，社会经济活动模式的重大改变，特别是经济产业形态的改变导致系统的大涨大落，但涨落的幅度和模式还取决于系统本身的结构模式。

交通运输系统的演化是五种运输方式协同演进的结果，一定的社会经济形态需求有与之对应的交通运输方式。运输化理论从历史与逻辑统一的角度去观察交通运输系统在社会经济漫长历史中的演化轨迹。运输化理论认为：经济发展的运输化过程受一定客观规律的支配，运输化是工业化的重要特征之一，是伴随工业化而发生的一种经济过程。在这一过程中，人与货物空间位移的规模由于近代和现代运输工具的使用而急剧扩大，交通运输成了现代经济快速增长的最主要的基础产业、基础结构和环境条件之一。

社会经济的运输化具体表现在：①机械动力的运输工具取代早期运输工具，克服了自然地理条件对人与货物空间位移的限制。②货运对象从过去以农产品、手工业产品为主，转向以大工业生产所需要的矿物能源、原材料以及半成品和制成品为主。③社会经济生活中人与货物空间位移的总量急剧增加，经济资源的流动和移动规模都越来越大。④运输占用的社会经济资源的数量大为增加，交通运输成为社会经济的重要组成部分。⑤交通运输构成了经济增长所依赖的最重要的环境条件和基础结构。

经济发展过程中的运输化过程有一定的阶段性。运输的发展分为三个阶段：①前运输化阶段，它主要发生在工业革命之前；②运输化阶段，它主要是随着工业化的发生而出现，又分为初级运输化和完善运输化两个分阶段；③后运输化阶段。

在初级运输化阶段，原料、煤炭、矿石、钢铁等方面的运输需求急剧增加，而生产成本中运费所占权重很大，为了降低生产成本，必须尽可能地降低需方和供方的运输成本。根据规模经济原理，降低运输成本应采用大规模的交通运输系统，所以国家(地区)首先必须迅速提高运输能力，主要采用以火车、轮船为主的铁路、水运运输方式，以尽快满足急剧增长的运输需求，交通运输系统的模式表现为分散运输系统。在运输化由初级阶段向完善阶段转化时，加工产品对交通运输提出了多样化、方便、安全、迅速等更高的要求，这要求交通运输系统更具有衔接、配套和综合性的功能。资金密集型的产业形态，降低资金成本是企业生存和发展的主要动力，降低资金成本的方法是加速流通、缩短加工运输等环节的时间，特别是在途时间。企业对运输系统的主要要求是实现门到门运输，为了提高运输效率，主要采用轴辐式的运输空间模式，保证干线输送的高速并配合综合运输集散系统，运输系统在此阶段演化为各种运输方式协同演进的综合运输系统。当运输化进入完善阶段以后，产业形态表现为信息密集型，产品复杂性很强，涉及的生产要素非常复杂，企业要从全球范围聚集生产要素，信息成本占生产成本的权重很大。为了降低信息成本，必须创建便捷的区域综合运输网络，实现高速运输。社会发展对运输质量提出了更严格的要求，运输已经成为物流体系的有机组成部分，必须满足各种小批量灵活多变的生产方式，满足“零库存”和世界范围生产体系的需要。在此阶段，运输系统演化为网络型便捷运输系统。

9.2 城市对外交通组织

城市对外交通运输是指以城市为基点，与城市外部进行联系的各类交通运输的总称。它由铁路、公路、水路、航空等设施构成。由各种运输方式构成的相互补充和有机衔接的城市对外交通系统，是城市形成与发展的重要条件，也是城市的主要物质要素。城市对外交通线路和设施布局直接影响着城市的发展方向，城市布局、城市干道走向、城市环境和城市景观，是城市规划中不可或缺的重要内容。

各种对外交通运输方式均有其各自的特点。铁路运输有良好的通过能力和较高的速度，运量大，投资多，成本较低，不受季节气候条件限制，通常情况下可保证不间断运行，并能联通广大城乡地区，适于中、长途运输，是我国客货运输的主要方式。它与城市的关系密切，对城市的影响也较大。公路运输速度比较快，运量小，投资较省，容易修建，基本上可保证不间断运输，并能直接深入到城乡各处及工矿企业的装卸点，适合于中、短途运输。随着汽车工业的发展与高速公路的建设，公路交通的比重将不断增加。水路运输速度较慢，但运输量大，投资省，成本低，我国有很长的海岸线以及大量江、河、湖泊可供航运。海洋及大江水运适于中、长途运输，内河则适于中、短途运输。水运对城市的干扰较小，今后随着水运的发展，港口城市必将不断增加。航空运输速度最快，特别适合长途客运。它将随经济的发展与人民生活水平的提高越来越成为城市不可缺少的运输方式。空运的缺点是运输成本高，受气候条件限制。另外，现代航空运输的发展对城市的干扰较大，在城市周围确定机场位置时必须注意这些问题。

9.2.1 主要对外交通设施在城市的位置

1. 铁路

铁路是城市对外交通的重要工具，城市的生产、生活都需要铁路运输，但由于铁路运输的技术设备需要深入城市铁路车站线路设备，这给城市带来了干扰。如何使铁路既方便城市，又能够合理布置，充分发挥运输效能，与城市互不干扰，这是城市规划中一项复杂的工作。

从与城市的关系来看，城市范围内的铁路建筑和技术设备基本上可以归纳为两类。一类是直接与城市生产和生活有密切关系的客、货运设备，如客运站、综合性货运站及货场等，应按照它们的性质分布在城市市区范围内或接近城市中心，或设在城市市区外围与城市干道相连接的地区。为工业区和仓库区服务的工业站和地区站则应设在该有关地区附近，一般在城市外围。另一类是与城市生产、生活没有直接关系的技术设备，如编组站、客车装备场、迂回线等以及其他设备，在满足铁路技术要求以及配合铁路枢纽总体布置的前提下应尽可能布置在离城市外围有相当距离的地方。

在城市铁路布局中，站场位置起着主导作用。线路的走向是根据站场与站场、站场与服务地区的联系需要确定的。铁路站场的位置与数量和城市的性质、规模，铁路运输的性质、流量、方向，自然地形的特点以及城市总体布局等因素有关。

(1)中间站的位置选择

中间站在铁路网中分布普遍，它是一种客货合一的车站，多采用横列式布置，一般设在小城镇。在城市中，它与货场的位置有很密切的关系。为了避免铁路切割城市，最好铁路从城市边缘通过，并将客运站与货场布置在城市一侧，使货场接近于工业区、仓库区，客运站位于居住用地的一侧(图 9-1)。

这种布置虽然比较理想，但是由于客货同侧布置的方式对运输量有一定的限制，因此这种布置方式只适用于一定规模的小城市及一定规模的工业城市。否则，由于在城镇发展过程中布置了过多的工业，运输量增加，专用线增多，必然将影响正线的通过能力。此外，还应当注意在车站、货场之间要适当留有发展余地。

当货运量大，同侧又受用地限制而必须采取客货对侧布置时，应将铁路运输量大、职工人数少的工业企业有组织地安排在货场同侧，将城市市区的主要部分布置在客运站一侧，同时还要选择好跨越铁路的立交道口，以尽量减少铁路对城市交通运输的干扰(图 9-2)。

当工业企业货运量与职工人数都比较大时，也可采取将货场设在城市市区主要部分同侧，而将客运站设在对侧(图 9-3)。这样，大量职工上下班不必跨越铁路，主要货源也在货场同侧，仅需占城市人口比较少的旅客上下火车时跨越铁路。总之，当车站必须采取客货对侧布置，城市交通将不可避免地跨跃铁路两侧时，应保证城市用地布置以一侧为主，货场与地方货源货流同侧，以充分发挥铁路运输效率，并在城市布局上尽量减少跨越铁路的交通量。

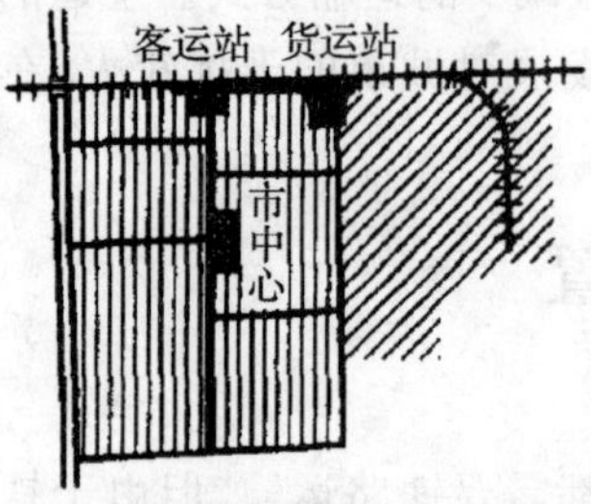

图 9-1　铁路客、货运站在城市同侧的布置

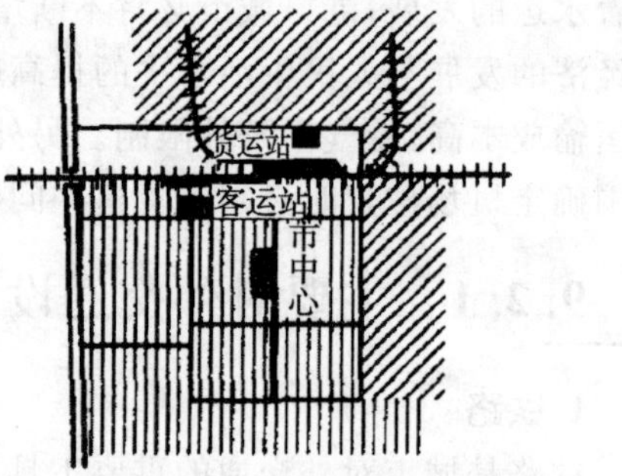

图 9-2　铁路货运站在城市对侧、客运站与城市同侧的布置

大、中城市的铁路枢纽，由于铁路运输业务比较复杂，需根据服务性质设置各种类型的专业车站。它们在城市的位置也应该按其性质特点来选择。

(2)客运站的位置选择

客运站的位置要方便旅客，提高铁路运输效能，并应与城市的布局有机结合。客运站的服务对象是旅客，为方便旅客，位置要适中，靠近市中心。在中、小城市，可位于市区边缘，大城市则必须深入城市，位于市中心区边缘(图 9-4)。

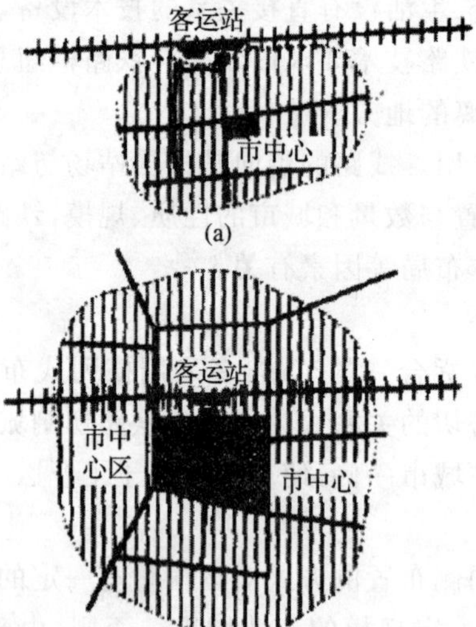

图 9-3　铁路客运站在城市对侧、货运站与城市同侧的布置

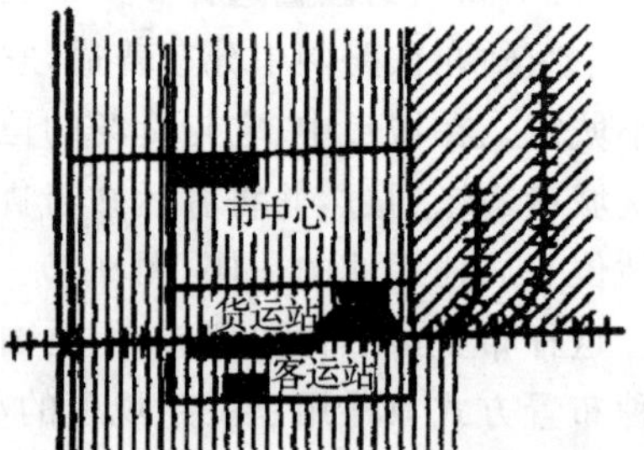

图 9-4　客运站在大城市中的布置

根据对我国一些客运站的调查，一般认为，客运站距市中心 2～3km 以内是比较适宜的。如北京、上海、天津、沈阳、哈尔滨、长春、太原、西安、汉口、齐齐哈尔、济南、青岛、鞍山、石家庄、郑州等城市，客运站均布置在市中心区边缘(和市中心区内)，距市中心 1～3km；广州、武昌、杭州、长沙、徐州、合肥、南宁、苏州、九江、西宁、呼和浩特等城市，客运站均布置在市区边缘，距市中心 1～2.8 km。

从上述情况可以看出，客运站距离城市中心 2～3km，不论是位于市中心边缘和市区边缘(除了城市用地过于分散的情况除外)，使用是比较便利的。即使超过一些距离，只要城市交通便捷，也能达到使用较便利的要求，如南京、成都等。在距离较远和交通不便的情况下，客运站的使用就不方便了。

我国绝大多数城市只设一个客运站，这样管理和使用都比较方便。但是在大城市和特大城市，由于用地范围大，旅客多，只设一个客运站，旅客过于集中，且影响到市内交通；另外，因自然地形（如山、河）的影响，城市布局分散或呈狭长带形时，只设一个客运站也不便于整个城市的使用。因此，这类城市的客运站宜设两个或两个以上，或者以一个客运站为主，其他车站（如中间站或货运站兼办客运）作为辅助（图 9-5）。

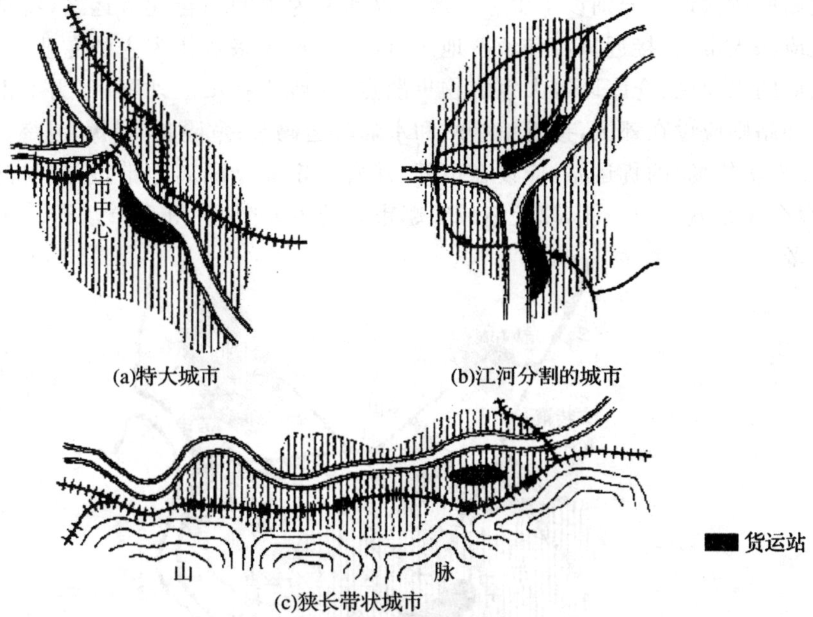

图 9-5　多个客运站的设置

对旅客来说，客运站仅是对外交通与市内交通的衔接点，到达旅行的最终目的地还必须由市内交通来完成，因此客运站必须城市的主要干道连接，直接通达市中心以及其他联运点（车站、码头等）。但是，也要避免交通性干道与车站站前广场的互相干扰。为了方便旅客，国外甚至把地下铁道直接引进客运站（图 9-6(a)）或者将客运站深入市中心地下（图 9-6(b)），或者将国有铁路、市郊铁路、地铁、公共汽车终点站以及相关服务设施集中布置在一幢大楼里。

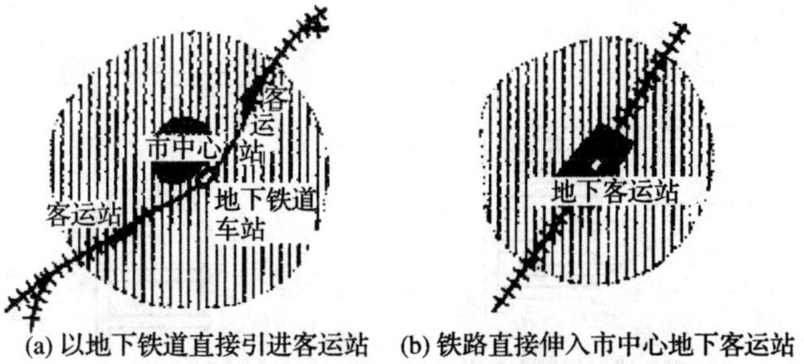

图 9-6 客运站与城市中心的关系

(3)货运站的位置选择

在小城市，一般设置一个综合性货运站和货场即可满足货运量的要求；而在大城市则要根据城市的性质、规模、运输量、城市布局（如工业、仓库的分布情况）等实际情况，分设若干个综合性与专业性货运站以及综合性、专业性相结合的货运站。其位置一方面要满足货物运输的经济、合理性要求（即加快装卸速度，缩短运输距离）；另一方面也要尽量减少对城市的干扰。

货运站应按其性质分别设于服务区内。以到发为主的综合性货运站（特别是零担货场），一般应深入市区，接近货源和消费地区；以某几种大宗货物为主的专业性货运站，应接近其供应的工业区、仓库区等大宗货物集散点，一般应在市区外围；不为本市服务的中转货物装卸站则应设在郊区，接近编组站和水陆联运码头；危险品（易爆、易燃、有毒）及有碍卫生（如牲畜货场）的货运站，应设在市郊，并有一定安全隔离地带，还应与其主要使用单位、储存仓库在城市同一侧，以免造成穿越市区的主要交通（图 9-7）。

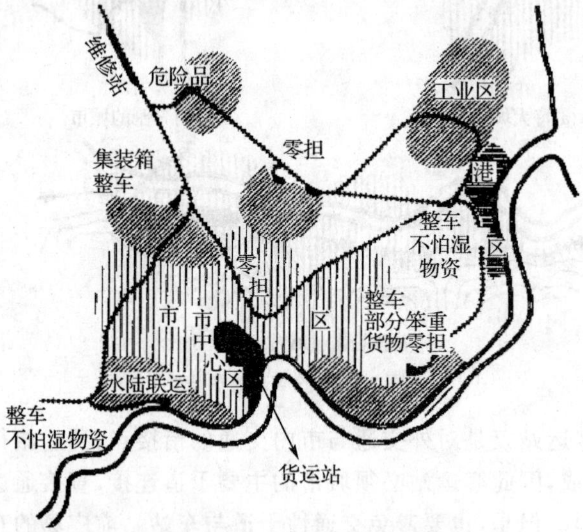

图 9-7　货运站在城市中的位置

货运站应与城市道路系统紧密配合，与城市货运干道相联系。引入线可以与城市干道平行，通道与站线平行并尽量采用尽端式布置（图 9-8(a)）；引入线也可与城市干道交叉，通道与站线交叉，以避免与城市交通的互相干扰（图 9-8(b)）。

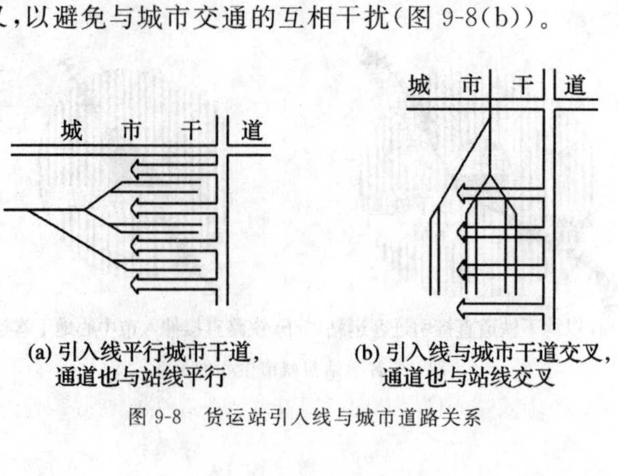

图 9-8　货运站引入线与城市道路关系

货运站应与市内运输系统紧密配合，在其附近应有相应的市内交通运输站场、设备与停车场。与编组站之间应有便捷的联系，以缩短地方车流的运行里程，节省运费并加速车辆周转。应充分利用城市地形、地貌等条件，并考虑留有发展余地。

(4)编组站的位置选择

编组站是铁路枢纽的主要组成部分，应根据铁路网规划的要求，结合地区自然条件与城市规划布局，在城市外围合理地布置。一般应考虑如下几个方面：①妥善处理与城市的关系，避免与城市相互干扰。编组站占地大，对组织城市交通是一个很大障碍，昼夜不断作业对城市环境有较大的污染与骚扰，另外还要考虑到城市与铁路运输的继续发展，因此必须把它安排在城市郊区(远期规划市区界限以外)。同时也要防止编组站被大量专用线、大型货场甚至工业区、仓库区所包围，影响铁路正线的正常运营与编组站作业。此外，在选址时还要考虑城市是否能为其职工及家属的生活居住、公共设施、道路交通等做出安排。②编组站位置应便于集结车辆。为保证主要车流方向有便捷的路径，并使折角车流最小，编组站一般应设在铁路干线汇合处，且位于主要车流方向短顺的干线上。有的铁路枢纽城市，可能不只有一个编组站，应根据其车流性质与编组站的类型具体选择在城市中的位置。主要为干线运输服务的铁路网性编组站大部分为中转车流，与城市的关系不大，应远离城市，设在主要干线车流顺直的地点。肩负干线与地方运输双重任务的区域性编组站，不仅要设在主要干线车流顺直的地点，而且要靠近城市车流产生的地点，如工业区、仓库区等。主要为地区服务的工业和港湾编组站，应设在车辆集散的地点附近，不可远离城市。当铁路枢纽是铁路网的终端时，则应设在铁路干线引入方向的市郊(图9-9)。③密切结合地形、地质、水文等自然条件，以节省土方工程量，并尽量少占农田，保证建筑物的基础稳固，防止洪水和内涝的侵害，为将来发展预留空间。同时，充分利用旧有设备，以节省工程费用。

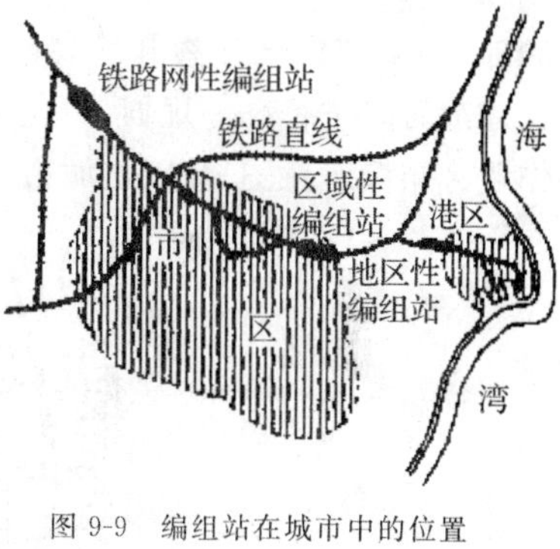

图9-9 编组站在城市中的位置

2. 港口

港口是水陆联运的枢纽，也是水上运输的枢纽。它的活动是由船舶航行、货物装卸、库场储存以及后方集疏运四个环节共同完成的。这四个生产作业系统的共同活动形成了港口的综合通过能力——吞吐量。由此可见，港口的生产活动必须有港口城镇的相应设备、设施来保证；港口的综合通过能力受到最薄弱环节的制约。因此，必须使各个环节紧密配合、相互协调。港口活动的特点反映了港口与城市建设必须配套进行(图9-10)。

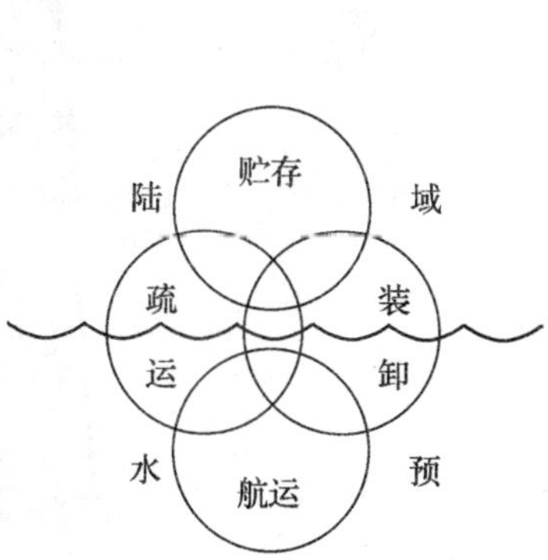

图9-10 港口活动示意图

(1)现代港口作业区布置

港口分为水域与陆域两大部分。水域供船舶航行、运转、停泊、水上装卸等作业活动使用，它要求有一定的水深和面积，并且风平浪静。陆域供旅客上下，货物装卸、存放、转载等作业活动使用，它要求有一定的岸线长度、纵深与高程。

为了提高装卸效率,防止环境污染,方便港区管理,降低运输成本,现代港口的发展出现了船舶大型化、装卸机械化、码头专业化的趋势和特点。通常,一个综合性港口城市可按货种划分为若干个装卸作业区。例如,件杂货,煤、粮、建材、矿石等散货,木材、石油、集装箱等作业区以及客运码头。作业区的布置应以满足生产服务为前提,但应注意作业区本身的要求,并避免相互间的干扰,与城市规划布局相协调。

港口布置的一般原则如下:①客运码头要接近城市中心地区,为旅客提供方便的交通条件。当客运码头不能单独设置时,可布置在件杂货作业区内,但旅客出入码头的线路不应穿越其他货物装卸作业区,最好设单独的出入口。②件杂货作业区一般应设在离城市较近,具有深水和中等水深的岸线段,以适于件杂货船舶停泊以及有关业务部门联系。③集装箱码头宜邻近件杂货区,要求有较大水深和较大的陆域面积。④为当地服务的作业区应尽量接近城市仓库区,与生产加工、生活消费地点保持较短的运输距离。货物中转码头则应与城市对外交通设施有良好的联系。⑤散货作业区应布置在城市常年主导风向的下风位置,防止对城市生活居住区的污染。煤矿粉等散货区与散装粮食装卸区应做到"黑白分家",有足够的间隔距离。⑥油码头对水深要求高,设独立的储存系统,有严格的防火和防止油污染水域的要求,一般设于离外海最近但与其他货区相隔一定距离的单独作业区内。⑦木材作业区要有宽广水域,便于停放和编解木筏,位置不宜在船只来往频繁的地段,单独设置并离开易燃区。⑧在国际贸易港口城市中,涉外区是一个重要组成部分。在建港时要进行统一规划,防止互相干扰,并借以丰富城市建设面貌。图 9-11 为大连港的作业区布置示意图,各区与城市工业建设的发展配合较好,相互位置关系比较协调。

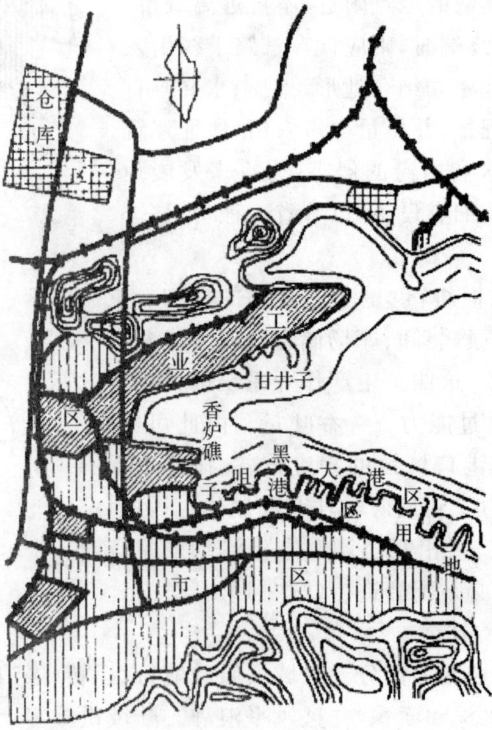

图 9-11　大连港主要作业区分布

(2)港口位置的选择

港址选择是按照内河流域规划或沿海航运区规划，在新建港和扩建港的地理位置基本确定的基础上，根据船舶航行、港口经营管理、工程建设、战备要求，综合考虑港口所在地区的自然条件、货物流向和装卸作业要求、进出港口的主要船型以及和城市中心、工业区及仓库区的联系等因素，从政治、经济、技术上全面比较后选定。

港址选择应从港口和城市两个方面考虑。

从港口角度必须考虑的因素有：

①自然条件包括水深、冲淤、风浪、潮汐、地质、地貌等情况，特别要重视海洋动力地貌学方面的问题，研究掌握在波浪、水流、地质条件作用下，海岸带泥沙运动与冲淤的规律。

②技术条件指按港口规模、性质的要求，分析设计与施工技术上的可行性。

③经济性分析指比较投资、运营费用的经济合理性及近、远期的效益如何结合等。这些方面是相互关联的，必须综合考虑。

港址选择的指导思想是从城市全局(包括港口在内)出发，合理地安排好港、城关系，考虑的因素有：

①港址与其他岸线使用单位关系的协调。如港口、工业、市政、生活等岸线的安排；远洋深水港址与沿海、地方中小泊位港址的配套；新老港区的关系等。

②港口与城市布局关系的协调。如与港区工业、仓库等服务地区的关系；原有市政设施的依托与利用；与生活居住区的关系等。

③港口的集疏运组织条件。如港口出入航道的距离；各类运输设施(编组站、内河港区、国道、铁路)衔接的方便程度；客货源的方向与港址关系等。

④有关城市总体布局的其他因素。如对环境的影响和保护；耕地与拆迁的条件；近、远期规划建设的关系等。

港址选择是一项综合性、多专业的工作，涉及的范围很广，影响的因素很多。由于在不同情况下，诸因素的影响程度不一，有的在特定的条件下还可以转化。因此，在选择港址时，要对诸因素进行具体的、全面的分析，权衡利弊，综合评定，取得更好的综合效益。

(3)港口布置与城市布局的关系

现代港口建设的发展趋势是港口建设与工业区的发展紧密结合；大量建造深水专业化港口和码头；码头和装卸设备向大型、高效率和专用化方向发展；河口港大都向下游发展；增加突堤码头宽度，以保证有足够的库场；在顺岸式码头的后方设置较大的备用地；充分注意发展海、河联运。

在城市规划中要妥善处理港口布置与城市布局之间的关系，必须认真考虑港口与城市居住区、港口与工业发展的关系。为了给居民创造良好的生活环境，港区应在居住区的下游下风，以免对居住区造成干扰，减少繁忙的城市交通对港区的影响。货运量大且污染易于治理的工厂尽可能在沿河、海有建港条件的岸线布置。深水港的建设可以推动港口工业区的发展，港口与工业区相结合的临港工业区已成为港口城市工业发展的重要形式。

3. 公路

城市范围内的公路，有的是城市道路的组成部分，有的则是城市道路的延续，在进行城市规划时，应结合城市的总体布局合理地选定公路线路的走向及其站场的位置。

(1)公路线路与城市的联结

我国一些旧城市往往是沿着公路两边逐渐发展形成的，有些则是沿着城门向外伸展。在旧城中，公路与城镇道路并不分设，它既是城镇的对外公路，又是城镇的主要道路，道路两边商业、服务设施很集中，行人密集、车辆往来频繁、相互干扰很大。过境交通穿越、分割居住区，不利于交通安全，影响居民生活安宁(图 9-12)。这种布置远远不能适应城市交通现代化的要求。

图 9-12 公路穿越城市

公路采用哪种布置方式，要根据公路的等级、城市的性质和规模等因素来决定，同时也要考虑过境交通或入境交通的流量。现举例说明几种公路与城市联结的基本方式。

①图 9-13(1)所示的是一种改造旧有城镇道路与一般公路合用的常用方式，它将过境交通引至城市外围通过，避免进入市区产生干扰；将车站设在城市边缘的入口处，使入境交通终止于此，不再进入市区。

②一般说来，公路的等级越高，经过的城镇规模越小，则在通过该城镇的车流中入境的比重越小，因而公路以远离城区为宜，其与城镇的联结采用入城道路引入(图 9-13(2))。

③一般大城市往往是公路的终点，入境交通较多。虽然长途汽车站可设于城市边缘，但其他车辆仍要进入城市；或因城市规模较大，车站设于城市边缘以便旅客使用，希望引入市区。因此，采取城市部分交通干道与公路联结的方式(图 9-13(3))。但应避免对城市交通密集地区的干扰，宜与城市交通密集地区相切而过，不宜深入区内。

④在更大规模的城市内，设有城市环路环绕于城市中心区外围(图 9-13(4))。环路是交通性干道，公路的过境交通可利用它通过城市，不必穿越市中心区。

⑤以公路组成城市的外环道路，兼做城市近邻工业区之间联系的交通性干道，为减少外环公路的交叉点，还可在外环内再设一环路(类似上例的内环)(图 9-13(5))，通过较少的交叉点引入内环，再进入城市道路系统。

⑥公路与城市道路各自成系统，互不干扰。公路从城市功能分区之间通过，与城市不直接接触，而在一定的入口处与城市道路联结(图 9-13(6))。

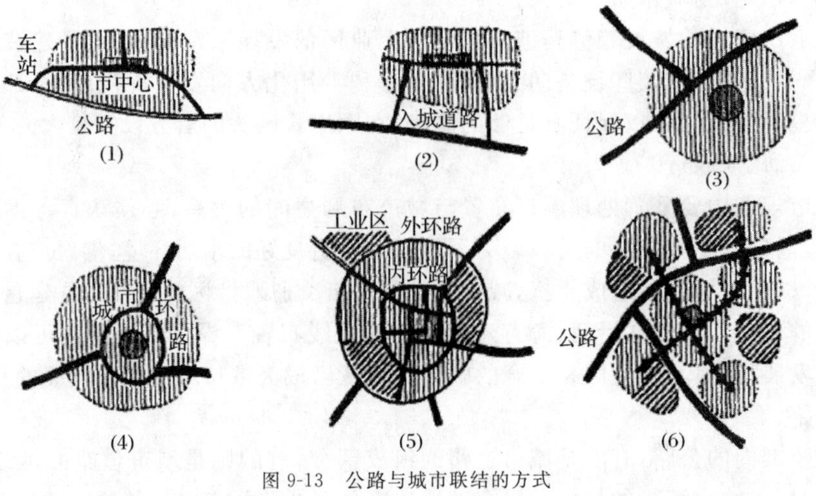

图 9-13 公路与城市联结的方式

(2)站场位置的选择

公路车站又称为长途汽车站,按其使用性质不同,可分为客运站、货运站、技术站、混合站;按车站所处的地位不同,可分为终点站、中间站、区段站。长途汽车站场位置的选择对城市规划布局有很大的影响。在城市总体规划中考虑功能分区和干道系统布置的同时,要合理布置汽车站场的位置,使它既要使用方便,又不影响城市的生产和生活,并要与铁路车站、港区码头有较好的联系,便于组织联运。在中小城市,当铁路交通量不大时还可以将长途汽车站与铁路车站结合布置(图 9-14)。此时,因中小城市规模不大,车辆数不多,为便于管理和精简人员,一般设一个客运站,将客运站与货运站合并,也可将技术站组织在一起。在大城市,客运量大,线路方向多,车辆也多,集中设置车站不一定便利,可以采用按路线方向在城市中心区边缘设两个或几个客运站,货运站与技术站也可分开设置。

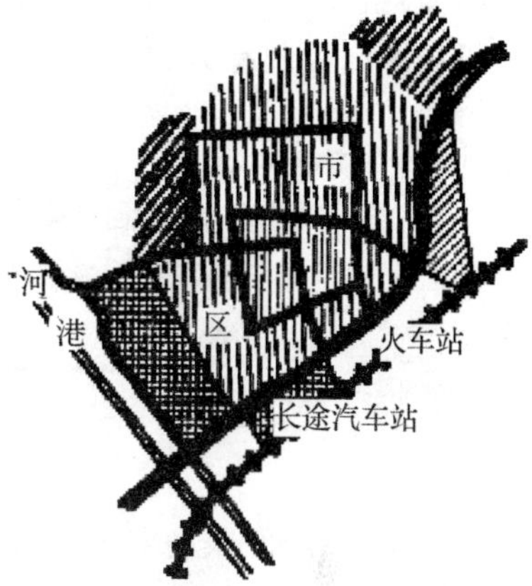

图 9-14 长途汽车站与铁路车站结合布置

货运站场位置的选择与货主的位置和货物的性质有关。若供应城市人民的日常生活用品,则布置在市中心区边缘,与市内仓库有直接的联系;如货物的性质对居住区有影响或以中转货物为主,则不宜布置在市区中心和居住区内,而应布置在仓库区、工业区货物较为集中的地区,也可设在铁路货运站、货运码头附近,以便组织水陆联运并注意与城市交通干道的联系。

技术站主要负责对汽车进行清洗、检修(保养)等工作。它的用地要求较大,且对居住区有一定的干扰,一般将它单独设置在市区外围靠近公路线附近,与客、货运站有方便的联系,且与居住区有一定的距离。

4. 航空港

现代航空运输给人们带来了便利,节省了时间,缩短了距离,扩大了空间,促进了经济贸易、文化的交流,但现代航空港也给城市带来了问题。

首先,航空港与城市之间地面交通联系问题。根据国外一些资料统计,航空港与城市联系的地面交通客流量比旅客量大 1～2 倍。因此,如何快速、便利地解决城市与航空港之间的地面交通联系,是当前航空港规划中的一项重要任务。

其次,航空港对城市的干扰问题。航空港中的各种活动,尤其是大型喷气式客机的大量使用,扩大了净空限制与噪声干扰的范围。此外,机场、导航、通信设施往往与城市电力、电信等设施互相干扰。这就关系到航空港与城市的相对位置以及相互之间的距离。

正确选择航空港在城市的位置以及合理解决航空港与城市的交通联系是城市航空港规划的主要任务。

(1)航空港位置的选择

航空港的选址关系到航空港本身与整个城市的社会、经济、环境效益。必须尽可能有预见性,比较全面地考虑各方面因素的影响,以使航空港的位置有较长远的适用性,发挥其更大的效益。考虑的主要因素如下:

①净空限制要求

机场净空限制的规定由在净空空间的临界部位处建立的一些假想面(即净空障碍物限制面)组成(图9-15)。按我国民航规定,机场的净空障碍物限制面尺度,具体数值可查与机场净空限制有关的规范。

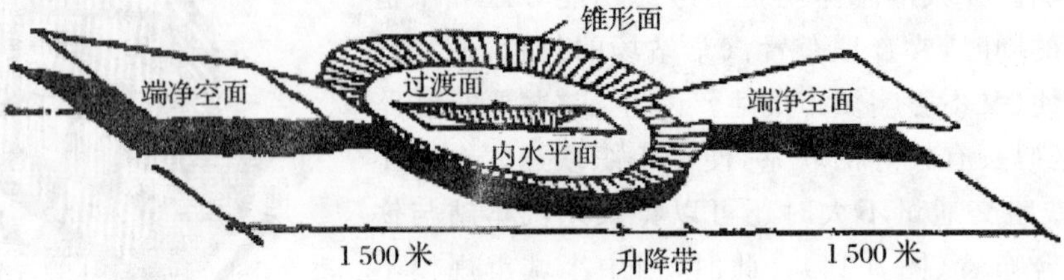

图9-15 净空障碍物限制面示意图

因此,从净空限制的角度来看,机场的选址应使跑道轴线方向尽量避免穿过城市市区,最好在与城市侧面相切的位置。在这种情况下,跑道中心线与城市市区边缘的最小距离为5～7km即可。如果跑道中心线延长线通过城市,则跑道靠近城市的一端与市区边缘的距离至少应在15km以上。

②噪声干扰影响

飞机活动产生的噪声会对机场周围产生很大影响,一般认为,人们不能长期处于85PNdB的噪声环境中,否则将危害身体健康。因此,居住区不宜布置在85PNdB以上的噪声区以内。噪声强度的分布范围是沿着跑道轴线(或航线)方向扩展的,跑道侧面噪声的影响范围远比轴线方向要小得多。因此,为减少飞机噪声的影响,城市建设地区(特别是生活居住区)应尽量避免布置在机场跑道轴线方向。而且,居住区边缘与跑道侧面的距离最好在5km以上。在特殊情况下,跑道轴线不得不穿越居住区时,则不论航空港的等级如何,居住区边缘与跑道近端的距离均不得小于30km。

综合上述净空限制、防止噪声干扰等因素的考虑,对于机场应选择在城市什么位置的要求是一致的。机场的位置以在城市的沿主导风向两侧为宜,即机场跑道轴线方向宜与城市市区平行或与城市边缘相切,而不宜穿过城市市区。如图9-16所示,显然"a"、"e"、"d"的位置是合适的;而"b"的位置对城市干扰较大,应该尽量避免。在受自然地形等条件限制的情况一下,如无法达到如上要求时,也要争取将机场设于离城市较远的郊区,保证其端净空面不要在城市市区范围内(图9-16中的"c")。

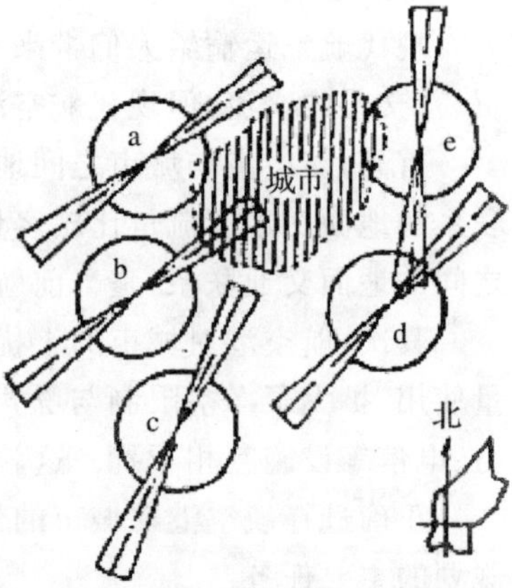

图9-16 机场在城市中的位置

③其他条件干扰

为满足机场对通信联络的要求,避免电波、磁场等对机场导航、通信系统的干扰,在选择航空港位置时,要考虑机场对周围的高压线、变电站、发电站、电讯台、广播站、电气铁路以及有高频设备或X光设备的工厂、企业、科研、医疗单位的影响,并应按有关技术规范的规定与它们保持一定距离。另外,机场也应与铁路编组站保持适当的距离。

(2)航空港与城市的交通联系

从机场自身及对城市的干扰、人防、安全等方面考虑,航空港与城区的距离远些为好;但从航空港为城市服务,更好地发挥高速的航空交通优越性角度来说,则要求航空港接近城区。现代航空技术的发展,要达到机场选址的要求,国际航空港与城区的距离一般都应超过10km。我国城市城区与航空港的距离一般为20～30km,必须努力争取在满足机场选址的要求前提下,尽量缩短航空港与城区距离。

航空港与城市地面交通联系的速度和效率已成为限制现代航空运输速度的主要问题。为了充分发挥航空运输快速的特点,加强城市与航空港之间的联系,有必要建设航空港与城市之间直接的、高速的、通畅的道路交通系统。常采用专用高速公路的方式,使航空港与城市间的时间距离保持在30分钟以内。有条件亦可采用高速列车(包括悬挂单轨车)、专用铁路、地铁和直升机等方式实现航空港与城市的快捷联系。

9.2.2 对外交通设施组织的基本原则

(1)按照各种运输方式的技术运营特点、货流条件与地区条件,综合利用它们的设备,使之共同发展运输。互相协作、互相补充、各尽其长、各尽其用,各类对外交通设施之间,要为其联运要求创造条件。

(2)为了发挥各种交通设施的效能,布置时,应在城市总体合理布局的前提下,尽量满足他们的技术经济要求。

(3)对外交通运输设施的布置与城市功能布局密切配合,充分照顾城市整体利益,尽量减少对城市环境、交通等方面的干扰,尽量为城市的生产与生活创造便利条件。

(4)保证城市与交通运输密切配合,有计划、按比例共同发展。在布局上,应使城市与各类交通均具备发展的可能性,互不影响。

(5)各类对外交通的客运部分应靠近市区,联系便捷。

(6)对外交通场站与市内交通干线系统密切联系,充分发挥市内交通与对外交通的运输效率。

9.2.3 综合交通枢纽的组织

1.定义和功能

综合交通枢纽是交通运输系统的重要组成部分,是不同交通运输方式的交通运输网络相邻路径的交汇点,是拥有融铁路、公路、水运、航空及城市交通等多种交通运输方式所连接的固定设备和活动设备为一体,共同承担枢纽所在区域的直通作业、中转作业、枢纽地方作业以及城市对外联系的相关作业等的综合运输空间结构,对所在城市的综合交通运输网络的高效运转具有重要作用。同时,综合交通枢纽对其所依托城市的形成和发展有着很大的带动作用,是城市对外交通的桥梁和纽带,并与城市交通系统有着密切的联系。

综合交通枢纽作为交通运输的生产组织基地和交通运输网络中客货集散、转运及过境的场所,是具有运输组织与管理、中转换乘及换装、装卸存储、多式联运、信息流通和辅助服务六大功能的综合性设施。综合交通枢纽的基本功能:

(1)是各种交通运输方式干支线的连接点,车流(交通流)的汇集点,客流、货流中转换乘(装)及集散地,是各种运输方式衔接和联合运输的基地;

(2)是各种运输方式的技术作业基地;

(3)是城市(区域)实现运输内外联系的桥梁。

从综合交通枢纽在运输全过程中完成的作业性质看,其基本功能是完成四种主要作业:①直通作业;②中转作业;③枢纽地方作业;④城市对外联系的相关作业。

2. 形成和发展

综合交通枢纽经历了从无到有、从简单到复杂、由低级到高级的形成、发展过程。这种形成、发展过程有两个特征,一是随着交通运输技术的发展而出现的枢纽技术构成的演变;二是伴随着城市空间形态的演变所发生的布局和构成的变化。

交通运输技术的发展对枢纽技术构成的影响主要是:①交通运输方式枢纽线路和场站规模及数量的增加;②货物换装和旅客换乘设施的更新;③枢纽信息化发展水平;④枢纽运输组织管理的手段;⑤枢纽服务水平;⑥物流及枢纽专业化程度;⑦城市交通方式及发展。

其形成、发展过程的基本规律为:①规模由小到大;②运输方式由单一到多种;③运输组织由混合到专业;④服务功能由一般到现代化。

3. 协调和配合

(1)综合交通枢纽规划与城市规划的协调配合

交通运输是城市建设和发展的基本条件,交通运输条件的变化必然会影响到城市的兴衰,而城市的建设和发展又会促进交通运输的发展。为使综合交通枢纽既方便城市生产生活,又能充分发挥运输效能,其规划设计和建设必须与城市规划密切配合,并将综合交通枢纽规划纳入城市规划,服从城市规划的总体安排,以便更好地为城市建设、工业生产、人民生活和旅行服务;城市规划则应对综合交通枢纽的各项设备进行合理配置,务求各种交通方式的设备之间有方便和经济的联系,保证满足运营要求,以便提高运输效率,降低运输成本,尽可能地减少对城市环境与市政建设的影响和对道路系统的交叉干扰。

综合交通枢纽的各项设备在其所在城市中均占有重要位置,是城市总体的有机组成部分。各种交通运输方式的设备布置对城市结构的形成与发展有着重大影响,应在空间上紧密地与城市其他设施有机结合。综合交通枢纽中直接与城市生产和生活有密切联系的设施,应设在市区内或市区边缘,并应与有关的城市功能区布局密切配合。如铁路、公路的客运站和水运客运码头应与居住区靠近;货运站和货运码头应与工业区、仓库区靠近。不直接为城市服务,但又是综合交通枢纽所必需的辅助设施,如铁路和水运的客运技术作业场所(客车、船舶停放、清洗、整备的场所)等应尽量不设在市区内,并尽量减少其对市区的干扰,但也不能远离市区。与城市生产和生活无关的设施应尽量布置在城市外围适当的地方,如铁路编组站、货物中转站与码头、集装箱转运基地等应尽量远离市区,但应便于运营。

在综合交通枢纽的各种设备的布置上应充分注意保护城市环境。危险品货物装卸站点应设于市区之外;粉末易扬货物装卸点不能设在盛行风向的上侧或最小风频的下侧位置;交通建筑物特别是陆上线路和大型站场应选择适宜地形修建,不应妨碍城市排水和郊区农业灌溉。应采取积极措施防止和减轻交通噪声对居民聚居地段的干扰。

综合交通枢纽必须拥有通畅的疏运、集散条件。一方面要有紧密衔接和通畅的城市道路系统，并在车站、码头前配有与集散量相应的广场；另一方面要求铁路、港口、公路、机场的运营能力相协调，以利于相互集疏。车站、港口、机场是城市的大门，其选址及相配套的各项公共建筑的布置应统一规划布局，组成完整的建筑群，形成和谐的市容。

交通运输建设先行于城市建设，在时间上要超前，在规模和能力上要有一定的储备，为城市远景发展留有余地。因此，充分考虑交通与城市发展前景，是综合交通枢纽所在城市规划的一项重要原则。城市交通用地的远景规划布局，包括原址用地扩大和建设新址两个方面。由于交通设施和城市各项用地与各类企业有广泛的联系，其位置的变动涉及面较大，故一般以在原址扩大为宜，将车站附近用地、港口附近陆域和岸线进行规划控制，对于规划中已安排的新站、新港用地，同样需要控制和预留。

在处理与城市交通规划关系时，综合交通枢纽规划的指导原则可确定为：依据城市总体规划、支持城市总体规划、超前城市总体规划、回归城市总体规划。其基本方法为点、线、面分析法。点为客货流点；线为由相互联系的客货流点形成的枢纽交通走廊；面为与城市空间相对应的枢纽区域运输联系网络及影响空间。

(2)综合交通枢纽布局形式与城市布局的协调

综合交通枢纽的布置形式很多，与城市布局的关系也很复杂，在处理两者间的关系时，要作具体分析。随着城市布局与枢纽形式的不断发展变化，不可能有一个固定不变的模式，但是基本原则应是既考虑枢纽本身运营的需要与发展，又要力求避免干扰城市。

综合交通枢纽按交通运输干线与场站空间分布形态分为：分布于陆上干线的尽头或陆地边缘处的终端式枢纽，干线从两端引入呈延长式布局的伸长式枢纽，各条干线可以从各个方向引入的辐射式枢纽，由多条放射干线和将其连接起来的环线构成的辐射环形枢纽，以及分布于海、湖、河岸边的辐射半环形枢纽。

各种形态的综合交通枢纽的线路、站场较多，会对城市造成较多分割和干扰。因此，在选择线路走向与站场位置时，避免和减少对城市的包围、分割、干扰，是搞好规划布局的重要前提。同时，选择铁路与道路立交桥位置，布置好防护带和绿化系统，组织好与城市道路的衔接也至关重要。

(3)综合交通枢纽站场布局与城市道路的协调发展

在城市规划中处理客运站、货运站与城市道路的关系时，一方面要保证车站与城市各区联系方便，使旅客和货物及时集运和疏散；另一方面要尽量使集散交通流不与城市主要交通流发生干扰。

客运站与城市道路的联系主要通过站前广场来实现，其布置方式可有以下几种。

①广场位于城市道路尽端，如图 9-17(a)所示。这种广场不受通过车辆和行人的干扰，便于在广场上组织城市车辆到发与停留、旅客休息和候车等活动。但广场只有一条通往城市的道路，因而集散能力小。客流集散量大且城市交通运输组织复杂的客运站不宜采用这种布置方式。

②广场位于城市干道一侧，如图 9-17(b)所示。这种布置方式便于集散大量客流，集散能力较大，但广场的人流容易与城市干道的车辆发生交叉干扰，故在设计时要求广场有一定的进深，以便将广场的人流和车流组织与城市通过车辆分隔开来。

③与几条辐射道路相联系的广场，如图 9-17(c)所示。其特点是集散能力大，但广场到发的车流和人流需要绕行，增加了广场交通运输组织的复杂性。

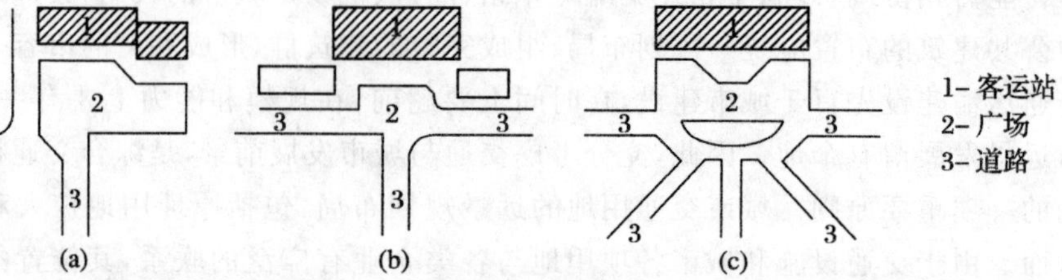

图 9-17　客运站广场与道路的关系

④多广场与城市道路连接方式，如图 9-18 所示。主站房正面一侧的主广场供小汽车和旅客停留；出站口设副广场，供公共交通车辆到发；子站房一侧设子广场，供旅客和车辆停留。广场设计成立体三层，一层为绿化花坛，二层为停放自行车，三层为商场。这种广场不仅功能多样，集散能力大，人流与车流干扰少，且空间开阔，场景美观，为旅客创造了方便的购物条件和舒适的休息环境。

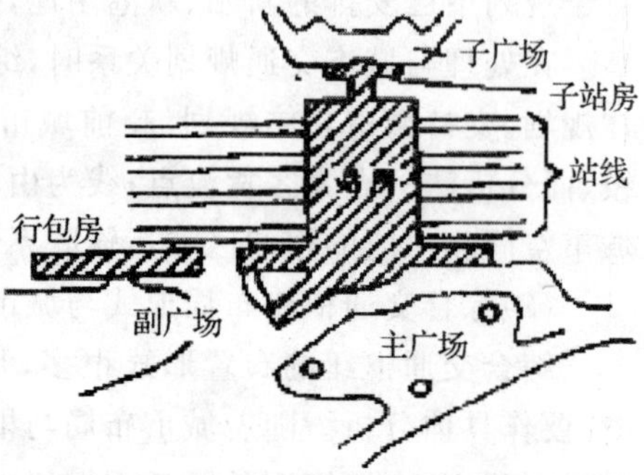

图 9-18　客运站多个广场与道路相连接

为了便于旅客乘降，在有地下铁道的城市，客运站还应直接与地铁连通，将旅客输送到市中心。在国外还有的将客运站伸入市中心的地下，在地下设置多层的客运站，这样就完全避免了对城市交通的干扰。

9.3　城市内部交通道路系统组织

9.3.1　城市道路分类

20 世纪 40 年代，金经昌教授从德国带来了城市道路分级思想，但我国的城市道路第一代分类方法至 1960 年代才形成。1960 年，建筑工程部城市建设局编制的《城市道路设计准则》试行草案将城市道路分为三级七类：第一级为全市干道、入城干道和环城干道、高速道路；第二级为区域干道、工业区道路、游览大路；第三级为住宅区道路。该方法最大的弊端是缺乏鲜明的交通功能概念，强调路网平面艺术布局。例如，对全市干道提出如下要求：路线经过城市中心，沿线有重要的公共机关和高大建筑物，人行道可宽达 12m 等。这样全市干道既可理解为贯穿全市的交通性干道，又可理解为城市的代表性商业大街。

20 世纪 80 年代，我国城市道路按主干道（全市干道）、次干道（区干道）、支路三个等级进行划分。1991 年 8 月，我国颁布了《城市道路设计规范》(CJJ 37－90)将城市道路划分为快速路、主干路、次干路、支路四个等级。1995 年 9 月颁布并实施了《城市道路规划设计规范》(GB 50220－95)，对城市道路的等级与功能、道路网密度做出了详细的规定。

《城市道路规划设计规范》(GB 50220－95)将城市道路分为快速路、主干路、次干路、支路四大类。该规范指出,道路分类的依据包括道路在道路网中的地位、交通功能以及对沿线建筑物的服务功能等诸多因素。此外,该规范还对各类道路的设计标准、道路两侧用地、交通管理等提出具体要求。

1. 快速路

快速路为城市中大量、长距离、快速交通服务,与其他干路构成系统,且与城市高速公路有便捷的联系。快速路应当设中央分隔带,在无信号管制的交叉口,中央分隔带不应断开;机动车道两侧不应设置非机动车道;应严格控制与快速路交汇的道路数量;快速路与快速路或主干路相交应设置立交;快速路两侧不设置公共建筑出入口,并严格控制路侧带缘石断口;快速路机动车道不允许占道停车,两侧应考虑港湾式公交停靠站。

一般情况下,规划人口超过 200 万以上的大城市和长度超过 30km 的带形城市应设置快速路。为避免快速路对城市用地的穿越,快速路经常呈"井"字形或"廿"字形切入城市,将市区各主要组团与郊区的卫星城镇、机场、工业仓储区和物流中心等联系起来,缩短城市的时空距离。对人口在 50 万~200 万的大城市,可根据城市的用地形状和交通需求确定是否建设快速路,快速路可呈"十"字形在城市中心区的外围切过。

2. 主干路

主干路是城市道路系统的骨架网络,主要用于城市分区之间的联系,承担中远距离的交通出行任务。主干路上的机动车与非机动车应当分道行驶,交叉口的机动车与非机动车分隔带应连续;主干路两侧不应设置公共建筑出入口,并严格控制路侧带缘石断口;主干路横断面形式应贯彻机、非分流思想,将非机动车逐步引出主干路,实现主干路主要为机动年交通服务的功能;主干路机动车道不允许占道停车,机动车道两侧应考虑港湾式公交停靠站。

3. 次干路

次干路兼有"通"和"达"的功能,以承担城市分区内的集散交通为主。次干路两侧可设置大量的公共服务设施,并可设置机动车和非机动车停车场;次干路上有较多的公交线路,机动车道两侧应考虑港湾式公交停靠站和出租车服务站。

4. 支路

支路与次干路、居住区、工业区、市中心区、市政公用设施用地、交通设施用地等内部道路连接;支路不能与快速路机动车道直接连接。在快速路两侧的支路需要连接时,应采用分离式立体交叉跨过或下穿快速路。支路应当满足公交线路行驶要求。

城市支路主要承担近距离出行、非机动车出行的交通任务,还承担着联系集散道路、作为城市用地临街活动面的作用;部分支路还承担着设置公交线路的作用,应满足公共交通线路行驶的要求。

9.3.2 城市道路组织的基本要求

1. 在合理的城市用地功能布局基础上,组织完整的道路系统

城市各个组成部分通过城市道路构成一个相互协调、有机联系的整体。城市道路系统规划应该以合理的城市用地功能布局为前提。在进行城市用地功能组织的过程中,应该充分考虑城市交通的要求,两者紧密结合,才能得到较为完善的方案。

城市道路系统并不是消极地适应拟定的城市总体布局，而应该从合理组织道路系统、积极配置各项道路交通实施、加速道路交通建设、形成良好的城市面貌等方面，对城市总体布局中的各项用地，特别是吸引人流、车流集散点的用地提出具体布置的意见，做到相互协调，有机联系。

现代城市道路必须满足交通方便、安全、快速及城市环境整洁、宁静、美观的要求，在城市道路系统规划中，首先要做到道路功能清楚、系统分明。城市用地按功能布局时，要使各分区内既有生产及工作用地，又有居住用地，并配置完善的商业、医疗、文化娱乐等日常生活公共设施，使居民上下班及日常生活活动在较小的范围内即可解决，这样就形成了各分区内部安全、便利的交通系统。居住区、工业区、仓库码头区、铁路车站、机场、市中心区、风景游览区、郊区等分区之间的交通，形成了全市性交通系统，主要解决各分区之间客、货运的流通。

在城市总体布局中要尽量使交通能够在全市范围内均衡分布，避免过于集中在少数干道上，使交通复杂化和造成突出的单向交通(图 9-19)。

城市道路系统中交通干道应占有一定比例，通常用干道网密度来衡量，单位用公里/平方公里(km/km^2)表示，即每平方公里城市用地面积内平均所具有的干道长度。干道网密度越大，交通联系也越方便，但密度过大，会造成城市用地不经济，增加建设投资。一般认为干道恰当的间距为 600～1 000m，相应的干道网密度为 $2\sim3km/km^2$。

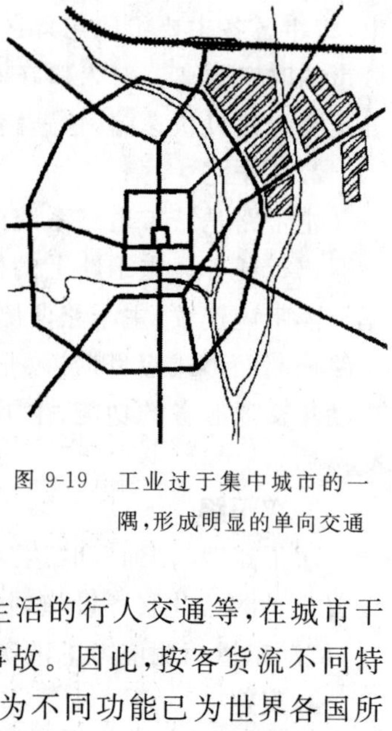

图 9-19　工业过于集中城市的一隅，形成明显的单向交通

2. 按交通性质区分不同功能的道路

随着城市工农业生产和各项事业的发展，城市客货运交通和汽车、自行车的迅速增长，很多城市的交通问题日趋严重。大量客货运机动车交通、自行车上下班交通、日常生活的行人交通等，在城市干道和交叉口经常发生矛盾，造成交通拥挤、阻塞，引起交通事故。因此，按客货流不同特性、交通工具不同性能、交通速度差异进行分流，将道路区分为不同功能已为世界各国所广泛采用。我国公安部门对城市道路交通组织提出“各从其类、各行其道”的原则，是符合客观实际的。

除上述分级外，为了明确道路的性质、区分不同的功能，道路系统应该分为交通性道路和生活性道路两大类，并结合具体城市的用地情况组成各自道路系统。交通性道路是用来解决城市中各用地分区之间的交通联系以及与城市对外交通枢纽之间的联系。其特点为行车速度快，车辆多，交通性质以货运为主，车道宽，行人少，道路平面线型要符合高速行驶的要求，对道路两旁要求避免布置吸引大量人流的公共建筑。生活性道路主要解决城市各分区内部的生产和生活活动的需要。其特点是车速较慢，交通性质以客运和行人为主，车道宽度较窄，两旁可布置吸引人流较多的公共建筑和停车场地。

3. 充分利用地形、减少工程量

在确定道路走向和宽度时，尤其要注意节约用地和投资费用。自然地形对规划道路系统有很大影响。在地形起伏较大的丘陵地区和山区，道路选线常受地形、地貌、工程技术经济等条件的限制，有时候不得不在地面上作较大的改变，纵坡也要做适当的调整。如果片面强调平、直，就会增加土方工程量而造成浪费。因此，在规划道路系统时，要善于结合地形，尽量减少土方工程量，节约道路的基建费用，便于车辆行驶和地面水的排除。道路选线还要注意所经地段的工程地质条件，线路应选在土质稳定、地下水位较深的地段，尽量绕过地质和水文地质不良的地段。

4. 要考虑城市环境和城市面貌的要求

道路走向一般应平行于夏季主导风向。南方海滨、江滨的道路要临水敞开，并布置一定数量的垂直于岸线的道路。北方城市冬季严寒，且多风沙、大雪，道路布置应与大风的主导风向成直角和一定的偏斜角度，以避免大风直接侵袭城市。山地城市道路走向要有利于山谷风通畅。

在交通运输需求日益增长的情况下，对车辆噪声的防治应引起足够重视。一般在道路规划时可采取的措施有：过境车辆不穿越市区；控制货运车辆和有轨车辆穿越居住区；在道路宽度上考虑设置必要的防护绿地来吸收部分噪声。沿街布置建筑物时，在建筑设计中应作特殊处理：一般可采取建筑物后退红线；房屋山墙对着道路；临街布置有专用绿地的公共建筑，根据具体情况调整道路和横断面，避免在交通频繁的交叉路口布置人流集中的公共建筑等。

城市道路特别是干路反映着城市面貌。因此，沿街建筑和道路宽度之间的比例要协调，并配置恰当的树丛和绿化带，同时还应根据城市的具体情况，把自然景色（山峰、湖泊、公共绿地）、历史文物（宝塔、桥梁、古建筑）、重要现代建筑（电视塔、展览馆）贯通起来，在不妨碍道路的主要功能前提下，使之形成一个整体，使城市面貌更加丰富多彩。例如，南京解放后兴建的北京路，就是将近旁的山丘，拆迁的铁路路基和沿线鸡鸣寺、北极阁、鼓楼等古迹连接起来，取得了较好的景观效果。

5. 要满足敷设各种管线及与人防工程相结合的要求

城市中各种管线一般都沿着道路敷设，各种管线工程的用途不同，性能和要求也不一样。如电信管道，本身占地面积不大，但它要有很大的检修入口；排水管道埋设较深，施工开槽用地就较多；煤气管道要防爆，必须远离建筑物；有些管道如采用架空敷设，还需考虑管道净空高度，以便车辆通行。当几种管道平行敷设时，它们相互之间要求一定的水平距离，以便在施工养护时不会影响相邻管线的工作和安全。一般管线不多时，应根据交通运输等要求来确定道路的宽度。

道路中的纵断面和路面标高，对于给水管、煤气管等有压力的管道影响不大，因为它们可以随着道路纵坡度的起伏而变化。雨水管、污水管是重力自流管，排水管道要有纵坡度，设计道路纵坡时最好要予以配合。

道路规划也应和人防工程规划相结合，以利战备、防灾疏散。城市要有足够数量的对外交通出口和一个完善的道路系统，以保证平时、战时、受灾时交通通畅无阻。

9.3.3 城市道路系统的空间组织

M. C. 费舍里松对道路系统进行了最为全面的图形分类，基本分为棋盘式、放射式＋环式、方格网＋放射式、三角式、六角形式、自由式、综合式。J. 麦克卢斯基对城市道路网形式也进行了划分，该划分主要针对城市内部道路，分为串联式、放射式、蛛网式、树枝式、棋盘式。

从城市干路体系和交通可达性的角度来看，不同类型的道路网形式具有各自的特点。

1. 棋盘式

棋盘式没有明显的市中心交通枢纽，在纵横两个方向上均有多条平行道路。大多数交通出行者都有较多的可选路径，有利于将交通分布在各条道路上，整个系统的通行能力较大。缺点是对角线方向没有便利的联系，而且完全采用棋盘式道路网的大城市，如果不配合交通管制，也容易形成不必要的穿越中心区的交通。

组约市中心就采用这样的道路网模式，我国平原城市也多采用这种道路网，如图 9-20 所示。

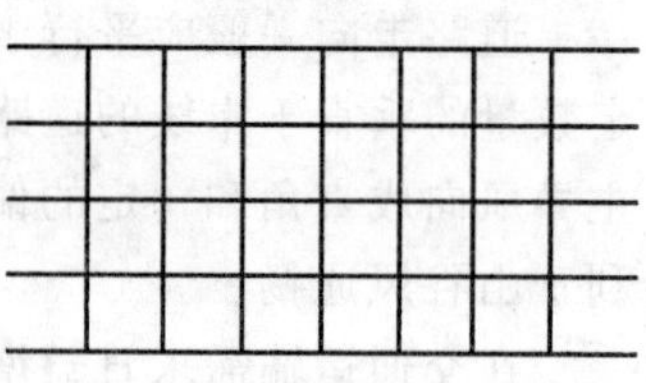

图 9-20 棋盘式道路网示意图

2. 放射式＋环式

放射式道路网能够保证城市边缘各区与市中心的方便联系，但是靠近市中心的各区之间联系困难，不可避免地造成市中心交通超载，适于客流量不大的城市(图 9-21)。大城市往往采用放射式加环式，这既有利于市中心与边缘各区的联系，也有利于边缘各区之间的相互联系。但其处理不当容易将外围交通引入中心区，并形成许多不规则的街坊。因此，环线道路应该与放射线道路相互配合，必须确保环线道路的功能，起到保护中心区不被过境交通穿越的作用，如图 9-22 所示。

3. 方格网＋放射式

这种模式又可称为棋盘加对角线式。它兼具棋盘式和放射式的优点，但也有可能带来交叉口交通组织的复杂性。该道路网模式也可以将中心区的道路网处理为棋盘式，外围为放射式加环式，成为综合式道路网。

4. 三角式

三角式道路网在欧洲一些国家比较常见，干路的交角往往为锐角，建筑布局和交通组织均不便。

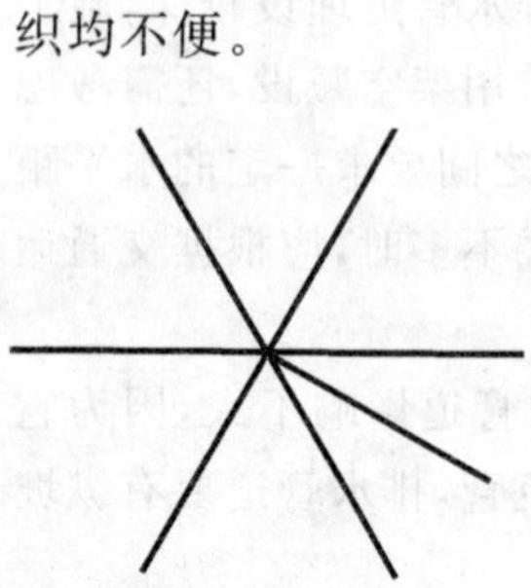

图 9-21 放射式道路网

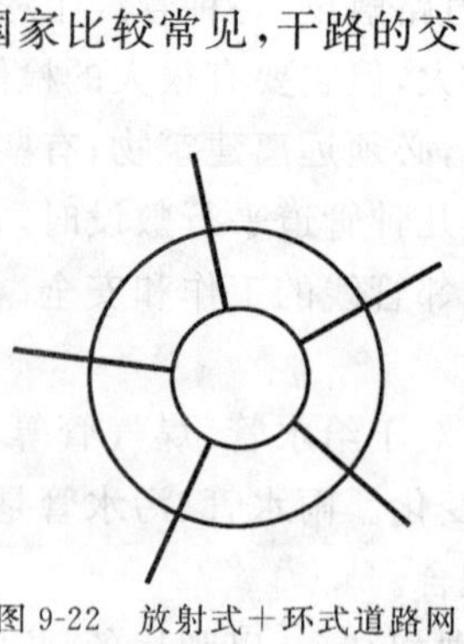

图 9-22 放射式＋环式道路网

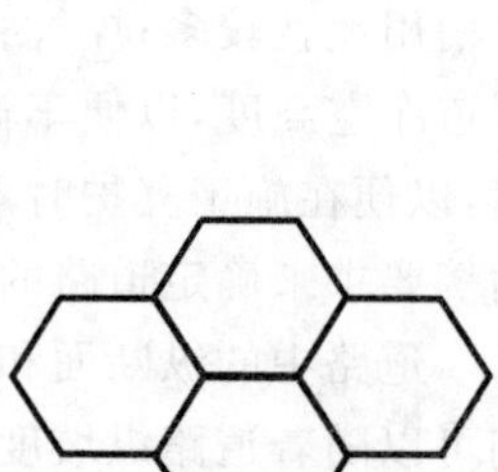

图 9-23 六角形式道路网示意图

5. 六角形式

六角形式道路网的交叉口为三岔口，线型曲折迂回，可以降低车速，主要用于居住区、疗养区道路，如图 9-23 所示。

6. 自由式

自由式道路网通常结合地形布置，如青岛老城区。自由式道路网的特点是没有一定的格式，变化较多，但受地形条件的制约，可能会出现较多的不规则街坊。如果充分利用地形，精心规划，不仅可以建成高效的道路系统，而且可以形成丰富的城市景观。

7. 综合式

综合式道路网由多种道路网模式组合而成，即在同一个城市同时存在几种类型的道路网。目前采用该道路网模式比较普遍，其特点是扬长避短，充分发挥各种模式道路网的优点。北京、上海等城市的道路网基本为这种模式。但这种道路网的基本特性并不表明其在任何条件下都适用。

M. C. 费舍里松对不同道路网模式进行了可达性计算，并分析了平均非直线系数，见表 9-6。一般来讲，非直线系数小于 1.15 的道路网为优良；在 1.15～1.25 之间为中等；大于 1.25 为不佳。

表 9-6　M. C. 费舍里松计算得出的不同道路网模式的非直线系数

道路网模式	交通联系总距离（km）	交通联系平均距离（km）	按空中线路的总距离（km）	平均非直线系数	周边各区之间的联系		
					交通联系总次数	其中经过市中心的次数	经过市中心的次数占总次数的百分比（%）
放射式	1 877	13	1 250	1.49	132	132	100
放射式＋环式	1 355	9.4	1 260	1.08	132	60	46
棋盘式	1 548	10.7	1 347	1.15	132	4	3
方格网＋放射式	1 450	10.1	1 347	1.08	132	60	16
六角形式	1 570	10.9	1 270	1.24	132	22	17

9.4 城市货运组织

9.4.1 货物种类

城市中的货物种类十分复杂，分类方法也很多，货物在城市中一般可分为三大类：

(1)与工业生产有关的货物。如工业生产的原材料、半成品、产品工业废料等。这类货物的数量取决于工业企业的性质、规模、生产工艺过程和自动化程度。由于社会经济不断发展，货物品种和数量也经常发生变化，难以进行系统的统计。但是，这类货物的运量和运向在一定时期内可以基本保持稳定，能够被掌握。

(2)与居民生活有关的货物。如生活必需的各种食物、日常生活用品、燃料和生活废弃物等。这类货物的数量比较稳定，它与城市人口数成正比，随着居民生活水平提高会相应逐步增加。

(3)与城市建设有关的货物。如新建、改建或修缮城市里的各类建筑物和构筑物的土建工程材料、建筑垃圾和土方。这类货物的运量在城市货运总量中常占很大的比重，但它在城市各地区的运量通常多变。

研究城市货运时，应该抓住各种货物流动过程的发货点和收货点，也就是要注意与居民生产、生活有关的和与对外货运有关的各种工业企业、储运仓库、物流设施、商业设施、铁路站场、港口码头等货流的形成点。在知道了各种货物在其间流动的数量和距离后，可知晓运输这些货物的货运量和货运周转量。人依赖于各种物质而得以生存，城市货运的产生是社会经济发展的需要。

9.4.2 货流的类型和货运方式

城市中的货流错综复杂，针对不同的货流，需要提供不同的运输方式。

(1)从原料产地到工厂的原料运输。为了适应工厂原料大量、价廉的特性，所以水路和铁路运输较为合适。

(2)从工厂到仓库的制品运输。由于产品具有大量性的特点，所以铁路运输和水路运输较为合适。

(3)从仓库到消费者的运输。由于其有小批量性、迅速性和正确性等要求，所以选择汽车及航空运输为佳。

(4)从工厂到大批量需要者的直达运输。由于必须保证迅速性及准确性，所以选择汽车、铁路和集装箱水路运输较为合适。

9.4.3 货运的类型和货运交通

城市货运是指市区内部的货运。城市货运交通量预测应以城市经济、社会发展规划和城市总体规划为依据。城市货运交通应包括过境货运交通、出入市货运交通与市内货运交通三个部分。

(1)过境货运交通。过境货运交通与城市在地域内的位置有关，与城市的生产、生活活动关系较小，有些经过市区，有些则经城市中转。一般规律是城市生产水平越高，则过境交通量越少；城市生产水平越低，则过境交通量越大；中小城市过境交通量大于其市内交通量。为此，过境货运交通应布置在城市外围，避免对市区造成不必要的干扰。

(2)出入市货运交通。出入市货运交通与城市对外辐射的活力有密切关系，一是中心城市与市辖范围内各县城之间的联系，二是市际乃至国际的联系。各种等级的城市在其经济区域内都有承上启下的功能。中心城市的职能越强，其出入市货运交通量就越大。规划建设好区域公路网对发挥中心城市的职能十分重要。

(3)市内货运交通。市内货运交通是和城市自身生产、生活和基本建设有关的货运。据国内一些大城市的调查资料，市内货运量中，煤、石油占10%～15%，钢铁、机电、五金占5%～10%，粮油、副食品和日常生活用品占8%～15%，基本建设用的水泥、砂石等占35%～45%，其余为纺织、化工和垃圾等。基建材料、燃料以及钢铁等货物的堆放，因其占地面积大，有些还有污染，因而应放在郊区，平均单程运距较大，为5～8km；市民日常生活用品以及设在市区内工厂的原料及产品一般就近分散储存在全市各地，平均单程运距不大，中小城市为2～3km，大城市为4～5km。当大城市建造高速公路后，城市用地向外扩展，平均单程运距随之增加到数十公里。

不同性质、规模的城市其上述数值也不相同。一般中小城市过境货运量大，而大城市出入市及市内货运量大。因此，在做货运交通规划时，应视具体情况而有所侧重。

9.5 城市客运组织

9.5.1 公共交通

1. 城市公共交通系统的构成

城市公共交通是涵盖多个层次的综合系统，它由常规公共交通、快速轨道交通、巴士快速公交系统、辅助公共交通和特殊公共交通四部分组成。西方国家还将“多人合乘小客车”包括在内。

常规公共交通包括公共汽车和无轨电车(有人认为有轨电车也属于常规公共交通，但是这种观点是以早期有轨电车技术水平为参照标准，随着技术的发展，欧美发达国家有轨电车已经具备轻轨的技术水平和运送能力)。其主要特点是运量适中(一条线路的单向客运能力一般为 8 000～12 000 人次/小时)，速度较慢(理论上可达 25km/h，一般条件下为 15km/h 左右，但近几年我国大城市公共汽车的行驶速度已下降到 10km/h 以下)。

由于常规公共交通不能完全满足人们乘车的需要，快速轨道交通逐渐进入人们的生活。快速轨道交通包括地铁、轻轨、单轨和新交通系统等，还包括高速列车(如磁浮列车)。快速轨道交通根据运量大小可分为大运量快速轨道交通和中运量快速轨道交通；根据营运范围可分为城市地铁、城市轻轨和市郊铁路。顾名思义，大运量快速轨道交通具有“运量大”和“速度快”两大特点。地铁单向运送能力一般为 30 000～70 000 人次/小时；轻轨单向运送能力为 10 000～30 000 人次/小时；大运量快速轨道交通由于具备独立封闭的路权，行驶速度要比混合路权状态下的常规公共交通快很多，其行驶速度主要受线路条件、设备水平和运输组织等因素的限制。一般地铁的行驶速度可以达到 40～60km/h，轻轨可以达到 30～35 km/h。

巴士快速公交系统(Bus Rapid Transit，BRT)是利用改良型的公交车辆运营在公交专用道上，在道路时空分配上给予适当的优先权，兼具轨道交通容量大、速度快和常规公交灵活方便特性的一种新型公共交通方式。它可以称作除常规公交和轨道交通之外的第三种公共交通方式，同时也是当前国际上推广的一种公共交通方式。

辅助公共交通包括小公共汽车、出租汽车和二轮车等各种交通载体，它是对常用的公共交通和快速轨道交通的补充。

特殊公共交通包括轮渡、水运交通和索道缆车等交通方式，它们在特殊条件下被采用。

目前，我国城市公共交通的主体是常规地面公共汽车交通。快速轨道交通投资昂贵、技术要求高，建设周期长，要成为大城市客运交通的骨干还有一个过程。现阶段公共汽车是我国城市客运交通中社会成本最低、综合效益最好的交通工具，它为中低收入居民提供了廉价出行机会。因此，常规公共交通的发展状况在很大程度上反映了一个城市的公共交通系统整体水平。

2. 公共交通线路网组织原则和类型

(1)原则

公共交通线路网由若干线路和车场组成。线路网组织要遵从以下的四个原则：

①尽量满足乘客的需要

乘客对公共交通的要求是以一定时间、地点和条件为转移的。不同的乘客有不同的要求，同一乘客在不同时间的要求也不一样。比如，一些居民搬进新建住宅区，离公交车站较远，就要求将公交线路延伸进新建住宅区；有了一条线路后，有些居民为了减少换乘次数而要求多开辟几条线路；而后，部分居民还要求多设些车站；再往后又会提出新的要求，这是正常现象。

具体说来，要经常调查了解客流的流向和流量，使线路的走向与客流的主流向一致。各主要人流集散点之间尽可能有直接的公交线路相连接，以减少居民出行的换乘次数，尤其要使高峰小时客流特别集中的职工上下班乘车得到保证。两万人以上的新住宅区不仅要设过境线，还要开辟始发线，以解决居民多方向乘车问题。

②尽量适应城市的发展

现代化建设使城市不断扩大，对公共交通的要求越来越高。公共交通线路网的布设要遍及城市各个区段，依据不同区段的用地特征和人口规模，布设不同类型线路网。

③尽可能利用城市道路

城市道路是公交线路的依托，公交线路通行能力取决于所选道路的通行能力。公交线路网应尽量均匀地布设在各条道路上，一则增加了线路网密度；二则增加了线路网的客运能力；三则避免了不必要的走向弯曲，使乘客花最少费用和最少时间，在最短距离内完成出行。

④尽可能选择最佳方案

公交线路网布设要同时满足各方面要求，而这些要求有的时候是对立的。例如，线路网密度过高，乘客乘车方便了，但公交成本费用却增加了；反之，乘客要求未能满足。又如，线路网都成棋盘型，公交营运组织容易了，但乘客换乘次数多了；若都成放射型，公交客流量增加了，但乘客的拥挤程度也会严重起来。为了满足乘客的需要和城市的发展，对公交线路的安排要经过多方案比较，找出符合当地实际情况及适应今后发展的最佳方案，使各线路的运载能力与客流量尽可能相协调。运用计算机技术对客流调查数据进行分析处理，是选择最佳线路网规划方案的重要途径。

在目前情况下，主要考虑两方面，一是使乘客步行到车站的时间最少，二是使线路网的客运能力最大。根据这两项指标来确定一定环境中的最佳线路网密度，选择符合实际情况的线路网类型。

(2)类型

由几十条，甚至几百条线路组成的公交线路网，从总体角度解决一个城市或地区居民的乘车需要。因此，要用全局观点来衡量客流状况，选择通行能力最大、线路网密度最佳、居民步行时间最短的线路网类型。公共交通线路网类型通常有以下几种：

①设有中央首末站的放射型线路网

在旧式城市，居民的活动大多集中在市中心区，形成从商业闹市区到市郊、市区外围相邻各区之间的放射型公交线路网。这种线路网的好处是，有可能为任何地区组织方便的公交服务，各区域居民可以直达地往返于城市中心地区，通过不多于一次的换乘就能完成出行。但是它也有两个明显的缺点：第一，对于切线状的出行，带来迂回和多次转车的困难；部分经过市中心的乘客必须转车换乘，增加了公交车辆乘客的上下交替频率。第二，要求市中心区有足够的基地用于回车和存车，增加了城市用地紧张的状况，且容易引起市中心区客流集中，影响道路的通行能力。因此，在规模较小的城市中，采用穿越市中心区的直径线有两个好处：一是能减少换乘次数；二是不需要在市中心商业区设立大型首末站，节约宝贵的土地，并有利于市中心区的交通组织和管理。

②棋盘型线路网

棋盘型公共交通线路网的特点是比较规则整齐，平行线路按一定的规则和间隔布设，并与具有类似特点的线路相互交叉。对于公共活动中心分布较广的城市或地区来说，棋盘型线路网的主要优点在于：第一，乘客只要换一次车便可以从任何一个地点到其他任一地点，不必通过人为的中心点或集散点；第二，乘客的集散点可以分散，公交车辆的回车、存车用地可以放在市区边缘地带，容易争取到土地。但是棋盘型也存在缺点：其一，在一个纯粹的棋盘型线路网上，大部分乘客都要换一次车(除部分直线乘车的居民)，交叉对角线方向的交通不方便；其二，棋盘型线路网密度大，交叉口多，容易引起闹市区交通堵塞。

要使棋盘型线路网更好地发挥作用，最好的办法是提高所有线路的发车频率，为几个关键地区的连接提供充分的交通便利。在人口密度低、居民出行少、不需频繁发车的地区，不宜布设棋盘型线路网。

③交叉放射型线路网

这种类型的线路网既有棋盘型特点，又有放射型优点。它能为商业文化闹市中心乘客集散点提供更多的线路，为若干重要市中心区提供直达交通条件。同时，又有与棋盘型一样的灵活性，为路远的地区提供交通方便。

④干线和驳运线相结合的线路网

这种类型的线路网由两部分线路组成，一是主干线，即在主要干道上布设的公交线路。这类线路一般客运量大，配车多，行车频率高，线型较直。二是驳运线，即用来运送边缘地区的职工、居民至公交主干线的公交线路。这类线路一般全日客运量少，配车不多，行车间隔时间较长，线型允许适当弯曲。布设驳运线有各种因素，如地形上的屏障，居民密度低、客流少的特殊地区等。其优点是能提高客位利用率，缺点是多数乘客要中途换车。这种类型的线路网一般用于有轨道交通的城市。

⑤环线型线路网

城市用地及客运服务面扩大后，为最边远地区提供足够的乘车条件越来越困难。为了使各人流集散点都有公交线路连接，东西南北方向换乘方便，布设环形线路比较合适。

⑥带有环线或切线状线路的放射型线路网

这种线路网的出行直达率很高。切线状客流由切线状线路承担，经过市中心区的客流量和车辆数就可以降到最低。这类线路网适用于出行需求量较大的城市。

⑦混合型线路网

混合型线路网系统是结合城市的地理条件，由几种类型线路网组合而成。如上海的公交线路在新中国成立前夕已有44条。新中国成立后，由于工业与其他建设的发展，城市向四面八方扩展，吴淞、彭浦、桃浦、真如、南翔、吴泾等地区先后发展起来。配合工业与居住区的建设，上海外围道路逐步发展，构成上海外围道路系统，由此道路条件布设的公交线路网也就形成了混合型。

这几种类型的线路网包含着一些共同的特征，因此，实际上不可能将它们相互对立地看待，并按其履行的职能明显划分。

3. 公共交通场站组织

公共交通场站包括线路的首末站、中途站、枢纽站、车辆的保养场和中心停车场等。首末站、中途站、枢纽站是标定公交线路的空间边界，保证公交系统正常营运的“前方”基础设施；而保养场、中心停车场则是保证公交车辆处于良好状态，并待命发车的“后方”基础设施。

场站规划是从城市交通整体目标出发，建立与城市总体规划和公交发展战略相适应的场站服务体系，使广大乘客享受更好的公交服务；改善换乘和与其他交通方式衔接的条件，吸引更多的人以公共交通作为出行的首选方式，提高城市客运结构中公共交通的分担率；为公交企业提供更好的场站基础设施，提高公交车辆的停放、保养和维修水平；减少车辆进出场站的空驶里程，真正落实国家公交优先发展战略，促进公交体制和机制改革；优化管理，提高公交企业良性循环和自我发展的能力。因此，公交场站布局的合理与否，容纳、周转和维修保养能力的强弱，设施和装备现代化水平的高低，是体现公共交通系统整体水平的重要标志。

(1)公交首末站规划原则

公交首末站的主要功能是为线路上的公交车辆在开始和结束营运、等候调度以及下班后提供合理的停放场地。它既是公交站点的一部分，也兼具车辆停放和小规模保养的用途。首末站的规划主要包括首末站的位置选择、规模的确定以及出入口道路的设置等几方面内容，规划时应遵循以下原则：

①公交首末站的设置应与城市道路网的建设与发展相协调，宜选择在紧靠客流集散点和道路客流主要方向的同侧，以减少过街人流量，必要时可设置行人过街天桥或地下通道。

②公交首末站的选址宜靠近人口比较集中、客流集散量较大而且周围留有一定空地的位置，如居住区、火车站、汽车站、航空港、大型公园、文体中心等，使大部分乘客处在以该站点为中心的服务半径范围内(通常为 300m)，最大距离不超过 500m。

③首末站的规模应按其服务的公交线路运营车辆的总数来确定。一般配车总数(折算为标准车)大于 50 辆的为大型站点；25～50 辆的为中型站点；小于 25 辆的为小型站点。

④与首末站相连的出入口应设置在使用面积较为富余、服务水平良好的城市道路上，尽量避免接近平面交叉口，必要时出入口可设置信号控制，以减少对周边道路交通的干扰。

(2)公交中途站规划原则

公交中途站规划在公交首末站及线路走向确定以后进行，规划的原则为：

①中途站应设在公交线路沿途经过的各主要客流集散点上；

②中途站应沿街布置，站址宜选择在能按要求完成车辆的停和行两项任务的地方；

③在交叉口附近设置中途站点时，一般设在交叉口 50m 以外处，在大城市车辆较多的主干道上，宜设在 100m 以外处；

④中途站的站距受乘客出行需求、公交车辆运营管理、道路系统、交叉口间距和安全等因素的影响,应合理选择。平均站距为500～800m,市中心区站距宜取下限值;城市边缘地区和郊区的站距宜取上限值;人口100万以上的特大城市,站距可大于上限值。

国内各种交通系统的站距见表9-7。

表9-7 国内各种交通系统的站距 单位:m

公共交通系统	市区线	郊区线
公共汽车与电车	500～800	800～1 000
公共汽车大站快车	1 500～2 000	1 000～1 500
中运量快速轨道交通	800～1 000	1 000～1 500
大运量快速轨道交通	1 000～1 200	1 500～2 000

9.5.2 自行车交通

1. 自行车在城市交通中的地位

中国曾拥有"自行车王国"的美称,自行车曾经是中国居民出行最主要的交通工具。20世纪90年代之前,中国的城市规模普遍较小,经济发展水平低,通勤距离短,且城市居民收入很低,自行车在相当长的发展时期中成为城市居民出行的主要交通工具,占居民出行总量的50%以上,支撑着城市居民生产和生活的方方面面。

自行车交通的显著优点,使之一直在我国城市居民出行结构中保持着较高的比重。

首先,自行车占道路面积小。自行车运行时平均每人所需要的道路面积一般为$9m^2$。小汽车运行时平均每人所需要的道路面积为$40m^2$,是自行车的4.5倍左右。自行车所需要的停车面积为$1.6m^2$,而小轿车所需要的停车面积为$22m^2$,为自行车的14倍左右。

其次,自行车是一种节能型交通工具。从移动每公里每公斤(运动物体的重量)所需的能量来说,城市中8km以下的交通出行,使用自行车所需要的能源是机动车的1/9。

再次,自行车还是一种有益健康的交通形式。它噪声小、无废气污染,是典型的零污染交通工具。而且,在蹬踏自行车的过程中,人的身体还能得到锻炼。

此外,自行车价格便宜,一般家庭皆有能力购买;它方便灵活,可提供"门到门"的服务,还可以在狭窄的胡同和巷道里行驶,以弥补机动车的不足;它对交通设施的要求不高,能节省基础设施建设投资。

以我国城市自行车出行的时耗特征来看,大部分出行的时耗都在30分钟以内,距离为4～6km;从出行目的来看,大部分为上班、上学及回程。自行车在城市交通中主要承担短距离的出行,尤其是青少年上下学。自行车在一些大城市中逐渐成为居民出行搭乘轨道交通的转接工具。

在城市防灾体系中,自行车也因其轻便灵活,对行驶路面的要求低而成为重要的救灾运输工具。

2. 自行车交通在发展中的问题和趋势

尽管在我国许多城市,步行和自行车出行占居民出行总量的绝大多数,但自行车交通的地位并没有被重视,因而缺乏有关自行车交通系统的规划,也缺少自行车的专用道路和停车场专项规划。在机动车和非机动车混行的道路和交叉口上，机动车和非机动车相互干扰，不仅降低了道路通行效率，而且对交通安全造成威胁。自行车交通带来的问题主要如下：

(1)自行车拥有量剧增，交通量剧增。由于大多数自行车与机动车混合行驶，严重干扰了道路交通秩序，降低了车辆行驶速度和道路通行能力，致使城市有限的道路时空资源更显不足。特别是当大量自行车长距离出行，并与机动车混合行驶时，会加剧行人、自行车、机动车之间的冲突，不仅严重降低了机动车的使用效率，而且增大了交通事故的概率。

(2)车辆停放问题突出。城市自行车数量的迅速增加对停车用地提出了更高的要求。由于在城市规划设计中对自行车的停车问题未给予足够重视，不仅居住区和工作地点的停车问题未能妥善解决，而且许多购物、娱乐等公共活动场所也未设专用停车场。自行车只能占用人行道、分车带、绿化带停车，甚至占用非机动车道和部分机动车道停车，给城市交通、治安、生活和环境带来许多矛盾。

(3)在公交不发达地区，自行车交通增长非常迅速，使道路拥挤，公交车速下降，服务水平进一步降低，更多的居民转向选择个体交通方式，引发交通恶性循环。

由于自行车交通在全天候出行、舒适度、速度、价值体现等方面无法与小汽车相比，在交通方式主观选择上处于明显的劣势。可以预见，随着城市发展、居民生活水平的提高，自行车的使用范围和使用强度将逐步减小，尤其是那些冰天雪地的北方城市和炎热多雨的南方城市，自行车出行的比例将会下降。

在一些经济较发达的城市如深圳、珠海，自行车交通已经呈现萎缩的趋势。原来道路断面上的非机动车道已被拓宽，改铺为机动车道，以满足日益增长的机动车交通的需求，但自行车道和人行道合二为一，威胁到行人的安全。

3. 我国城市中自行车交通的组织方式

比较世界各国城市交通发展的历史，可以清晰地看到中国与西方发达国家是在两条道路上平行发展着各自的个体交通。一条道路上是国外小汽车泛滥成灾；另一条道路上是中国自行车、摩托车(助动车)发展失控。但是两条道路上的个体交通的出行实质却是相同的，都是在寻求交通效率和使用道路的自主权；差异仅在于“富”与“贫”有着不同的交通工具表现形式。至于城市公共交通，各国都是依靠财政补贴，艰难运营。

(1)随着中国人均国民收入的提高，20世纪初的中国正进入小汽车社会的初始阶段，城市个体交通的发展正面临一次新的选择。由自行车、步行和公共交通组成的绿色交通系统应该成为许多规模大、密度高的大城市的首选，在大城市里，自行车公交换乘体系与其他交通方式的组织方式可以参考图9-24。中国的城市发展迅猛，随着生活水平的提高，人们对出行的要求越来越高，地铁、轻轨、快速汽车道路等现代化的交通设施建设是必需的。在逐步改造城市结构、居住方式和道路网形式的同时，应维护社会公平，充分关注中低收入人群的出行需求，坚持节约和集约利用资源、保护生态环境、保护中国城市的传统文化特色，因地制宜，确定具有中国特色的城市客运交通发展目标和战略，促进城市全面协调可持续发展。

具体行动：

①建立快速公交干线网(地面公交或轨道交通)，以优质服务水平——准时、快速、舒适，争取长距离(>4km)乘客；

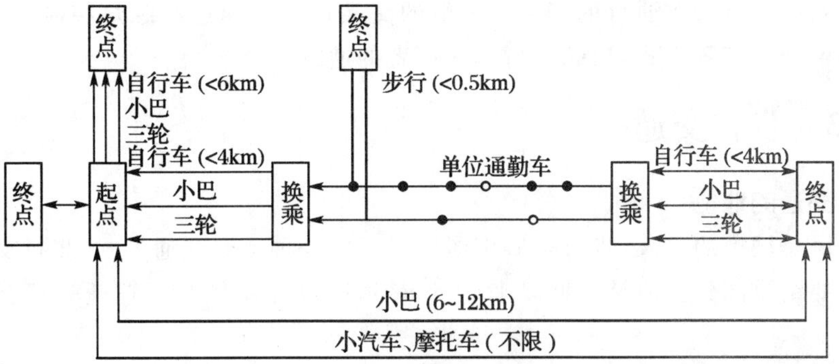

图 9-24 城市交通换乘出行方式图解

②充分发挥自行车短距离交通的优势，在无公交覆盖的地区，建立联系公交换乘枢纽的自行车系统、小型公共汽车或出租车系统，鼓励人们放弃小汽车出行；

③在客运交通的主要集散点建设多层次客运换乘枢纽，实现人性化的无障碍换乘，提高公交集散与换乘效率。

(2)自行车道路网的构成与布局主要有以下几点：

①建立自行车交通分区。交通分区面积按边到边自行车出行时耗进行控制，即出行时耗不应超过 30min，出行距离不应超过 6km，2km 以内为最佳。

②自行车道路网密度与道路间距按《城市道路交通规划设计规范》(GB 50220－95)执行，见表 9-8。

表 9-8　　自行车道路网密度与道路间距

自行车道路与机动车道的分隔方式	道路网密度(km/km²)	道路间距(m)
自行车专用路	1.5～2.0	1 000～1 200
与机动车道间用设施隔离	3～5	400～600
路面画线	10～15	150～200

③建立完善的自行车停车场(库、楼)，满足自行车的停放要求，解决由自行车沿路乱停乱放带来的交通秩序管理问题。在自行车-公交换乘枢纽旁建立规模适宜的存车场(库、楼)。自行车交通应当成为城市大运量公共交通系统的重要支持系统，负责将各居民点的居民出行汇集到各站点。因此，在公交换乘枢纽周围应有安全便捷的自行车专用道连接，并设有自行车的大型专用存车场(库、楼)。

④在网络上，联系主要居民区和工矿企业、商业密集区的自行车专用道，可以与机动车道路设置在同一道路空间，成为三块板的道路断面形式；也可以独立设置自行车专用道系统。以休闲旅游观光为主的自行车专用道可与步行系统、绿地系统结合在一起，连接风景名胜区或历史文化保护区，成为一个安全的观光自行车专用道。在旧城市中心区，自行车专用道可利用现有支路或街坊整理而成。

⑤在机动车和非机动车混行的道路和交叉口上，机动车和非机动车相互干扰，不仅降低了道路运行效率，而且对交通安全造成威胁。为解决自行车与机动车争道的问题，在流量较大的交叉口或路段设置自行车专用通道(桥或隧道)，分离自行车和机动车交通流。三块板形式的道路，在自行车流较大的交叉口还可以将自行车流引导远离交叉口，确保机

动车的通行效率和自行车通行的安全。一般的交叉口可以通过红绿灯控制、划设警告标志线以及铺设减速带等方式,提高自行车使用者的通行安全。

9.5.3 步行交通

1. 步行交通的地位

城市居民是城市的主人,步行是城市居民出行的一种重要交通方式,步行交通则是城市交通的主要组成部分。但是长期以来,无论是道路设计还是交通管理等都有忽视步行交通的倾向。

在各种现代交通工具出现之前,步行是人们出行所采用的最基本的交通方式。随着社会的发展和科学技术的进步,交通工具的种类和数量迅速增加,与此同时,城市道路数量的增长却相对十分缓慢,从而使各种交通工具之间争夺有限道路空间的矛盾显得日益突出,进而促使人们把着眼点越来越放在汽车交通上。在这种背景下,城市逐渐成为汽车的世界,街道不再是步行者的大国。“步行”这个曾经人类唯一的交通方式被汽车、摩托车、自行车等冲挤到街道的两侧,而这狭长的街道两侧又被种种诸如自行车停车、各种市政工程设施、绿化、摊贩、马路商店、马路仓库、马路工厂等蚕食。人在道路上的地位正在被车和其他活动挤出去,人行道成为人人可以蚕食的地方。究其原因,无不源于对步行交通的忽视。

根据城市居民的出行调查,我国大城市步行交通在总出行量中约占40%,而中等城市约占45%,小城市则多达50%以上。即使是在汽车交通发达的国家的城市中,步行交通的比重也是相当大的。

在现代城市交通系统中,步行交通无论是作为满足人们日常生活需要的一种独立的交通方式,还是作为其他各种交通方式相互连接的桥梁,都是其他方式无法替代的。到目前为止,人类的活动还不可能完全离开步行这种最基本的交通方式。因此,在城市规划、道路交通规划设计以及交通管理中,有必要对此予以足够的重视和关注。

应当指出,我国城市中步行出行量大与我国城市人口密度高、公共交通服务质量不高以及道路建设中忽视次要道路和支路的建设等客观因素有着很大的关系。

2. 步行者所需的交通环境

通常来说,步行交通环境具有如下特征:

(1)安全,是步行交通的最基本的要求。人们在步行系统中行走,不希望受到其他机动车、非机动车交通的干扰,即使在和机动车、非机动车交通发生冲突的地点,也希望通过交通组织赋予步行交通独立的通行权,以保障步行者的安全。

(2)宜人,是指步行交通环境在设计的过程中,应结合周边环境(包括自然山水、建筑等)一起形成具有鲜明的地方特色和艺术氛围的步行环境,使人们身处其中能够赏心悦目、心情舒畅地完成自己的出行目的。

(3)连续性,是指步行交通系统的连续性,不管是位于城市中心区的商业步行街,还是滨江(河)的步行道、广场,乃至作为道路组成部分的人行道,都需要通过一系列的人行横道、过街地道或天桥联成一个完整的系统,以使步行者能够到达城市中的任何一处。

(4)引导性,较多地强调通过交通标志符号的设置使步行者能及时获取相应的交通信息，并引导步行者(尤其是外来人口)能找到自己的目的地。

不同的使用者对步行交通环境的要求不同。对老年人和小孩来说，需要在步行环境中每隔一段距离有可以小憩和游戏的地方；对年轻人来说，需要有便于运动与交流的步行环境；对外来人口来说，需要步行交通有着良好的指示标志；对残疾人来说，需要步行环境无障碍……他们均应该得到最大限度的尊重和满足。总之，从步行者的角度来看，人们需要在城市中享有充分的自由，能够随意地漫步、休息、购物和交流，由此也需要所处的步行环境具有安全、宜人，且具有连续性以及引导性强等特点，以保证步行者能够自由而不受干扰地行走。

思考题

1. 简述城市交通系统的构成。
2. 简述城市主要对外交通设施布局对城市空间结构的影响。
3. 简述城市道路系统组织的主要模式及特点。
4. 简述城市货运交通组织的基本原则。
5. 简述城市公交线路组织的模式。
6. 简述城市轨道交通组织的主要模式。

第10章 现代城市游憩功能与组织

10.1 城市游憩功能与组织的基础理论

10.1.1 游憩与游憩功能

1. 游憩

“游憩”，简单地说就是游玩，既包括离开久居地的“有旅之游”，也包括不离开久居地的“无旅之游”。从狭义来讲，游憩是有旅之游和无旅之游的总和；从广义来讲，游憩是有旅之游和无旅之游的总和，以及由这些活动所带来的一切现象和关系。因此，游憩包含了旅游。其实，人类在闲暇时间内的游憩活动是连续的、不可人为分割的，它包括从家庭内游憩、居室周围的户外游憩、社区游憩、一日游、国内旅游和国际旅游等渐变的游憩活动谱。

2. 游憩特征

现代意义上的游憩具有六个方面的特征：①具有非强制性，是在自由时间内自愿选择或参与的活动，其目的是取得体验、愉悦和满足；②是生活不可缺少的组成部分；③具有一定的道德准则，是一种健康的、积极的体验活动；④是一种过程或体验；⑤活动多种多样；⑥具有多元共融性，融合古今中外游憩文化，从地方性逐渐扩散为全国性、世界性。

3. 城市游憩功能

城市是人类文明高度集聚和积累的载体，人口集中，工业、商业、服务业和社会文化事业发达，管理机构完备，通常是周边地区政治、文化和经济中心。游憩者是城市游憩活动的主体，包括本地居民和外来游客两部分。游憩在城市中扮演双重“角色”，首先，它是城市的一项基本功能，与居住、工作、交通功能并存，是衡量城市发展水平的重要指标；其次，围绕游憩功能展开的各种经济活动形成庞大的产业群，即城市游憩业，是城市经济结构的重要组成部分。

10.1.2 游憩组织基础理论

1. 娱乐游憩理论

现代游憩理论主要包括激励寻求和能力动机两种，关注剩余行为的存在，试图解释儿童、成人或动物为什么在所有需求都得到满足之后仍然要从事或参与游憩活动。

激励寻求理论认为，娱乐游憩是一种能够提高个体激励水平的行为类型，是由个体与环境、个体与社会互动需求所产生的。人需要不断地受到刺激，当一种激励停止时，就要去寻求其他能够产生刺激的互动，连续的激励使人与必要的互动都会变得更加复杂。该理论还认为，娱乐不是用来减轻压力、创造一种安静或放松的状态，娱乐的目的就是不断刺激参与者，提供兴奋和挑战，娱乐的动机就是要寻求新奇、兴奋、身体挑战和冒险。能力动机理论（又称能力-效应理论）认为娱乐的主要目的就是证明能力、控制环境、产生效应。

2. 游憩产品生命周期理论

城市游憩空间整合的基本目的是向游憩者提供符合其消费需求的游憩产品。游憩产品是一个复合概念，它在理论上是指游憩者出游一次所获得的整个经历，具体来讲，包括景观（吸引物）、设施和服务三大要素。其中，景观（吸引物）是指由自然实体和历史文化实体（包括文化氛围和传统习俗）所组成的中心吸引物，正是由于景观的吸引作用才使城市居民产生出游的动机；设施是指游憩者得以进入和满足其基本生理需求、高层生理需求的交通、食宿等基础设施；服务则是游憩者在体验景观和身处设施场所中接受到的物质或精神上的享受，它们通常是非物质形态的。

为了诠释游憩产品生命周期理论，我们可以借鉴旅游地生命周期理论来说明。对旅游地生命周期理论的研究，可以追溯到 1964 年 Christaller 对欧洲旅游地的分析，也有人认为可以更加提前到 1939 年 Gilbert 对英国海滨胜地成长过程的研究。对旅游地生命周期理论进行系统阐述的当数加拿大地理学家巴特勒（Butler，1980），他认为一个地方的旅游开发不可能永远处于同一水平，而是随着时间变化不断演变出一条近似 S 形的曲线轨迹。这条曲线轨迹可以把旅游地的发展分为 6 个阶段：参与阶段（involvement）、探索阶段（exploration）、发展阶段（development）、巩固阶段（consolidation）、停滞阶段（stagnation）、衰落或复兴阶段（decline or rejuvenation）（图 10-1）。

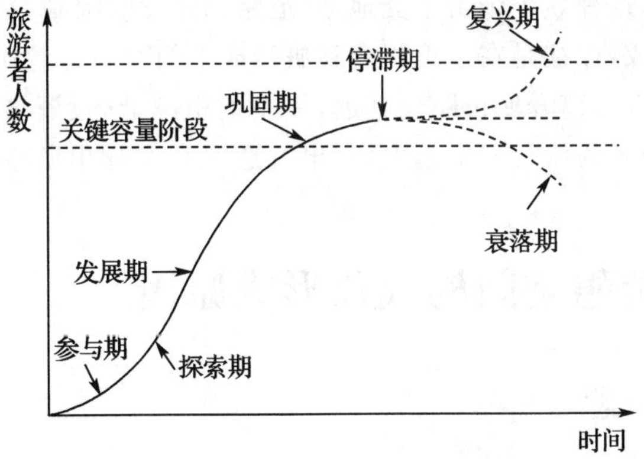

图 10-1　旅游地生命周期曲线

（1）探索阶段：是旅游地发展的初期阶段，其特点是零星的旅游者作无规律的旅行游览，是没有季节性的旅行模式，旅游地也没有特别的设施为旅游者服务，旅游地的自然和社会环境未因旅游而发生变化。

（2）参与阶段：随着游客的增多，旅游变得有规律，当地居民开始为游客提供一些设施和服务，旅游者开始通过旅行社和设施的经营者安排旅游活动。

（3）发展阶段：有固定的客源市场，外来投资剧增，本地居民简陋的膳宿设施逐渐被规模大、现代化的设施所取代，通过大量的广告宣传吸引人们到此旅游，旅游地的自然面貌发生了显著改变。

(4)巩固阶段：旅游业的经营和系列设施都已确定下来，当地经济严重依赖旅游业，本地居民被安排移出主要吸引地。

(5)停滞阶段：游客基本上没有什么增长，游客量达到最大，旅游环境容量已达到饱和或超饱和，并伴随有环境、经济和社会文化问题，旅游地在游客中已建立起深刻的印象。

(6)衰落或复兴阶段：如果管理混乱，没有新的项目和新的设施，旅游者逐渐减少，旅游地难以同新的旅游地竞争，那么它便处于衰落阶段。如果旅游地加强管理，增加了新的具有吸引力的旅游资源或项目，也可能再次使游客量增加，旅游地进入复兴阶段。进入复兴阶段的旅游地又开始新的循环，重复上述几个阶段。

旅游地生命周期理论对游憩产品开发具有重要指导意义。一个旅游/游憩地如果处于巩固阶段及前发展阶段，其重点应放在游憩资源开发、设施建设和宣传促销等方面；如果处在停滞阶段及后发展阶段，其重点应放在开发新的游憩资源，增加新的具有吸引力的项目，作好广告宣传，促使旅游/游憩地复兴。

3. 环城游憩带理论

环城游憩带(Recreational Belt Around Metropolis，RBAM)是指发生在大城市郊区，主要供城市居民光顾的游憩设施、场所和公共空间，特定情况下还包括位于城郊的外来旅游者经常光顾的各级旅游目的地，一起形成的环大都市游憩活动频发地带，简称“环城游憩带”。吴必虎在研究上海城市游憩者流动行为时发现，上海市民以郊区为目的地的活动空间基本上呈同心圆衰减，并于1999年提出了环城游憩带理论。其实，环绕城市周边的游憩地带早在20世纪80年代初就已经为前苏联地理学家所注意，每逢周末，成千上万的人涌向市郊的娱乐带，这种娱乐带由于受地形、道路和开发的限制，呈不规则的环状结构。

环城游憩带的形成，往往是在土地租金和旅行成本的双向力量作用下，投资者与游憩者达成的一种妥协。因为离开城市距离越远，级差地租越低，投资者的资金压力越少；但是离开城市越远，游憩者的旅行成本越大，其出行意愿和实际出游率越低，最终在某个适当位置形成游憩区域。

10.2 城市游憩空间构成及形成原因

10.2.1 概　念

1. 城市空间

城市是一个社会、经济、文化、自然的复合体，从生态学观点看，城市是个由人、建筑物、各种自然和人文景观融为一体的一个新陈代谢系统，是人进行物质生产与消费、从事社会与文化活动的高效场所。城市空间由市民、政府、各种社会组织以及物质实体空间组成，是人类主要的聚居场所，是社会、经济与文化发展到一定阶段的产物和反映。城市中由于人类不同的行为和目的构成了多样的空间单元。从承载的人类活动类型来看，城市空间有居住空间、生产空间、交通空间和游憩空间等；从空间的性质来看，有私密空间和共有空间;从空间的社会学特性来看,有邻里、社区、社会空间等。

2. 城市公共空间

城市公共空间有广义和狭义之分。狭义的城市公共空间是指那些供城市居民日常生活和社会生活公共使用的室外空间,包括街道、广场、居住区户外地、公园、体育场地等。根据居民的生活需求,在城市公共空间可以进行商业交易、表演、展览、体育竞赛、运动健身、消闲、观光游览、节日集会及人际交往等各类活动。城市公共空间又分开放空间和专用空间。开放空间有街、广场、停车场、居住区绿地、街道绿地及公园等,专用公共空间有运动场。广义的城市公共空间还包括公共设施用地的空间,如城市中心区、商业区、城市绿地。

3. 城市游憩空间

城市游憩空间是指在城市或城市近郊能够进行游憩活动的城市开放空间,它是由各种要素相互作用、相互联系而构成的具有一定层次、结构、功能的动态复杂系统(图 10-2),包括硬件和软件两个方面。硬件主要由游憩产品、游憩设施、游憩线路、视觉识别、区位特性和生态环境等要素组成;软件主要由理念识别、行为识别、政策法规、管理保障与科技保障等要素组成。通常我们涉及的仅仅是硬件方面,本章也主要探讨硬件问题,但是一个良好的城市游憩空间环境的营造,必然要依赖于软件方面,二者相互融合,共同影响着游憩空间的品质。一个良好的城市游憩空间应具有系统性、层次性、开放性、场所性、多义性、宜人性、生态性、文化性等属性。

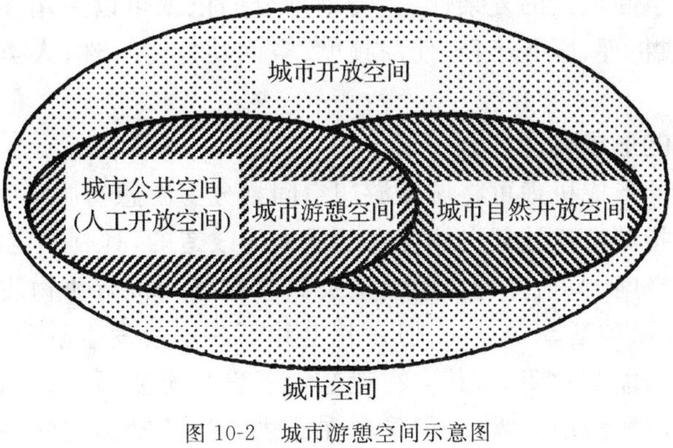

图 10-2 城市游憩空间示意图

10.2.2 组成要素

游憩活动的本质是人在自然或人工环境中所产生的流动行为,游憩活动空间的大小一方面受环境的制约,另一方面随着人的主观行为发生变化。空间的大小决定了其中的要素组成及空间结构。由于城市是人工化的环境,其物质形态与种类较乡村丰富得多,既有自然物质形态,也有人工"雕塑"而成的经济文化要素,以及人的活动所表现出来的各种现象。归纳起来,城市游憩空间要素包括:

1. 物质要素

物质要素指客观存在的有形的游憩要素,又可分为原生物质环境空间和人工物质环境空间。原生物质环境空间包括大气、水体(城市中的河流、湖泊)、天然植被、山体等,这些往往成为人们理想的游憩空间。人工物质环境空间指人类将原生物质环境加工改造而成的游憩环境空间,都市中这类游憩要素占据了较大空间,如公园、动物园、游乐园、广场、商业街、各类建筑物、风景区内的接待设施等。一般说来,在一个空间容量既定的都市里,原生物质环境空间与人工物质环境空间是此消彼长的关系,人工改造的设施越多,所占据的空间越大,则原生物质环境空间就越小。人本身是自然界的一部分,具有向往真实、回归自然的本性,因此,当代城市中的人群对喧嚣的大街、耀眼的霓虹灯、高耸的建筑物越来越感到压抑、烦躁,渴望回归自然、返璞归真,努力寻找原生环境,如清新的空气、清澈的湖水、青青的草坪、湛蓝的天空、茂密的森林。

2. 行为要素

行为要素指游憩者在物质空间中流动所产生的一系列行为特征。游憩者的流动行为是游憩空间的重要组成部分,因为任何物质环境如果离开了人的活动就显得毫无意义,更何况"游憩空间"本来就是"游的空间",而不仅仅是物质设施的堆积。游憩行为具有遍在性、偏好性、动态性的特点。只要是人能到达的地方几乎都可成为游憩空间,所以由流动行为产生的流动空间极不稳定。以人为中心,城市游憩行为空间由近及远可分为家庭居室、邻里、居住区、社区、市区、市郊区以至更远。

10.2.3 游憩空间类型划分

由于城市游憩空间形式的复杂性,其类型划分的依据可以采用多种标准。为便于研究,本书主要从形成机理、服务半径、使用频度、空间功能专一性、人类影响程度等对其进行类型划分。

1. 按游憩空间的形成机理划分

按照游憩空间的形成机理可将城市游憩空间划分为游憩物质空间和游憩行为空间。

游憩物质空间指城市或城郊自然存在的或人为改造的,具有一定游憩功能,可用来进行游憩活动的物质空间,包括各种游憩设施及其存在场所。游憩物质空间是一种现实存在物,是游憩者进行游憩活动的空间,但在其上并不一定就发生游憩活动。一般来说,游憩物质空间的游憩功能非常明显,其存在就是为了满足游憩活动,或者,虽然其最初存在不是为了满足进行游憩活动的需要,但是现在提供游憩活动是它的一项重要功能。城市公园、旅游度假区、主题公园、文化游憩广场、滨水游憩空间、小区开敞游憩空间等专门游憩空间,以及一部分非专门游憩空间,如城市古建筑、古遗址、宗教寺观、大型建筑等都是游憩物质空间。

游憩行为空间是指游憩者为实现健康、娱乐、艺术、文化、交际及街市游览等游憩动机而选取的发生游憩行为的游憩和非游憩设施及存在场所。游憩行为空间是真正发生游憩活动的空间场所,是游憩行为占据的空间,它可以利用游憩物质空间也可以利用其他空间形式,故游憩行为空间并不时刻完全等同于游憩物质空间,既可能大于游憩物质空间也可能小于游憩物质空间。游憩行为空间是进行游憩行为的场所,在该空间里有游憩行为的发生。如果从供需角度来看,游憩行为空间可以看做是得以实现的游憩需求,游憩物质空间可以看做是城市的游憩供给。

2. 按游憩空间服务半径的大小划分

按游憩空间服务半径的大小可将城市游憩空间划分为小区级、社区级、城区级、城市级。小区级游憩空间指空间较小、容纳人数较少、设施较为普通、一般存在于小区内部或小区周围，主要供小区居民日常锻炼、休息、娱乐的空间，如小区广场、宅旁绿地等。社区级游憩空间指比小区级游憩空间略大，往往供周围几个小区居民使用的游憩空间，如社区文化广场、社区棋牌室等。城区级游憩空间是指服务半径比社区级游憩空间大、主要为一个或几个城区居民服务的游憩场所，如区级公园、区级商业街、区级文体场所等。城市级游憩空间是指服务半径为整个城市甚至城市所在地区，设施种类丰富，知名度高，空间吸引力大，特有程度高的游憩空间，如城市中心商务区、旅游度假区、大型主题公园、珍贵的建筑文物等。

3. 按游憩设施使用时间和频度不同划分

按游憩设施使用时间和频度不同可将城市游憩空间划分为日常游憩空间、周末游憩空间、节假日游憩空间。人们的游憩活动受到两个重要因素的制约，一是闲暇时间，二是收入水平。在收入水平一定的情况下，一般来说城市居民生活模式比较固定，其闲暇时间往往由三部分构成，即工作日闲暇、周末闲暇和节假日闲暇。除去工作时间、家务劳动时间、生理必需时间，工作日的闲暇时间很短，人们局限于住宅附近的游憩活动，但由于其频度很高，因而这是一种经常性的游憩活动，形成日常游憩空间。周末和节假日因为不需工作，其闲暇时间相对较长，人们可以到离开住宅一定距离的地方去游玩、娱乐，形成周末游憩空间和节假日游憩空间。

4. 按游憩空间功能专一性划分

按游憩空间功能专一性可将城市游憩空间划分为专门性游憩空间和非专门性游憩空间。专门性游憩空间是指该游憩空间的功能专一，其存在的意义就是为了满足人们的游憩需求，如各类城市公园、旅游度假区、文化游憩广场、滨水游憩空间、小区开敞游憩空间等。非专门性游憩空间是指这样一类空间，该空间可以承担游憩活动的开展，游憩是它的一项功能，但并不是其最初的核心功能，它最初形成的意义不在于满足游憩的需求，而是另有其他意义。例如，交通集散广场，它最初形成是为了疏散交通节点的车流、人流，但是它现在也可以作为游憩活动场所，体现出游憩功能；商业街道，最初是为了货物买卖而出现，但现在也可承担游憩功能；还有古建筑、古遗址、宗教寺观等都属于这一类。

5. 按人类的影响程度划分

按人类的影响程度可将城市游憩空间划分为自然游憩空间、半自然游憩空间和人工游憩空间。自然游憩空间是指该游憩空间没有进行过人工改造，以原生的自然环境为主，很少或没有人工建筑设施，如城郊的森林公园、自然风景区、野生林地等。城市是人类改造的成果，因而这一类空间一般只存在于城郊地区，城市内部很少见。半自然游憩空间是指该游憩空间大部分以自然环境为主，少数地方建造了人工建筑，进行过人为改造，如城市公园等。人工游憩空间是指绝大部分或全部经过人为改造而形成的游憩空间，它在城市里最为普遍，是城市游憩空间的主体，如小区游憩空间、各类文化、艺术、体育场所、游乐园等。

10.2.4　城市游憩空间层次构成及影响因素

1. 城市游憩空间层次构成

城市游憩空间层次构成是游憩者在城市空间范围内实现其游憩行为的空间地域层次结构。一般包括四个层次：小区级游憩空间、社区级游憩空间、城区级游憩空间和城市级游憩空间(图 10-3)。这四个游憩空间层级在资源档次、空间规模、距居住区距离、活动性质、游憩者数量、活动时间、活动频度、需求量以及门槛人口等方面均存在差异(表 10-1)。作为城市游憩空间重要组成部分的城市公共活动中心也同样具有等级层次结构。

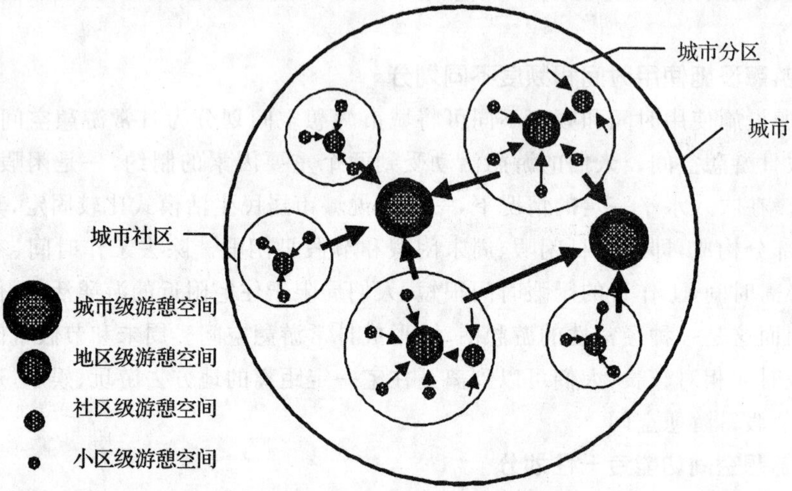

图 10-3　城市游憩空间层次构成示意图

表 10-1　不同层次的城市游憩空间比较

	资源档次度	空间规模	距居住区距离	活动性质	游憩者数量	活动时间	活动频度	需求量	门槛人口
城市级游憩空间	低	小	近	大众化	多	短	高	大	低
地区级游憩空间									
社区级游憩空间									
小区级游憩空间	高	大	远	专门化	少	长	低	小	高

2. 影响城市游憩空间结构层次的因素

(1)游憩资源条件

游憩资源是指能对游憩者产生吸引力的各种事物和因素。从对城市游憩空间层次影响的角度来讲，游憩资源条件主要包括资源的自然本底、历史文化、空间规模、魅力度、区位条件等因素。对于不同性质的城市游憩空间，这几个因素的影响程度是不一样的。例如，自然本底对自然游憩空间的影响程度较大，也就是说，城市级、城区级自然游憩空间的自然本底条件比社区级、小区级自然游憩空间的要好，或者说自然本底条件较好的游憩资源往往会成为城市级、城区级自然游憩空间。再如，历史文化对历史性游憩空间的影响程度较大，这些要具体问题具体分析。

(2)游憩者个体特征

游憩者个体特征指游憩者的年龄、性别、职业、受教育程度及健康状况等。游憩者的年龄影响游憩者对不同层次游憩空间选择的偏好。一般来说，老年居民多倾向于小区级和社区级的选择，而中青年居民则倾向于城区级和城市级的选择。

道德观念、生理特点以及性别不同的人承担着不同的社会责任，遵循不同的社会行为要求，这也产生了男女游憩行为的差异。一般来说，家庭义务对于妻子的活动和空间的制约较大，其闲暇时间少且零碎，游憩活动更多的是在围绕住宅的短距离范围内展开，多以体育、社交娱乐活动为主。而男性的游憩活动空间较为广阔，在活动方式和活动内容的选择上也有很强的自主性。

不同职业的游憩者对游憩方式的选择不同。工人多选择球类、棋类、一般性游艺活动；教师干部多选择参观博物馆、展览馆、游园赏景等游憩活动；科技人员与公务员由于社会福利的原因，度假休养的机会多；第三产业从业人员外出娱乐的比例在各职业中居首位。不同的游憩方式往往存在于不同的游憩空间层次，例如，球类、棋类及一般性的游艺活动多存在于小区级和社区级游憩空间，而博物馆、展览馆之类的游憩空间就多存在于城区级或城市级游憩空间。

受教育程度常常影响个体对客观世界的认识程度和欣赏水平，从而影响对游憩活动的选择。一般受教育程度高的人接受的科学文化知识多，可选择的游憩活动类型广泛，从日常的休息、散步、健身到欣赏音乐会、参观古建筑等，其游憩空间广阔，行为遍及各层级游憩活动。相反，受教育程度低的人，其理解和参与能力有限，游憩空间相对狭窄，涉足的游憩活动也较少。健康状况对游憩活动的制约性也较强。

健康的身体是进行游憩活动的基础。身体的健康状况制约游憩者对游憩活动的选择，如有高血压和体质较弱的游憩者就不能参与高强度、强刺激的游憩娱乐活动，这也间接影响了游憩空间的形成。

(3)游憩动机

动机是直接推动一个人进行活动的内部动因或动力，它能引起、维持一个人的活动，并将该活动导向某一目标，以满足个体某种需要的念头、愿望、理想等。动机是个体的内在过程，行为是这种内在过程的结果。

游憩动机是推动游憩者进行游憩活动的内部动因或动力。由于游憩者的年龄、性别、民族、阅历、文化程度、职业特长、兴趣爱好、健康状况、经济条件、政治素养等方面的情况各不相同，他们的游憩动机也各不相同，一般来说有以下六类：①健康动机：包括体育运动、海滨娱乐、陪同客人消遣和其他与健康有益的动机；②娱乐动机：游憩者主要为了改变环境、调剂生活，以寻求一种轻松愉快的享受来度过自己的闲暇；③艺术动机：包括摄影、观光、绘画和工艺美术以及自然研究等游憩动机；④文化动机：希望在游憩中学到新知识得到教育、陶冶情操、提高修养水平的动机，如了解风土人情、语言、建筑、宗教、艺术、考古等都属于这一类型；⑤交际动机：包括希望结交新伙伴，拜访朋友和亲属，逃避日常琐事、家庭生活，或是向往广交新朋友；⑥街市游览动机：对纷繁热闹的市场及琳琅满目的商品感兴趣，但并无专门购物目的地去逛街的动机。

不同的游憩动机就会有不同的游憩行为。同一游憩场所往往只能使一种或几种游憩动机实现,而不能同时使所有游憩动机实现,因而,不同的游憩动机产生的不同游憩行为将发生在不同的游憩空间场所。换句话说,为实现多种游憩动机,就必须有多种游憩空间的供给,而这又影响到游憩空间体系的形成。

(4)游憩实现机会

游憩实现机会是指游憩者实现游憩行为所必需的时间和费用。游憩者实现游憩行为所必需的时间即游憩者所拥有的闲暇时间。闲暇时间是人的生命中除去工作时间、生理必需时间、家务和社会活动时间后剩余的部分,是不受其他条件限制,完全根据个人的意志去利用或消磨的时间。它因谋生活动时间的长短而变化,一般来说,生产力越高、社会经济越发达,人们的工作时间就越有条件缩短,闲暇时间就越长。现代社会闲暇时间可以分为三种:工作日闲暇时间、周末闲暇时间和节假日闲暇时间。这三种闲暇时间都可以发生游憩行为,但这三种闲暇时间的长短并不一致,因而,可选择的游憩活动类型有差别,游憩空间范围也因此存在差异,日常游憩空间、周末游憩空间和节假日游憩空间的形成就是该影响的典型现象。

游憩费用指一个潜在的游憩者在选择游憩活动时能承担的游憩费用程度,它取决于游憩者的个人收入情况,主要是可支配收入情况。可支配收入越高,人们能够承担的游憩费用就越多,可选择的游憩机会也就越多。城市游憩方式既有高费用型的,也有低费用型的,一般来说分布于小区级和社区级的游憩活动多为公益型的或低费用型的,而城区级和城市级的游憩活动相对来说费用高一些。那么,游憩费用机会大的人,其选择的游憩空间就比较广阔,从公益型的到高费用型的都可以选择,游憩活动层次体系完整。相反,游憩费用机会小的人,其选择的余地较小,可能仅限于公益型的或低消费水准的游憩空间。所以,在一定程度上,游憩费用机会也会影响到游憩空间体系的形成。

总之,游憩资源条件的差异性是城市游憩空间层次形成的基础,游憩者个体特征、游憩动机和游憩实现机会的多样性与差异性也会进一步导致城市游憩空间的分化,从而形成层次丰富的城市游憩空间等级结构。

10.3 城市游憩空间组织结构

10.3.1 城市游憩空间组织结构的组成单元

城市旅游的空间单元一般有六个:观光游憩点、游憩中心地、旅游基本路线与旅游通道、旅游集散中心、主题街、公园道路。在此基础上,结合空间形态特点,城市游憩空间组织结构可以被划分为三个类别:点——观光游憩点、面——游憩中心地、线——游憩廊道。

1. 观光游憩点——点状游憩空间

观光游憩点是城市游憩空间系统最基本的组成单元,其游憩功能比较单一,规模较小,具有等级层次性,每个城市都有一系列的观光游憩点。观光游憩点的不同组合形成了不同的观光线路。有些城市的观光游憩点则比较分散,而有些城市的观光游憩点则比较集中,便形成了游憩中心地。

2. 游憩中心地——面状游憩空间

游憩中心地往往是由若干个观光游憩点集中分布形成的，是一个融观光、休闲、娱乐、购物、交通、服务等各项功能于一体的面状游憩空间。它不但规模较大，综合性较强，而且功能复杂，空间渗透性较强，呈不同等级体系的分布格局，通常有以下七种类型：①历史上就已形成的以寺庙为中心，融宗教活动、休闲娱乐、餐饮业、商业等于一体的游憩中心地，如上海的豫园商业区、苏州的观前街区等；②以独特的夜生活或时尚活动为特色的游憩中心地，如上海新天地、大型夜总会、嘉年华等；③以城市商业区为依托的游憩中心地；④与中央商务区叠置的中央观光游憩商务区，是商务办公、银行、高档饭店、购物设施、文化设施、娱乐设施相对比较集中的游憩中心地；⑤以城市公园或城市广场为依托的游憩中心地；⑥以运动、健身娱乐为特色的体育游憩中心地；⑦以历史古镇、风景名胜区、自然保护区为依托的观光休闲游憩中心地。

3. 游憩廊道——线状游憩空间

通常，游憩廊道是结合城市道路系统与河流而形成的线状游憩空间，根据不同主题对游憩资源、游憩产品进行组合可以形成不同的游憩廊道。按照林奇的理论，道路是观察者习惯、偶然或是潜在的移动通道，对许多人来说是意象中的主导元素，人们正是在道路上移动的同时观察着城市，其他环境元素也沿着道路展开布局，所以与道路关系密切。道路的重要性会因人们对城市的熟悉程度而变化，对于大多数访问者来说，道路是城市中的绝对主导因素，如果主要道路缺乏个性，或容易互相混淆，就很难形成对城市的整体印象，在印象中少数几条重要的道路，只要它们之间有牢固的联系，就可能忽略其中细小的不规则，形成一个简单结构。一些主要的交通线会成为关键特征，如波士顿的博伊斯顿大街、斯托罗干道、特里蒙特大街，泽西城的赫德森林荫道，洛杉矶的快速路系统以及北京的东西长安街等。

一般地，游憩廊道有以下三种类型：

(1)主题街类游憩廊道。主题街是国内外城市发展的共同特点，是城市重要的游憩吸引物。不同的城市主题街类型与数量是不同的，有些主题街是历史上形成的，特别是传统的商业街如上海南京路、北京王府井等；有些主题街是后来打造的，如丝绸街、瓷器街、古玩街、服装街、文化街、休闲街、步行街等，它们为城市注入了一种内涵、一种特色，增加了一份游憩吸引力。

(2)河流类游憩廊道。大多数城市都位于滨河地带，河流常常成为景观丰富、特色鲜明的游憩空间，如南京秦淮河游憩廊道。

(3)公园道路类游憩廊道。公园道路是连接大城市与郊外森林公园或休闲公园的专用公路，最早由美国提出。为了建设与使用公园道路，美国于 1928 年成立了公园道路专门委员会。公园道路不同于货运和客运公路之处在于，它不强调线型一定是直线，而是建于风景沟谷纵横的地段，应顺应地形、河湖沿岸而蜿蜒曲折，在风景优美的地点，布置舒适的旅馆和野餐地。公园道路景观逐步由风景式代替了绿色走廊，由多种多样、具有优美轮廓的带形森林公园组成，一般分为三段：首段与城市道路网直接相连，伸入市中心；中段通过原野和森林；末段在郊区森林公园中，以尽端广场、环路或不同长度的毛细管状支路结束。

10.3.2 城市游憩空间组织结构典型模式

根据城市空间形态、园林绿地系统及其他开放空间的分布特点，城市游憩空间结构典型模式主要有八种(图 10-4)。

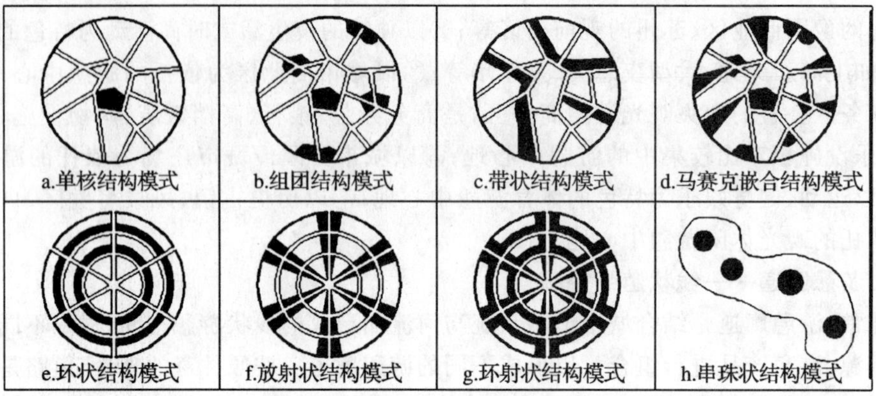

图 10-4 城市游憩空间结构模式示意图

1. 单核结构模式

这种结构模式将有价值的游憩中心地主要集中在城市某个地域，其位置可在城市中心，也可在城市边缘(图 10-4(a))，典型例子如杭州、四川阆中。过去杭州就一个西湖，现在提出旅游西进、城市南拓战略，以改变目前单核状况，缓解城市压力；四川阆中是国家级历史文化名城，其最核心的游憩中心地是阆中古城(图 10-5)，不过，目前已在周围开发了一些新的景点。

图 10-5 四川阆中古城

2. 组团结构模式

这种结构模式将有价值的游憩中心地往往分布在一个城市的好几个地方，从而形成了一个个组团(图 10-4(b))，与城市规模有关。如上海市，形成了以外滩-陆家嘴为中心的综合观光区(CTD)、以人民广场-南京东路步行街为中心的文化商业游憩区、以新天地-淮海中路为中心的历史文化商业游憩区、以徐家汇为中心的商业观光游憩区(BRD)、以豫园城隍庙为中心的游憩商业区(RBD)等多个组团共存的多中心游憩空间模式。

3. 带状结构模式

这类结构模式的形成与城市自然环境特征，尤其是与河流、海滨有关，往往形成富有特色的游憩廊道(图 10-4(c))。如流经巴黎市区 13km 的塞纳河河道是巴黎最重要的带状游憩空间；流经兰州市区的黄河两岸也是一条重要的带状游憩空间(图 10-6)。

图 10-6 兰州黄河两岸带状游憩空间

4. 马赛克嵌合结构模式

马赛克嵌合结构模式即游憩空间与其他积极功能空间相互穿插、渗透，形成楔形、以片状为主的游憩空间(图 10-4(d))。这是一种非常常见的结构模式。

5. 环状结构模式

环状结构模式即游憩空间沿环城主(或高速)干道，围绕城市积极功能空间(居住、生产)分布，呈同心圆圈层结构(图 10-4(e))。这种模式以平原地区的大都市区为代表，如北京、成都等。目前，成都正在规划建设沿外环高速路的 10 大郊野公园，包括北郊风景林地、上府河生态保护区、清水河生态保护区、西郊生态开敞区、三圣生态开敞区、十陵景区、金沙遗址公园、新益州公园、滨河公园等。

6. 放射状结构模式

放射状结构模式也称楔形模式。游憩空间以 CBD 为中心，呈放射状向外延伸，形成楔状形，该模式常常由若干条呈放射状的游憩廊道构成(图 10-4(f))，澳大利亚的墨尔本就采用这种模式。

7. 环射状结构模式

环射状结构模式是环状与放射状结构模式的结合，既有放射状的游憩空间又有圈层状的游憩空间(图 10-4(g))。

8. 串珠状结构模式

该模式受地形地貌的影响，由组团模式与带状模式复合而成(图 10-4(h))，如攀枝花市串珠状的公园系统(图 10-7)。

其实，现代城市游憩空间结构非常复杂，往往不是由上述某一模式所决定，而是由多种模式复合而成的，表现为综合模式。这八种模式不但反映了城市游憩空间的结构，而且也反映了城市空间结构的形态，这是因为城市游憩空间具有渗透性和派生性的特点。作为城市的一个消极功能空间，游憩系统并不能控制城市的空间形态，而只能服从城市的整体规划。因此，在作城市游憩空间规划时，应认真分析研究城市的空间形态。

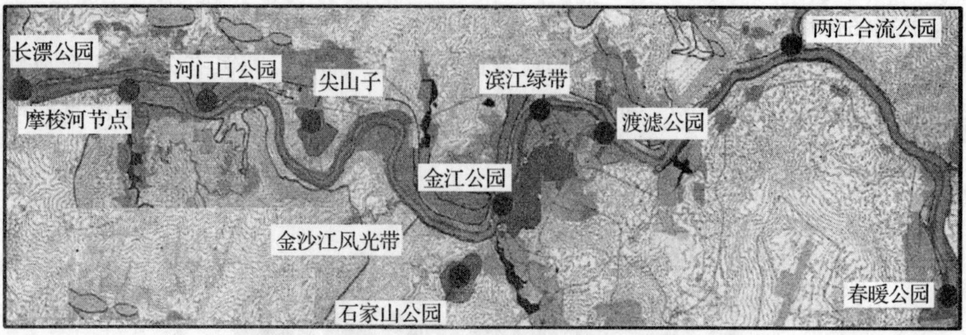

图 10-7 攀枝花串珠公园系统

10.3.3 城市游憩空间的理想结构模式

城市是人口和活动集中的地带,如何将有限的城市土地资源分配给城市的各项活动,从而取得最大的经济、社会和生态效益是每一位城市规划者期望达到的目标。理想的城市游憩空间结构,既是城市规划者进行游憩布局的目标,也是他们进行游憩规划的准则和依据。目前,关于城市游憩空间配置的理想模式,国内外已有部分学者进行了积极的研究探讨,并提出了一些比较有价值的模式。

1. 罗多曼模式

罗多曼模式(图 10-8)是在对大都市郊区土地利用景观(自然公园)研究的基础上提出的郊区游憩空间配置的理想模式。该模式具有以下几个特点:①以平原区自然公园和康乐公园配置为典型研究;②以平原区城市均衡发展为假定(包括城市均衡分布和均衡扩张);③城市之间的联系表现为同样的交通方式和交通流量;④两个城市之间有一条可以影响景观配置的交通线;⑤城市之间存在广阔的粗放农业生产地域,该地区人口较为稀疏,乡村景观保持完好,游憩地域空间宽阔,土地利用调整余地较大;⑥在地域利用上将景观划分为城市历史与建筑保护区、社会服务与交通道路、永久性住宅和工业、高度和中度集约的农业、天然牧场、森林工业和康乐公园、自然保护区和旅游基地与旅游道路,在城市之间汇合为一个连续的网络。

2. Clawson & J. Knetch 模式

Clawson & J. Knetch 模式(图 10-9)是 Clawson 和 J. Knetch 在 1966 年鉴于城市空间和田园地域土地资源利用的日益复杂,根据地域利用特点,提出空间利用者指向地域、中间地域和资源指向地域三种利用类型,形成大都市郊区游憩空间配置的三个圈层模式。空间利用指向地域是指在大都市人口集中分布的地区空间资源十分紧缺,土地资源价格昂贵,但为了满足都市居民不出居住地对休闲地的短期需求,城市充分利用空间资源,修建休闲、康乐空间。中间地域是指距离都市较近的乡村游憩地,土地利用的集约化程度下降,游憩空间的规模扩大,旅游、休闲、康乐空间扩展。通常来说交通条件较好、可达性好、可满足城市居民对游憩空间的客观需求和消费、游憩空间的服务设施配备较好的地区,是都市游憩者光顾频率最高的首选地区。其主要游憩空间类型有康乐公园、田园公园、农村

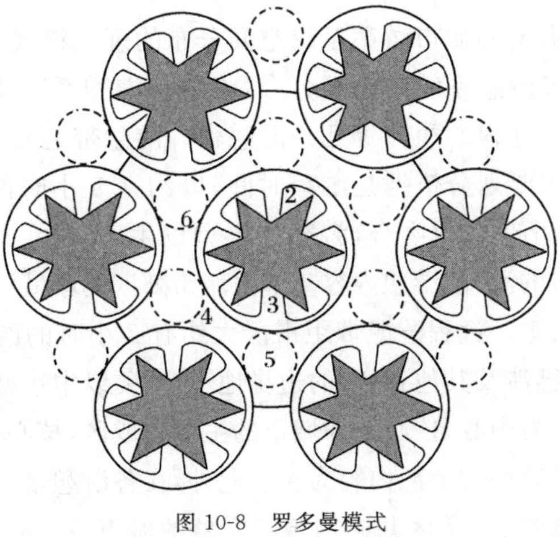

图 10-8 罗多曼模式

博物馆和主题公园。资源指向地域是指距离都市较远的地区，是都市的远郊区，是土地利用集约化程度最低的地区，以粗放的农业和林业生产为主，乡村景观的完整性和地方性保持较好。主要的游憩区类型有：国家森林公园、国家公园、城市野营公园、狩猎场、野生地域和特殊保护地。

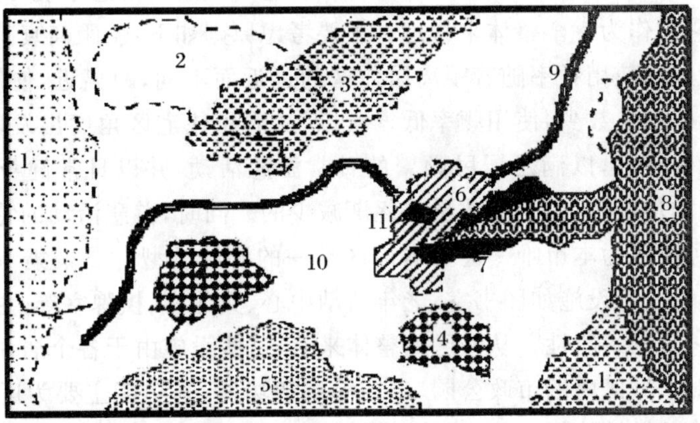

1. 野生地域；2. 特别保护区；3 森林公园；4. 田园公园；5 国立公园；6. 都市地区；
7. 高密度海洋地区；8. 海洋；9. 观光道路；10. 河流；11. 都市公园

图 10-9 Clawson & J. Knetch 模式

3. 环城游憩带模式

环城游憩带模式呈圈层结构，是以中心城区为内核，其外部按第一环带、第二环带、第三环带向外扩散，总体上呈近似同心圆形式，但在某些资源或游憩服务集中的地方以及交通干道沿线有明显凸出。

游憩空间结构体系从区域角度划分，其界限范围主要包括两个构成部分：一是已经实现景观城市化的区域，即通常意义上的城市中心游憩区；二是城市化正在进行中的、与城市联系密切的环城游憩区，即环城游憩带。对于一个特大型城市来说，后一部分的面积相当大，根据其影响的强弱及功能组织的不同可以划分为若干圈层，即不同层次的环城游憩带。

4. 星系模式

"星系模式"是俞晟提出的城市游憩系统空间分布的理想模式。该模式借鉴了宇宙星系的结构模式来描述城市游憩系统的空间分布，将城市游憩系统围绕着核心城区划分为近程游憩带、中程游憩带、远程游憩带等几条游憩带。游憩带之间分布着若干大小不一的游憩功能区。游憩带的主要划分依据是游程时间，以约 0.5 小时的游程来界定近程游憩带，其在空间上与环城绿化带大致吻合，游憩的类型以生态、绿色的休闲活动为主。中程游憩带距离市区约 1 小时的游程，游憩内容基本以城市郊区的小城镇、依托特定自然环境的大型游憩区和主题公园为主。远程游憩带距市区大约有 2 小时的游程，该游憩带基本处于城市的最边缘地带，甚至已涉及其他省、市的边缘地带，主要以中小城市和特色旅游地为主。所有的游憩带都以核心区为中心，核心区即城市的主要建成区，核心区内的游憩设施以与市民日常需求量较大而规模较小的游憩内容为主。此外，在各游憩带之间还分布着主题、功能不一的游憩区。这些游憩带、游憩区共同构筑了完整的城市游憩空间系统。

5. "极核-散点-带"理想模式

城市游憩空间的理想结构，是既要考虑游憩者需求的空间结构特征，又要考虑游憩供给的一些空间分布特征，但不能是将已有的空间结构模式的简单叠加，更不能是个人意愿的主观猜度。

在构筑城市游憩空间理想结构时，既要考虑合理的城区内游憩系统，又要顾及城区外游憩系统，即把它们作为一个整体来考虑。主要考虑原则如下：①距离衰减规律。城市居民对各类游憩设施的使用频率随着距离居住区的远近而不同，距离近，使用人数多，使用频率高；距离远，使用人数少，使用频率低。所以，从居民住宅区角度出发，游憩设施的布局应尽可能接近住宅区，以满足居民频繁的日常游憩活动，并以日常健身、休息、娱乐为主。随着距离的增加，游憩设施的数量是逐渐减少的。同时，游憩活动的特殊性随着距离的增加而增加，可能成为本市唯一甚至本地区唯一的游憩类型。②聚集与分散原则。对于居住区内的各种游憩设施如图书室、老年活动中心、文化宫、棋牌室等，主要使用者为本区居民，表现出一定的封闭性。从城区的整体来看，这些设施由于各个居住区的空间分离表现出分散性；对于城区内的市政公园、广场等游憩场所，其功能主要为区域内的居民使用，一般也呈现出分散性特征；而商业性游憩场所，尤其是购物中心、百货商店等，往往呈现出聚集现象，表现为"单极核"或"多极核"的空间分布特点。③半网络化结构原则。城区内的游憩空间的合理结构会促进半网络化结构的形成，即居住区内的游憩场所构成相对封闭的游憩空间，但在各居住区之间设置一些购物中心、公园、广场等，为各居住区共享，工业园区、办公区、商业区、文化区和居住区相结合，构成开放的半网络化结构。④郊区发展原则。这主要是指资金密集型的游憩空间开发，即占地面积较大，土地成本占重要部分的游憩空间。

如果我们不考虑城市复杂的形态，将其简化为一个均匀的圆形空间，由于级差地租的存在，用地将呈现带状分布：中心为商业用地，向外为居住用地，最外围为工业用地和郊区空地。根据城市的带状用地结构，在考虑上述因素后，就勾勒出了"极核-散点-带"的理想城市游憩空间结构模式(图 10-10)，即城市中心商业用地中的商业游憩场所的极核结构；

围绕居住区的散点状的日常游憩空间，多以公益型为主，辅以公共性质的市政公园、广场等，同时在中心城区还分布着一些市级公园、市级文化场所、旅游景区等大块游憩空间；外围为以郊区游憩为主的环城游憩带。

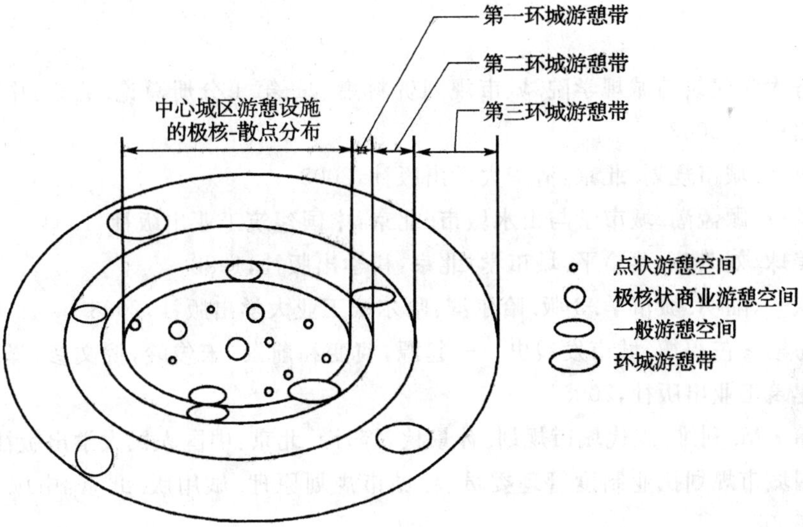

图 10-10 极核-散点-带游憩空间模式

思考题

1. 简述现代城市游憩的内涵。
2. 游憩产品生命周期理论主要观点有哪些？
3. 城市游憩空间构成有哪些？
4. 城市游憩空间类型有哪些？
5. 简述理想城市游憩空间组织结构主要模式特点。

参考文献

[1] 同济大学建筑与城规学院.城市规划资料集——第1分册总论.北京:中国建筑工业出版社,2003

[2] 谭纵波.城市规划.北京:清华大学出版社,2005

[3] 鲍世行,顾孟潮.城市学与山水城市.北京:中国建筑工业出版社,1994

[4] 江美球,刘荣芳,蔡渝平.城市学.北京:科学出版社,1988

[5] 唐恢一,陆明.城市学.3版.哈尔滨:哈尔滨工业大学出版社,2008

[6] 刘易斯·芒福德.城市发展史——起源,演变和前景.宋俊岭,倪文彦,译.北京:中国建筑工业出版社,2005

[7] 约翰·M.利维.现代城市规划.孙景秋,等,译.北京:中国人民大学出版社,2003

[8] 全国城市规划执业制度管理委员会.城市规划原理.试用版.北京:中国计划出版社,2008

[9] 沈玉麟.外国城市建设史.北京:中国建筑工业出版社,1989

[10] 许学强,周一星,宁越敏.城市地理学.北京:高等教育出版社,2009

[11] 孙志刚.城市功能论.北京:经济管理出版社,1998

[12] 陈秋玲,等.服务城市:现代城市功能的回归.上海:上海人民出版社,2010

[13] 徐新,范明林.紧凑城市:宜居/多样和可持续的城市发展.上海:上海人民出版社,2010

[14] 黄亚平.城市空间理论与空间分析.南京:东南大学出版社,2002

[15] 吴刚.中国古代的城市生活.北京:商务印书馆国际有限公司,1997

[16] 董鉴鸿.中国城市建设史.北京:中国建筑工业出版社,2004

[17] 周春山.城市空间结构与形态.北京:科学出版社,2007

[18] 董贺轩.城市立体化设计——基于多层次城市基面的空间结构.南京:东南大学出版社,2011

[19] 李健.城市空间结构理论方法与实证.北京:方志出版社,2007

[20] 卡斯伯特.城市形态——政治经济学与城市设计.北京:中国建筑工业出版社,2011

[21] 斯皮罗·科斯托夫.城市的组合历史进程中的城市形态的元素.邓东,译.北京:中国建筑工业出版社,2008

[22] 段进,邱国潮.国外城市形态学概论.南京:东南大学出版社,2009

[23] 罗文君.城市空间结构的演变机制及优化政策研究.武汉:华中科技大学,2010

[24] 熊国平.90年代以来中国城市形态演变研究.南京大学学位论文,2005

[25] 雒占福.基于精明增长的城市空间扩展研究——以兰州市为例.西北师范大学学位论文,2009

[26] 何芳.城市土地经济与利用.上海:同济大学出版社,2004
[27] 谢文蕙,邓卫.城市经济学.2版.北京:清华大学出版社,2008
[28] 王家庭,等.中国城市土地集约利用:理论分析与实证研究.天津:南开大学出版社,2008
[29] 北京京投土地项目管理咨询股份有限公司.城市土地开发与管理.北京:中国建筑工业出版社,2006
[30] 夏南凯,王耀武.城市开发导论.2版.上海:同济大学出版社,2008
[31] 张季.多视角的城市土地利用.上海:复旦大学出版社,2006
[32] 董贺轩.城市立体化设计——基于多层次城市基面的空间结构.南京:东南大学出版社,2011
[33] 李涛.基于系统论的城市(区域)发展咨询模式研究.中国工程咨询,2010(1)
[34] 吴晓军,薛惠锋.城市系统研究的复杂性理论与应用.兰州:西北工业大学出版社,2007
[35] 叶骁军,等.控制与系统—城市控制系统新论.南京:东南大学出版社,2001
[36] 黄毅.城市混合功能建设研究—以上海为例.同济大学学位论文,2008
[37] 江玉林,韩笋生.公共交通引导城市发展——TOD理念及其在中国的实践.北京:人民交通出版社,2009
[38] 吴良镛.人居科学导论.北京:中国建筑科学出版社,2001
[39] 吴志强,李德华.城市规划原理.北京:中国建筑工业出版社,2010
[40] 梁青.城市居住空间的新秩序研究.江南大学学位论文,2008
[41] 闫凤英.居住行为理论研究.天津大学学位论文,2005
[42] 姜斌.快速城市化进程中城市居住空间形态演进与发展.辽宁师范大学学位论文,2008
[43] 高德宏.中国城市居住形态研究——存在的问题与解决的方法.同济大学学位论文,2005
[44] 施梁.城市居住用地发展研究.东南大学学位论文,2000
[45] 王缉慈.现代工业地理学.北京:中国科学技术出版社,1994
[46] 刘再兴.工业地理学.北京:商务印书馆,1997
[47] 梁仁彩.工业区与工业布局研究.北京:经济科学出版社,2010
[48] 龚仰军.上海工业发展报告:生产力的空间布局与工业园区建设.上海:上海财经大学出版社,2007
[49] 龙开元.中国工业布局演变驱动机理研究.北京:知识产权出版社,2008
[50] 张宏波.城市工业园区发展机制与布局研究.东北师范大学学位论文,2009
[51] 刘金昌.快速城市化下的工业园布局研究——以商丹工业园为例.西安建筑科技大学学位论文,2010
[52] 闫枫逸.城市物流系统布局研究.东南大学学位论文,2005
[53] 童明荣.城市物流系统规划研究.南京理工大学学位论文,2009
[54] 胡良德.城市物流园区规划研究.武汉理工大学学位论文,2005

[55] 林耿,周锐波.大城市商业业态空间研究.北京:商务印书馆,2008
[56] 北京市城市规划设计研究院.城市规划资料集:第6分册城市公共活动中心.北京:中国建筑工业出版社,2003
[57] 王希来,曹伟.21世纪城市商业发展之路.北京:中国商业出版社,2011
[58] 靳俊喜.现代商业发展与中心城市商贸战略创新.重庆:重庆出版社,2003
[59] 张歆梅.城市商业街研究发展综述.商业研究,2007(11)
[60] 胡永仕,王健.城市商业网点规划理论框架构建.商业研究,2010(7)
[61] 易开刚.我国城市商业网点空间布局及其优化.科技进步与对策,2005(8)
[62] 冯刚.现代城市发展中的公共服务功能研究.城市发展研究,2010(2)
[63] 金南顺.城市公共服务理论与实践.北京:中国社会科学出版社,2009
[64] 吴强.现代城市公共服务系统优化.北京:知识产权出版社,2010
[65] 高军波,周春山,叶昌东.广州城市公共服务设施分布的空间公平研究.规划师,2010(4)
[66] 建设部城市交通工程技术中心,中国城市规划设计研究院,建设部城乡规划司.城市规划资料集:城市交通与城市道路第十分册.北京:中国建筑工业出版社,2007
[67] 徐循初.城市道路与交通规划.下册.北京:中国建筑工业出版社,2007
[68] 李朝阳.现代城市道路交通规划.上海:上海交通大学出版社,2006
[69] 杨涛.城市交通的理性思索.北京:中国建筑工业出版社,2010
[70] 朱立新.城市游憩学.天津:南开大学出版社,2009
[71] 冯维波.城市游憩空间分析与整合.北京:科学出版社,2009
[72] 王珏.人居环境视野中的游憩理论与发展战略研究.北京:中国建筑工业出版社,2009
[73] 保继刚,等.城市旅游原理案例.天津:南开大学出版社,2005
[74] 黄家美.城市游憩空间结构研究——以扬州市为例.安徽师范大学学位论文,2005
[75] 任军.城市游憩空间开发与土地利用相互关系研究——以广州天河RBD为例.华南师范大学学位论文,2007
[76] 赵爱辉.城市游憩空间形态研究.武汉理工大学学位论文,2008
[77] 蒋旗.城市游憩空间整体优化研究.南京林业大学学位论文,2008
[78] 李晴.基于"第三场所"理论的居住小区空间组织研究.城市规划学刊,2011(1)
[79] 胡展鸿.珠三角地区大型居住区规划探讨.南方建筑,2006(6)
[80] 王开泳,陈田.大城市居住区发展模式的新构想.科技资讯,2006(35)
[81] 张丽丽.城市居住片区的路网及交通组织模式研究.大连理工大学学位论文,2010
[82] 苏振民,林炳耀.城市居住空间分异控制:居住模式与公共政策.城市规划,2007(2)
[83] 万勇,王玲慧.城市居住空间分异与住区规划对应策略.城市问题,2003(6)
[84] 陈清明,徐建刚,陈启宁.现代城市规划中的用地功能组织分析—以苏州工业园区为例.城市规划,1999(5)
[85] 马达.工业园区规划理念与功能布局研究.科学之友(B版),2007(9)

[86] 郑勇.现代工业园区规划设计探索.南方建筑,2006(3)
[87] 杨毅,汪旻,黎文骏.功能、生态、形象——黄石黄金山工业园区规划方案解析.华中建筑,2008(2)
[88] 潘文安.物流园区规划与设计.北京:中国财富出版社,2005
[89] 陶经辉.物流园区布局规划与运作.北京:中国财富出版社,2009
[90] 韩增林,李亚军,王利.城市物流园区及配送中心布局规划研究——以大连市物流园区建设规划为例.地理科学,2003(10)
[91] 张建明,明瑞江,段云.基于"一园多区"的物流园区规模规划与功能设计.商场现代化,2011(11)
[92] 国外物流园区规划及经营模式介绍.物流科技,2010(2)
[93] 曹明,罗璐,洪力京.我国物流园区规划设计的问题与对策.厦门理工学院学报,2009(2)
[94] 牛慧恩.关于物流园区规划几个基本问题的再认识.城市规划学刊,2009(6)
[95] 张林兵,陈超,马良伟.城市商业的"点、线、面".上海:同济大学出版社,2011
[96] 王希来,曹伟.21 世纪城市商业发展之路:城市商业(网点)及商业地产规划设计指南.北京:中国商业出版社,2011
[97] 杜霞,白光润.上海市区商业等级空间的结构与演变.城市问题,2007(12)
[98] 夏祖华.国外经验与我国城市商业中心及商业街规划.城市规划,1986(3)
[99] 仵宗卿,戴学珍,戴兴华.城市商业活动空间结构研究的回顾与展望.经济地理,2003(3)
[100] 石铁矛.商业中心等级体系的定量分析与探讨.沈阳建筑大学学报(自然科学版),1987(Z1)
[101] 刘贵文,曹健宁.城市综合体业态选择及组合比例.城市问题,2010(5)
[102] 孙施文.城市中心与城市公共空间——上海浦东陆家嘴地区建设的规划评论.城市规划,2006(8)
[103] 潘海啸,任春洋.轨道交通与城市中心体系的空间耦合.时代建筑,2009(5)
[104] 杨俊宴,史宜,邓达荣.城市公共设施布局的空间适宜性评价研究——南京滨江新城的探索.规划师,2010(4)
[105] 万昆.基础教育设施布局规划实施制度探讨.规划师,2011(2)
[106] 刘剑锋.城市化快速发展时期新城基础教育设施配套标准研究——在大兴新城规划中的研究、发现与启示.城市发展研究,2007(2)
[107] 郭素君,姜球林.城市公共设施空间布局规划的理念与方法——新加坡经验及深圳市光明新区的实践.规划师,2010(4)
[108] 高军波,周春山.西方国家城市公共服务设施供给理论及研究进展.世界地理研究,2009(4)
[109] 陈忠暖,阎小培.区位模型在公共设施布局中的应用.经济地理,2006(1)
[110] 谢静.居住社区公共设施设计中存在的问题及对策.建筑学报,2007(4)

［111］ 林伟鹏，闫整．医疗卫生体系改革与城市医疗卫生设施规划．城市规划，2006(4)
［112］ 文国玮．城市交通与道路系统规划．新版．北京：清华大学出版社，2007
［113］ 邵黎霞，裴玉龙．城市道路与交通．北京：科学出版社，2010
［114］ 边经卫，等．当代城市交通规划研究与实践——以厦门市为例．北京：中国建筑工业出版社，2010
［115］ 郭亮．城市规划交通学．南京：东南大学出版社，2010
［116］ 程琳．城市交通网络流理论．南京：东南大学出版社，2010
［117］ 周溪召，张扬．先进的城市交通规划理论方法和模型．北京：中国铁道出版社，2008
［118］ 张嘉敏．城市交通拥堵的根本原因及对策分析．综合运输，2011(11)
［119］ 史峰，黄恩厚，王英姿．论城市道路微循环系统的功能特征．城市发展研究，2008(3)
［120］ 王建军，王吉平，彭志群．城市道路网络合理等级级配探讨．城市交通，2005(1)
［121］ 李德慧，刘小明．城市交通微循环体系的研究．道路交通与安全，2005(4)
［122］ 吴必虎，董莉娜，唐子颖．公共游憩空间分类与属性研究．中国园林，2003(5)
［123］ 秦学．城市游憩空间结构系统分析——以宁波市为例．经济地理，2003(2)
［124］ 黄泰，保继刚，戴学军．苏州城市游憩场点系统空间结构分形．地理科学进展，2009(5)
［125］ 吴承照．城市旅游的空间单元与空间结构．城市规划学刊，2005(3)
［126］ 王丽华，俞金国．20 世纪 90 年代以来我国主要旅游城市格局演化特征及机制研究．地域研究与开发，2008(5)